손정목이 쓴
한국 근대화 100년

손정목이 쓴
한국 근대화 100년

손정목 지음

풍속의 형성, 도시의 탄생, 정치의 작동

한울

서문
나는 왜 이 책을 쓰게 되었나

내가 이 책을 쓴 이유는 나의 집사람 때문이다. 54년간 삶을 같이해온 사람과 사별한다는 것이 어떤 것인지, 내게 어떤 변화를 가져다주는 것인지 전혀 알지 못했다. 막상 혼자 살게 되었을 때 내가 맞이한 것은 나는 언제 죽어도 괜찮다고 하는 체념이었다. 그때 글을 써야 하겠다는 생각을 했다. 글을 써야 내 자신을 추스를 수 있을 것 같았다. 마침 그 무렵 내가 교수로 재직했던 학교에서 나를 위한 전용 연구실을 만들어주었다. 마음 놓고 작업할 공간이 생긴 것이다.

그 방에서 맨 처음 쓴 글이 '불륜 앞에 자유로운 자, 돌을 던져라'이다. 그 글이 맨 처음이 된 것은 별다른 이유가 있었던 것은 아니다. 왠지 그것을 쓰는 것이 제일 쉬운 일이라고 생각했다. 두 번째로 쓴 글은 '3·15 부정선거'에 관한 글이었다. 쓰겠다는 결심은 사실 1960년, 선거를 마친 직후에 했다. 이 엄청난 일은 나 이외의 어떤 사람도 쓸 수 없으리라는 생각이 있었다. 하지만 그로부터 55년의 세월이 흘렀다. 이렇게 많은 시간을 보내고 이제야 펜을 든 것은 오로지 나의 태만 때문이었다. 또 워낙 큰 사건이었다. 함부로 떠들 수 있는 일이 아니었다.

나는 1928년생이다. 일제 강점기를 살았고 미군정기를 관통한 삶이었다. 그래서 미군이 진주해 통치를 시작할 때부터 이 시대에 관해 늘 관심이 갔다. 용케 글을 쓰기로 결심까지 했다. 하지만 그 시대에 관한 자료가 거의 남아 있지 않다는 사실은 전혀 모르고 시작한 무모한 작업이었다. 따라서 1992년에 발행된 『한국지방제도·자치사연구-하』의 「미군정기(1945~1948) 중앙과 지방 인사임용의 실제」라는 글은, 무지(無知)가 얼마나 사람을 용감하게 만들 수 있는지를 보여주는 표본이 되고 말았다. 미군정기 모든 실권을 휘두를 수 있었던 이묘묵의 존재도 몰랐으니 그런 글은 처음부터 죽은 글이었던 것이다.

그 후 자료를 다시 모았다. 최대한 모았다. 그로부터 10년도 훨씬 넘어 '미군정시대'를 다시 썼다. 그것이 2부작 '미군정기 중앙정부가 형성된 과정', '미군정기 지방정부가 형성된 과정'이었다. 미군정기를 서술하는 것에 약간의 자신감이 생긴 것이다. 내친 김에 어느 지면에 발표를 했더니 그 글을 보고는 책으로 내자는 사람도 나왔다. 그때부터 쓰고 싶은 글을 하나둘 메워갔다.

올해 88세가 되면서 이상하게도 숫자 감각이 점점 무뎌지고 있다. 나는 통장을 20개 정도 갖고 있는데 그 통장에 적힌 숫자가 맞아떨어지지가 않는다. 이런 일은 처음 있는 일이다. 극히 짧았지만, 수학으로 대학 교수가 되겠다고 마음먹은 적이 있었을 정도로 숫자와 셈에는 자부심을 가졌던 나다. 그런 내가 이런 일을 겪으면서 인생이 굉장히 짧다는 것을 느꼈다. 여전히 쓰고 싶은 것이 많다. 이것도 쓰고 싶고 저것도 쓰고 싶다. 원고를 처음 쓰기 시작해서 그것을 마감할 때까지 무려 30년이나 걸렸다는 사실을 알았을 때의 감회는 실로 깊었다. 단 한 가지 자위할 것은 이 책에 담긴 글들이 아직까지 나 이외의 누구도 다루지 않은 최초의 것들이라는 사실이다. 그것을 위안으로 삼으면서 죽는 그날까지 조용히 기다리기로 하자.

2015년 9월 손정목

차례

서문: 나는 왜 이 책을 쓰게 되었나 5
연표 10

1부 풍속의 형성

01 내가 담배를 피운 이유: 일제 징병제와 담배 15
백해무익한 일 15 | 고등학생들이 담배를? 17 | 일제 강점기 말의 식민정책 19 | 조선인 징병제의 시행: 내가 담배를 피운 이유 25 | 노름에 미치다 30 | 금연, 세상에서 제일 쉬운 일 33

02 다방 성쇠기: 1만 개에서 0개로 36
최초의 다방 36 | 다방 전성기 40 | 모든 것은 다방으로 흐른다 42 | 폐허 위에 쌓은 탑 43 | 너 나 할 것 없이 바쁘다 46

03 불륜 앞에 자유로운 자, 돌을 던져라: 소설『자유부인』과 박인수 사건 50
'부인' 앞에 '자유'를 붙이다 50 |『자유부인』이 세상의 주목을 받은 진짜 이유 52 | 정비석 vs 황산덕 54 | 중공군 50만 명보다도 더 해악을 끼치는 소설 56 |『자유부인』의 유산 59 | 박인수 사건 62

04 밤을 허하노라: 경춘가도를 따라 러브호텔이 성시를 이루다 64
조선시대의 야간통행금지제도 64 | 통금이 36년간이나 존속될 수 있었던 이유 66 | 경춘가도를 따라 러브호텔이 성시를 이루다 67

2부 도시의 탄생

05 종로에 가로등 3좌: 전류가 한 번 흐르니 온 천지가 번쩍이도다 73

석유램프에서 전기로 73 | 경복궁을 밝힌 100촉광의 서치라이트 75 | 대한제국 황실, 국제사기를 당하다 77 | 부산에서 런던까지 12주 80 | 전 조선을 4~5개의 전력·전기 회사로 통합하라 85 | 사바세계의 아수라, 1930년대 조선의 교통지옥 87 | ㈜경성전기 부영론이 대두하다 89 | 광복 이후 전력 3사의 통합과 ㈜한국전력의 탄생 92

06 지하철 1호선 개통일에 울린 총성:
잔잔한 호수에 달이 비치듯 조용히 당겨라 95

박 대통령과 육 여사의 오랜 염원 95 | 지하철 1호선 개통일에 울린 총성 99 | 문세광이라는 사나이 101 | 박정희 암살 시도의 배후 조종자 103 | 만경봉호 승선과 권총 절취 105 | 검찰 송치 4개월 만에 집행된 사형 108

07 서울, 서울, 서울: 거대도시의 탄생 111

156만 8746명, 현대 서울의 시작 111 | 사람들이 서울로 모이는 이유 114 | 두 집권자의 시도 116 | 여의도 면적의 37배에 달하는 땅이 새로 생겨나다 120 | 급수율 99.99%에 이르기까지 123 | 서울의 광역화 125

08 가족계획 사업 이야기: 여보, 우리도 하나만 낳읍시다 129

한반도 최초의 인구조사 129 | 5년 만에 349만 명이 증가하다 131 | 피임만이 살 길이다 135 | 여보, 우리도 하나만 낳읍시다: 1960~1970년대의 인구정책 136 | 가족계획 사업의 전환기: 1980~1990년대의 인구정책 140 | 엄마, 저도 동생을 갖고 싶어요 142 | 고령화가 계속될 미래사회 144 | 반쪽짜리 인구정책: 새로마지플랜 2010 146

3부 정치의 작동

09 **나는 어떻게 부정선거를 치렀나: 3·15 부정선거 이야기** 153

일약 '선거의 명수'가 되다 153 | 사사오입 개헌과 조봉암 처형 156 | 여당의 사정: "인물이 없다" 160 | 야당의 사정: "집안싸움은 예나 지금이나 똑같다" 163 | 법은 나중이니 우선 당선시켜라 167 | 유권자 수의 두 배로 찍은 투표용지 171 | 이 대통령 하야, 자유당의 종말 176

10 **어제의 요시찰 인물이 오늘의 지배층으로:**
    미군정기 중앙정부에 참여한 한국인들 179

아무런 준비 없이 상륙한 미지의 땅 179 | 한국인은 미개하다? 182 | Welcome Heroes Liberation! 184 | 이묘묵의 등장 187 | 미군 국장들의 임명과 한국인 파트너의 인선 189 | 한국인 고관 인선에 관여한 사람들 193 | 첫째가 '사바사바'이고 둘째가 '빽'이었다 201 | 초대 한국인 민정장관의 임명 204 | 문교부장 후속 인사 208 | 어제의 요시찰 인물이 오늘의 지배층으로 209

11 **이 나라의 진짜 주인은 누구인가: 미군정기 지방정부가 형성되는 과정** 214

지방에 스며든 미군정: 미국인 군정장관의 임명 214 | 조선인 지사 및 서울특별시장의 임명 218 | 행정 경험을 가진 자가 한 사람도 없었다 232 | 인사파동과 안재홍의 몰락 233 | 이 나라의 진짜 주인은 누구인가 241

참고문헌 243

연표

일자	사건	관련 부와 장
1898.1	한국 최초의 전기회사 한성전기회사 설립	2부 05 종로에 가로등 3좌
1900.4.10	종로에 한국 최초의 가로등 가설	2부 05 종로에 가로등 3좌
1910.8.29	**한일병합**	
1923	한국 최초의 다방 '후다미' 개점	1부 02 다방 성쇠기
1925.10	한국 최초의 인구센서스 실시(1952만 2945명)	2부 08 가족계획 사업 이야기
1927	한국인이 운영하는 최초의 다방 '카카듀' 개점	1부 02 다방 성쇠기
1928	**손정목 출생**	
1938	'조선 지원병 제도' 공포	1부 01 내가 담배를 피운 이유
1938.6	화가 구본웅 《청색지》 창간	1부 02 다방 성쇠기
1940.2.11	일제, 창씨개명 제도 단행	1부 01 내가 담배를 피운 이유
1941.12.6	**태평양전쟁 발발**	
1942.5.8	일제, 징병제 실시	1부 01 내가 담배를 피운 이유
1945.8.15	**일제 패망, 광복**	
1945.9.8	미군, 한반도 진주	3부 10 어제의 요시찰 인물이 오늘의 지배층으로
1945.9.9	일제, 38도선 이남에 대한 항복문서 조인	3부 10 어제의 요시찰 인물이 오늘의 지배층으로
1945.9.10	미군정, '조선인유지 초청간담회' 개최	3부 10 어제의 요시찰 인물이 오늘의 지배층으로
1945.9.29	미군정, '야간통행금지령' 발포	1부 04 밤을 허하노라
1946.3	미군정 초기 한국인 국·과장 임명 완료	3부 10 어제의 요시찰 인물이 오늘의 지배층으로
1947.2.5	안재홍 초대 민정장관 임명	3부 10 어제의 요시찰 인물이 오늘의 지배층으로
1947.3	15명의 초대 한국인 도지사 임명 완료	3부 11 이 나라의 진짜 주인은 누구인가
1948.5.10	초대 국회의원 선거	3부 09 나는 어떻게 부정선거를 치렀나
1948.5.14	북한 대남 전력 공급 중단(5·14 단전)	2부 05 종로에 가로등 3좌
1950.6.25	**6·25 전쟁 발발**	
1952.5.26	5·26 부산정치파동	3부 09 나는 어떻게 부정선거를 치렀나
1953.7.27	**6·25 전쟁의 휴전협정 조인**	

일자	사건	관련 부와 장
1954.1.1	정비석, 『자유부인』 신문 연재 시작	1부 03 불륜 앞에 자유로운 자, 돌을 던져라
1954.11.29	**사사오입 개헌**	
1955	서울 인구 156만 8746명 집계	2부 07 서울, 서울, 서울
1955.5.31	혼인빙자간음죄로 박인수 검거	1부 03 불륜 앞에 자유로운 자, 돌을 던져라
1959.7.31	국가보안법 위반 혐의로 조봉암 사형 집행	3부 09 나는 어떻게 부정선거를 치렀나
1960.3.15	3·15 부정선거	3부 09 나는 어떻게 부정선거를 치렀나
1960.4.19	**4·19 혁명**	
1961.7.1	전력 3사 통합, ㈜한국전력 발족	2부 05 종로에 가로등 3좌
1969.2.25	제3한강교 준공	2부 07 서울, 서울, 서울
1972.10.10	'모자보건법' 제정·공포	2부 08 가족계획 사업 이야기
1974.8.15	지하철 1호선 개통, 육영수 여사 피살	2부 06 지하철 1호선 개통일에 울린 총성
1979.10.26	**박정희 대통령 피살**	
1980.7.7	경부고속도로 개통	2부 07 서울, 서울, 서울
1980.12.31	'택지개발촉진법' 제정	2부 07 서울, 서울, 서울
1981.3.3	전두환, 대한민국 제12대 대통령 취임	1부 04 밤을 허하노라
1981.5.28	'국풍 81' 개최	1부 04 밤을 허하노라
1982.1.6	**야간통행금지제도 전면 해제**	
1982.3.27	프로야구 개막	1부 04 밤을 허하노라
1983.7.29	한국 인구 4000만 돌파	2부 08 가족계획 사업 이야기
1990	서울 인구 1000만 돌파	2부 07 서울, 서울, 서울
1993	서울 시내 다방 수 1만 547개	1부 02 다방 성쇠기
1997.12.22	**IMF 구제금융 요청**	
2003.12.29	'신행정수도건설특별조치법안' 가결	2부 07 서울, 서울, 서울
2005.5.18	'저출산·고령사회기본법' 제정	2부 08 가족계획 사업 이야기
2006.8.30	'새로마지플랜 2010' 공포	2부 08 가족계획 사업 이야기

1부

풍속의 형성

01

내가 담배를 피운 이유
일제 징병제와 담배

백해무익한 일

TV를 틀어보면 〈생로병사의 비밀〉이니 〈닥터의 승부〉니 하는 건강 관련 프로그램이 주를 이루고 있다. 인생 90세 시대를 지나 바야흐로 100세 시대에 와 있고, 얼마 가지 않아 120세 시대가 온다고 야단들이다. 8·15 광복 당시 한국인의 평균 수명은 겨우 50세 정도밖에 되지 않았는데, 지금은 80세 정도는 장수의 축에도 끼지 못하니 격세지감이 들지 않을 수 없다. 그런데 그 이야기 끝에 반드시 나오는 말이 있으니 바로 '담배유해론'이다. 당뇨·고혈압·암·뇌졸중 등 모든 병의 원인이 담배이니 담배를 끊어라, 담배를 끊으면 살고 담배를 끊지 않으면 죽는다, 알아서 하라는 것이다. 한국 방송뿐만이 아니다. 일본 방송도 그러하고 미국 방송도 마찬가지이다.

그렇다면 담배는 어디에서 어떻게 들어왔고 언제부터 피우기 시작했는가? 담배의 원산지는 남아메리카로 알려져 있는데, 그 잎을 말려서 피우는 흡연은 일찌감치 남·북아메리카 일대에 퍼져 있었다고 한다. 1492년 크리스토퍼 콜럼버스가 서인도제도에 도착했을 때, 그는 인디언이 담배를 피우는 모습을 본 최초의 서양인이었다. 인디언은 종교적인 의식의 목적으로, 또는 질병의 치료에 효과가 있을 것이라는 이유로 담배를 피웠다고 한다. 유럽에서도 처음에는 의료의 목적으로 담배 피우는 풍습이 빠르게 전파되었다. 담배를 재배하는 지역은 1556년부터 1565년까지 프랑스·포르투갈·스페인·영국으로 점점 넓어졌고, 주로 포르투갈과 스페인의 뱃사람들에 의해 그 밖의 지역으로 순식간에 전파되었다.

우리나라에는 1600년대 초에 일본을 거쳐 들어왔거나 중국 베이징(北京)을 왕래하던 상인들에 의해 도입된 것으로 추정된다. 이런 사실은 우리 재래종 가운데 일본에서 도입된 것을 '남초(南草)' 또는 '왜초(倭草)', 베이징에서 들어왔거나 기독교인에 의해 도입된 것을 '서초(西草)'라고 했던 것을 보면 짐작할 수 있다. 동서를 막론하고 초기의 담배는 풀을 말린 것이었다. 그것을 비벼 담뱃대 끝에 재어 넣고 불을 붙여 빨아들이면서 피우는 것이 흡연의 일반적인 방법이었다. 예로부터 우리 조상들도 긴 담뱃대, 즉 장죽(長竹)을 사용했는데 특히 검은 대나무인 오죽(烏竹)으로 만든 것을 애용했다. 양반과 상사람, 늙은이와 젊은이, 사는 형편에 따라 길고 짧으며 금·은·동에 각양각색 장식까지 넣은 담뱃대가 널리 사용되었다.

일제 초기라고 할 수 있는 1921년까지는 각 지방에서 제조된 잎담배에만 의존하다가 1922년부터는 궐련이 등장하며 잎담배와 함께 유행했다. 우리나라에 처음으로 들어온 궐련은 마코(Macaw), 피죤, 카이다였다. 잎담배로는 장수연(長壽煙)이 있었다. 마코는 5원부터 10원까지 가격대가 형성된 싸구려 궐련이었고, 카이다는 20원이 넘는 고급 담배였다. 장수연은 싸구려 잎담배로 일제 강점기 말까지 흡연자들에게 널리 애용되었다.

고등학생들이 담배를?

2008년 서울 거리가 온통 미국산 쇠고기 수입 반대로 들끓고 있을 때, 유독 내가 거주하는 동네인 강남구 압구정동만은 고요했다. 모두 묵묵히 공부만 하는 분위기였다. 영어교습소를 내왕하는 노란색 버스만 부지런히 다니는 것을 보고 정말 공부밖에 모르는 동네라는 생각을 했다. 그런데 이런 생각을 순식간에 떨치게 한 사건이 있었다. 으슥한 골목길에서 고등학생 서너 명이 모여 담배를 피우고 있는 것을 내 두 눈으로 목격했던 것이다.

고등학생들이 담배를 피우고 있었다. 백해무익한 담배를. 그것은 바로 나 자신이 중학교에 다닐 때의 모습이었다. 물론 나는 그 이후 몇 십 년간 여전히 담배를 피웠다. 하지만 결국 담배가 나쁘다는 것을 알게 되었고 그 악습에서 벗어나려고 수십 년간 노력했다. 고등학생들이 흡연하는 광경을 보니 새삼스레 그때의 기억이 다시 떠오른 것이다.

하기야 요즘에는 여학생들도 담배를 피운다. 담배를 피우는 아이들을 다그쳐 물어보면 남자아이들이 담배를 배우기 시작한 것은 중학교 3학년 또는 고등학교 1학년 때이고, 용케 그 시기를 잘 피한 아이는 군대에서 담배를 배운다는 것이다. 여자아이들의 첫 흡연은 대학 시험에 떨어져서 재수할 때라는 것이 공통된 대답이다. 여학생들이 재수할 때 담배를 배우는 것은 잘 모를 일이다. 여학생이 되어본 적도 또 재수를 해본 적도 없으니 여학생들이 재수할 때 담배를 피워보고 싶은 심정 그 자체를 알 수가 없기 때문이다. 그런데 남학생들이 중3 또는 고1 때 담배를 배우는 것은 충분히 이해를 한다. 70년 전 나 자신의 모습이기 때문이다. 그 시절의 악습이 그대로 전해져 오늘에 이르고 있는 것이다. 그렇다면 70년 전에 무엇이 일어났고, 또 어떤 모습이 악습으로 남아 오늘에 이른 것인가?

나는 중학교 3학년 때부터 담배를 피우기 시작했다. 나뿐만이 아니었다. 내가 다닌 학교의 전교생이 중학교 3학년 때부터 담배를 피웠다. 인구수가 2만 명 내지 3만 명밖에 되지 않는 조그마한 시골의 중학교였다. 내가 첫 담배를 피웠던 해, 즉 1944년에 내 주위에 있던 동급생들 거의 전원이 담배를 피우고 있었다. 동급생 총원이 55명이었다. 그중 일본인 학생이 5, 6명 정도였는데 그들은 담배를 피우지 않았다. 조선인 학생 50명 정도 중에서도 역시 4, 5명은 담배를 피우지 않았다. 끝내 담배를 피우지 않았던 이 소수파는 옆도 뒤도 돌아보지 않는 무조건적 '순종파들'이었다. 좌로 가라면 좌로만 가고 우로 가라면 우로만 가는 그런 학생들이었다. 요즘 말로 하면 모범생이랄까. 나머지 45명 정도는 모두 담배를 피우고 있었다. 그래서 나도 담배를 피우기 시작했다.

내 위의 상급생들의 사정은 어땠을까? 우리보다 윗반, 그 윗반도 사정은 같았다. 아마 당시 한반도 내 조선인 중학교 학생의 약 90% 이상이 흡연자였을 것이다. 지금에 와서 돌이켜 생각해보면 실로 무서운 현실이었다. 왜 그런 무서운 현실이 나타났을까? 그것은 당시 일본의 식민정책 때문이었다.

일제 강점기 말의 식민정책

1941년 당시의 조선총독은 미나미 지로(南次郎)였다. 일본 규슈(九州) 지방의 오이타 현(大分縣)에서 출생한 미나미가 일본 육군대학을 나와 제16사단장을 역임하고 참모차장이 된 것은 1927년이었다. 1929년에는 조선군사령관이 되었고 1930년에 대장이 되었다. 1931년에 육군대신, 1934년에 관동군사령관 겸 주만주국대사를 지냈고, 1936년에 2·26 사건(일본에서 일어난 청년 장교들의 쿠데타 기도)의 책임을 지고 예비역에 편입되었다. 그러다가 우가키 가즈시게(宇垣一成) 총독의 후임으로 같은 해 8월 5일 자로 조선총독에 임명되었다.

그의 전기에 의하면 조선총독에 취임한 그가 가장 먼저 착안한 조선 통치의 목표는 "제일로 조선에 (천황) 폐하의 행행(行幸)이 있기를 삼가 바라옵는 일이며, 둘째는 조선에 징병제도를 시행하는 일이었다". 6년에 이르는 그의 통치 기간 동안의 여러 시책은 모름지기 이 두 가지 목표를 실현하기 위함이었다는 것이다. 즉, 충분히 '황민화된 조선'을 실현하겠다는 것이었다. 그에게 '황민화된 조선'이란 '천황이 행행할 수 있는 환경이 갖추어진 조선'이란 뜻이고 '징병제도가 실시될 수 있는 민심이 확립된 조선'이라는 뜻이었다. 특히 '천황 폐하의 행행'을 바란다는 것과 '징병제의 시행'은 같은 일의 표리(表裏)를 일치시키는 일이었다. 조선인이 완전한 '황국신민'이 되어 징병제도를 도입할 수 있게 치안 상태가 안정된다면 바로 천황의 행행도 바라볼 수 있기 때문이었다.

그러나 천황이 조선까지 오는 것이 아니고 겨우 일본 내에서 교토까지 가는 경우에도 교토에 거주하는 조선인 노무자를 함바(飯場, 노무자들의 합숙소)에 피신시켜놓을 정도로 일제는 조선인의 민족적 저항을 겁내고 있었다. 하물며 조선에 천황이 행행하는 것은 꿈도 못 꿀 일이라는 것을 그들

일본어로 된 『국어독본』을 읽고 있는 국민학교 어린이들.
자료: 『한국근현대사강의』 181쪽에서 재인용.

국민학교에서 학부모들에게 실시한 일본어 강습 장면.
자료: 『한국근현대사강의』 181쪽에서 재인용.

조선신궁 경내에 세워진 높이 17m의 황국신민서사지주(皇國臣民誓詞之柱).
자료:『일제강점기도시사회상연구』 5쪽에서 재인용.

스스로가 너무나 잘 알고 있었다. 미나미 총독 시대의 한반도 민심을 냉정하게 바라보면 두 가지 모두 한낱 헛된 꿈 이상 아무것도 아니라는 것은 너무나 명백한 일이었다. 그런데도 미나미 총독은 우직하게 이 두 가지를 밀어붙이고 있었다. 내선일체(內鮮一體)라는 슬로건이 그것이었다.

역대 조선총독 중에서 내선일체론을 가장 소리 높여 외친 인물이 바로 미나미 지로였다. 일본 내지인과 조선인이 같은 조상을 섬기는 일체의 민족이라는 것이 내선일체론의 요지이다. 이와 함께 주장한 것이 이른바 동근동조론(同根同祖論)이었다. 일제가 아무리 "내선은 일체다. 그러므로 차별이 있을 수 없다"라고 외쳐대도 내선 간에 차별은 엄연한 것이었다. 학교에 들어가는 것에도 차별이 있었고 학교를 졸업하고 취직을 할 때도 차별이 있었으며 입사 후 승진할 때도 차별이 있었다. 참정권(參政權)조차 조선인에게는 인정되지 않고 있었다. 이런 차별을 무마시키고자 일제가 생각해낸 것이 바로 동근동조론이었다. 일본인·조선인이라 그래 봤자 뿌리는 같고, 뿌리가 같으니 원래가 형제간이라는 논리였다.

일제는 이 논리를 실현하기 위해 여러 가지 시책을 고안하고 시행했다. 국어상용(國語常用) 정책이니 신사참배니 하는 것들이 대표적이다. 조선인도 일본말을 사용하라는 것이 국어상용 정책이었다. 학교 안에서나 공공장소에서는 절대 조선어를 쓰면 안 된다는 것이었고, 심지어 가정에서도 일상생활 용어로 일본어를 쓰라는 것이었다. 그다음이 신사참배 강요였다. 당시 일제가 서울의 남산에 세운 조선신궁(朝鮮神宮)을 포함한 조선 내의 대다수 신사에 모셔진 제신(祭神)들은 아마테라스 오미카미(天照大神)와 메이지 천황(明治天皇)이었다. 그들도 아마테라스 오미카미가 조선인의 조상이라고 우기지는 않았다. 그 대신 아마테라스 오미카미의 동생인 스사노 오노미코토(素戔嗚尊)가 조선인의 조상이라고 우겨댔다. 아마테라스 오미카미는 일본인의 조상이고 그 동생인 스사노 오노

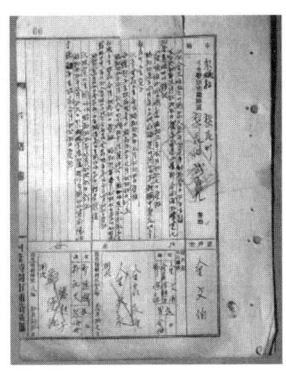

창씨개명한 호적.
자료: 『한국근현대사강의』 183쪽에서 재인용.

미코토가 조선인의 조상이니 일본인과 조선인이 같은 뿌리라는 것이 그들의 주장이었다. 하지만 이를 믿는 조선인은 아무도 없었다.

동근동조론의 극단을 보여주었던 것이 바로 창씨개명(創氏改名) 제도다. 내선일체가 되기 위해서는 조선인의 성명을 일본식으로 바꿔야 했다. 즉, '창씨(創氏)'를 하고 '개명(改名)'을 해야 한다는 것이었다. 조상 대대로 내려오는 성과 이름을 바꾼다는 것은 조선인들의 입장에서는 죽음을 맞이하는 것과 마찬가지였다. 그러나 총독 미나미 지로는 밀어붙였다. 그가 취임해온 지 8개월 만인 1937년 4월 사법개정조사위원회를 설치해 심의를 거듭한 다음, 1939년 11월 10일 자 제령 제19호로서 조선민사령을 개정해 1940년 2월 11일부터 창씨개명 제도를 단행했다. 법령을 공포한 뒤 창씨개명을 강요하는 미나미 지로의 모습은 마치 맹수와도 같았고 미치광이와도 같았다고 한다. 총독은 각 도 지사회의·내무부장회의·참여관회의·경찰부장회의와 전 조선 군수회의 등을 연이어 소집해 빠른 시일 내에 빠짐없이 전 조선인이 창씨할 것을 지시했으니, 전 조선의 경찰 조직이 일제히 그 활동을 개시한 것은 당연한 일이었다.

당시 일제는 겉으로는 창씨개명을 결코 강요하지 않았다. 조선인 개

개인의 자발적인 의사에 맡긴다는 것이 그들의 주장이었다. 그 본보기로 박흥식이니 김대우니 하는 1급 친일파들에게는 창씨를 시키지 않고 되도록 뒤로 돌리는 전략을 썼다. 그러면서 일반인들에게는 실로 교활한 방법으로 그것을 강요했으니 예컨대 다음과 같은 방법이 동원되었다.

① 창씨를 하지 않은 조선인의 자녀에 대해서는 각급 학교의 입학과 진학을 거부케 했다.
② 창씨를 하지 않은 아동은 일본인 교사들이 이유 없이 질책·구타했다. 그리하여 아동의 하소연으로 그 부모가 창씨하게 만들었다.
③ 창씨를 하지 않은 조선인은 공사 간 그들의 기관에 일체 채용하지 않으며 또한 현직자도 점차 해면했다.
④ 창씨를 하지 않은 조선인에 대해 행정기관에서 다루는 모든 사무를 취급해주지 않았다. 예를 들면 호적 등·초본도 뗄 수가 없었다.
⑤ 창씨를 하지 않은 조선인은 '비국민' 또는 '불령 조선인(不逞朝鮮人)'으로 단정하고 경찰관 수첩에 등록해 사찰·미행 등을 철저히 함과 동시에 우선적인 노무징용 대상자로 만들고, 식량 등 기타 물자의 배급 대상에서 제외했다.
⑥ 창씨를 하지 않은 조선인의 명패가 붙어 있는 짐은 철도국과 운송점에서 송달 업무로 취급해주지 않았다. 심지어 우편국에서 보내는 등기우편물까지 보내주지 않았다.

저항도 만만치 않았다. 창씨개명 강요에 항거한 조선인 중에 '이누쿠소 구라에(犬糞食衛, 개똥이나 먹어라)'라는 이름으로 창씨개명해 경찰에 호출되어 크게 꾸지람을 당한 끝에 행방불명이 된 사람이 있었다고 할 정도였다.˚ 미나미 지로 총독의 창씨개명에 관한 폭정은 만 2년간이나 계속되어 조선인으로서 창씨를 하지 않은 사람은 거의 없게 되었다.

조선인 장정을 일본의 병력으로 충당하고자 하는 연구도 있었다. 용산에 본거를 둔 조선군사령부에서 담당해왔고, 만주사변이 일어난 지 1년이 지난 1932년경부터의 일이었다고 한다. 일본 육군성에서 조선인 장정을 언제쯤부터 병력화할 수 있느냐는 질문서를 조선군사령부에 보낸 것은 중일전쟁이 일어나기 한 달쯤 전인 1937년 6월이었다. 질문서를 받은 조선군사령부는 일본 육군성에 '조선의 병역문제 해결을 위한 시험적 제도로서 조선인 장정을 지원에 의해 현역병 복무를 할 수 있게 하는 것이 적당'하다는 의견을 담은 「조선인 지원병 제도에 관한 의견」을 제출했다. 일본 육군성이 조선인 장정을 현역병으로 충당하고자 한 것은 자국민만으로는 적지 않은 병력 소모를 감당할 수 없었기 때문이었다. 당시 일제는 극심한 병력난을 겪고 있었다. 병력 소모의 일부를 조선인들이 담당해주는 것만큼 육군성이 바라는 일이 없었다. 이로써 17세 이상의 조선 장정이라면 일본 육군에 지원할 수 있다는 내용을 골자로 한 '조선 지원병 제도'가 1938년 2월 22일 자 칙령 제95호 육군특별지원병령의 공포로 시작되었다.

조선인 징병제의 시행: 내가 담배를 피운 이유

1938년의 조선 지원병 제도, 1940년의 창씨개명 제도 모두 내가 초등학생이었을 때의 일이다. 초등학생 때의 일이었으니 무엇이 일어나고 무엇이 지나가고 있는지도 모르는 사이에 지나간 것이었다. 그러나 1942

---

* "낭만시대", ≪동아일보≫, 1965년 6월 10일 자.

년부터 시작된 징병제는 그렇지 않았다. 내가 시골 중학교에 입학한 것은 1942년 4월이었다. 징병제는 그로부터 한 달 뒤인 1942년 5월에 실시되었다. 즉, 1942년 5월 8일 일본 정부 각료회의에서 조선인에 대해 징병제를 시행할 것이 결정되었고, 1944년부터 조선인을 징집할 수 있도록 제반 준비를 진행하라고 지시가 내려졌던 것이다.

그런데 당시 조선에서 시행할 일의 대부분은 조선총독을 경유해 일본 중앙정부에 진달(進達)되었고 그 진달된 내용이 그대로 받아들여지는 것이 관행이었다. 하지만 유독 징병제만은 조선총독이 본국에 진달하지 않고 일본 군부의 독자적인 판단에 의해 각료회의에 상정된 건이었다. 따라서 조선군사령부나 조선총독부는 그 내용을 알지도 못한 가운데 중앙의 각료회의가 먼저 결정해 하달한 내용을 갑작스럽게 수명(受命)한 형식을 취하게 되었다. 미나미 지로 총독으로서는 모양새가 조금 우스워졌지만, 중앙정부가 일방적으로 결정한 일이니 나는 모르는 일이라고 할 수는 없는 처지에 있었다. 총독은 정부의 결정이 내려올 즈음에 "금번 징병제도의 시행을 통해 조선에서의 내선일체의 정책은 절정에 달한 것으로 본다. 돌이켜 보면 지난날의 모든 노력은 이에 도달하기 위한 노력, 바로 그것이었다"라고 말했다.

본국 정부의 결정에 대한 미나미 지로 총독의 즉각적인 반응에도 불구하고 일본 중앙정부는 무엇이 마음에 안 들었는지 그 달 안에 총독과 정무총감 두 사람을 모두 경질해버렸다. 즉, 1942년 5월 29일 자 정부 인사 발표에서 조선총독 미나미 지로는 일본 추밀원 고문으로 전임되고 그 후임으로 육군대장 고이소 구니아키(小磯國昭)가 임명되었으며, 정무총감 오노 로쿠이치로(大野綠一郎)도 경질되고 그 후임으로 다나카 다케오(田中武雄)가 임명되었다.

1938년부터 지원병 제도를 실시한 조선군사령부와 조선총독부는 조선인의 황민화 정도를 고려했을 때 징병제의 전면 시행은 그로부터 20년 내지 30년 후가 될 것으로 예측하고 있었다. 그런 징병제를 중앙정부가 1944년부터 실시하기로 결정했고, 따라서 겨우 2년의 단기간 내에 그 준비가 이루어져야만 하는 상황이 닥친 것이니 조선군사령부와 조선총독부의 입장에서는 당황할 수밖에 없는 일이었다. 징병제의 전면 시행을 위해 필요한 준비 과정이란 것이 과연 무엇이었던가. 첫째는 일반 민중에게 징병제의 취지를 철저히 고취시키는 것, 둘째는 경찰 및 부·읍·면 등 취급 관청의 기구를 정비하고 보강하는 것, 셋째는 부·읍·면 및 재판소에 등재되어 있는 호적을 정비하고 기류(寄留) 제도를 실시하는 것, 넷째는 입영 대상 장정의 사전 훈련을 실시하는 것 등이었다.

게다가 의무교육조차 시행하지 않고 있는 한반도에서 징병제를 실시하기로 결정되었으니 통치자의 입장에서는 고심하지 않을 수 없는 일이었다. 미취학의 조선인 장정들을 모조리 모아 일본군의 총알받이로 쓰겠다는 것이 징병제의 본질이었으니, 그것을 시행할 입장에서도 괴로운 일이었고 그것을 감당해야 할 조선인 장정의 입장에서도 고민이 안 될 수 없는 일이었다.

당시의 일본은 미국·영국과 전쟁을 치르고 있었다. 태평양전쟁을 일으킨 초기, 즉 서전(緒戰) 단계에서는 일본군이 크게 이기고 있었다. 하와이 섬에 본거를 둔 미국 태평양 함대를 크게 무찌르고 영국의 육·해군을 상대로 한 말레이시아·싱가포르 전역에서 파죽지세로 진격을 계속했다. 그러나 싱가포르와 필리핀 점령까지가 끝이었다. 1943년 2월에 과달카날 섬에서 철수한 뒤부터는 전세가 점점 불리해졌고, 1944년 6월 마리아나 해전에서의 패배, 이어 사이판 섬에서의 전 부대 전멸 등으로 일본군은 점차 궤멸 현상을 보이고 있었다. 이와 같은 일본 내외의 정세가 조선사회에 작용하지 않을 리 없었다. 조선에서의 민심의 동향은 항상 전국(戰

局)의 추이와 밀접한 관련을 맺고 있었고, 조선인들은 일본인들보다도 훨씬 냉정한 눈으로 전국의 향방을 주시하고 있었다. 조선인 장정에 대한 징집이 실시되기 시작한 1944년 당시의 조선인 일반의 민심은 '일본 군대에 끌려가는 것은 죽음의 길로 직행하는 일' 바로 그것이었다.

이 시기, 즉 1944년 당시 나는 중학교 3학년이었다. 나는 담배를 피우고 있었다. 같은 반 학생 거의 모두가 담배를 피웠다. 왜 그랬을까? 이는 일본의 징병제 실시에 대한 항거이고 거부였다. 창씨개명 때 나는 조선인 이름 '손정목'을 잃었고, 그 대신 일본식 이름 '오오쿠라 나가토리(大倉永收)'를 얻었다. 이름이 바뀐다는 것이 얼마나 큰일이었겠는가? 하지만 당시 초등학생이었던 나는 스스로도 모르는 사이에 아버지에 의해 창씨개명이 이루어졌고, 아무런 저항도 하지 못하고 창씨개명을 받아들일 수밖에 없었다.

창씨개명 제도도, 국어상용 정책도, 신사참배도 참을 수 있는 일이었다. 너 나 할 것 없이 누구나 당하는 일이었으니 나라고 견디지 못할 일이 아니었다. 그러나 징병제에 의해 군대에 끌려간다는 일은 이야기가 달랐다. 몇 년간 꾹 참고 고생을 하면 무사히 집에 돌아온다는 것이 아니었다. 이 당시 일본군에 입대한다는 것은 문자 그대로 총알받이가 되는 일이었다. 십중팔구는 죽었다. 나이가 젊거나 많거나 간에 죽음이라는 것은 무서운 일, 겁나는 일이 아닐 수 없었다. 그것도 식민국 일제를 위해서 죽는다는 것은 문제가 있었다. 내 동포인 조선인의 생명, 재산, 안전, 평화를 위해서 몸을 바치는 일이 아니었다. 대동아공영권(大東亞共榮圈)이니 팔굉일우(八紘一宇)니 하는 일본의 침략 행위의 희생물이 되어 생명을 바친다는 것은 참을 수 없는 일이었다. 조선인 3학년 학생 거의 모두가 담배를 피우고 있었던 것은 바로 일본 징병제 실시에 대한 저항이요 거부요 반대 의사였던 것이다.

일제가 징병검사에 합격한 장정의 집을 '영예의 집'이라고 지정하며 꽂은 장행기(壯行旗).
자료: 『한국근현대사강의』 185쪽에서 재인용.

    이런 '흡연의 풍속'은 일본의 입장에서 보면 조선인의 황민화가 제대로 진행되지 않았음을 보여주는 일이었다. 일본인 지도층이 부르짖는 내선일체 사상이 조선인 머릿속에 주입되어 있었다면 일본군의 총알받이가 되건 전쟁터에서 죽건 문제 될 것이 없는 일이었다. 조선인 스스로 일본의 황민임을 인정하지 않았기 때문에 일본군의 총알받이가 되기 싫다고 저항하고 항거한 것이었다. 그 당시 우리의 흡연은 그런 것이었다.

1944년 당시 담배는 돈을 내면 살 수 있는 물건이 아니었다. 마코, 피존, 카이다 등의 담배는 모습을 감춘 지 오래되었다. 마코니 피존이니 하는 말도 일본어가 아닌 이른바 외래어였으니 진작에 없어졌고, 1942년경에는 긴시(金鵄) 같은 담배가 가장 대중적인 것이었다. '긴시'란 금소리개란 뜻이다. 일본의 초대 천황인 진무 천황(神武天皇)이 동녘 정벌 때 길을 잘못 들어 헤매고 있었는데 금빛 소리개가 왕의 활 끝에 앉아 방향을 알려줘 무사히 길을 빠져나갔다는 전설이 있어, 지난날 일본에서 가장 무공이 뚜렷한 군인에게 준 훈장이 긴시 훈장이었다.

1942년경 모든 담배는 다른 일반 생필품과 마찬가지로 배급제로 지급되었다. 성인 남자 1인당 하루 일곱 개비인가 여섯 개비인가를 반상회를 통해 배급하고 있는 실정이었다. 그런 귀한 담배가 중학생들 수중에 쉽게 들어갈 리가 없었다. 대다수 중학생들은 길바닥에서 꽁초를 주워 모았고, 그것을 풀어서 일본의 산세이도(三省堂)라는 출판사에서 발행한 콘사이스(휴대용 사전)에 말아 피우고 있었다. 꽁초를 구하지 못할 때에는 생산농가에서 건조 중인 담배를 훔쳐다가 역시 산세이도 콘사이스에 말아 피우거나, 그것도 못 구할 때에는 호박잎에 말아 피웠다.

노름에 미치다

담배만 피운 것이 아니었다. 너 나 할 것 없이 노름에도 미쳤다. 당시에 유행한 노름은 '짓고땡'이란 것이었다. 모든 사람에게 패를 다섯 장씩 나눠 주면 그중 석 장을 짓고 나머지 두 장으로 승패를 겨루는 방식이었다. 짓는다는 것은 석 장으로 열·스물·서른 이런 식의 사전에 약속한 일정한 배열을 만든다는 것이고, 만약 이 '짓기'를 못하면 실격이었다. 1·2·7, 1·3·6, 2·2·6, 1·4·5, 3·8·9, 4·7·9, 10·10·10. 여하간 석 장으로 이런 패턴을 만들고 나머지 두 장으로 1·4, 10·4, 1·1, 2·2~10·10 등 역시 정해진 짝을 만들어 더 높은 짝을 만든 사람이 판돈을 먹는 것이다. 부르는 것도 노름 용어가 따로 있었다. 4는 '세'라고 발음해야 하고 1은 '콩'으로 발음해야 한다. 1·1은 1땡이 아니고 '콩땡이'로 불러야 노름 용어가 되는 것이다. 3·8·9는 '삼빼구'로 발음해야 하고 4·7·9는 '세칠구'로 발음해야 한다. 5·6·9는 '오륙꿍'이었다. 6땡은 '최남선'이라고 불렀는데, 최남선의 호가 육당(六堂)이었기 때문이다. 이처럼 일반인은 알아듣지 못하는 은어(隱語)로 이루어져 있는 것이 바로 노름 용어였다.

　예나 지금이나 노름에는 살밑천, 즉 돈이 필요했다. 나의 경우에는 매월의 공납금도 낼 형편이 되지 않을 정도로 빈한한 가정이었으니 밑천을 댈 만한 돈이 있을 리 없었다. 궁여지책으로 쓴 것이 사전이었다. 영어사전을 포함해 집에 있는 각종 사전을 고서점에 팔아서 그것을 밑천으로 삼았다. 공부를 하는 사람이 없었으니 사전이 필요할 까닭이 없었다.

　당시의 학생들이 얼마나 공부를 하지 않았는지 알 수 있는 사건이 있었다. 3학년 수학을 담당한 교사는 배상대(裵相大)라는 조선인이었다. 일본 이름은 후지무라(藤村)였던 것으로 기억한다. 3학년 학생들에게 수학을 가르치는데 학생들 실력이 엉망이었다. 2학년 수학도 제대로 알지 못하고 있었다. 즉석에서 시험을 봤다. 첫 번째 문제가 2차 방정식 해법의 공식을 유도하는 문제였다. 2번과 3번 문제는 2차 방정식을 푸는 응용문제였다. 당시 학생들에게 수학은 암초나 마찬가지였다(지금도 마찬가지라고 알고 있다). 채점 결과는 엉망이었다. 백지를 내고 0점을 받은 학생이 반수가 넘었다. 30점대가 두세 명, 60점대가 한 명 아니면 두 명, 나 혼자만이

90점이었다. 내가 수학 모의시험에 혼자만 90점을 받았다는 것은 즉각 화제가 되었다. 당시 나는 영어·국어·사회는 잘했지만 이과 계통은 전혀 못하는 문약(文弱)의 무리 중 하나로 알려져 있었기 때문이다. 그런 내가 수학 시험에 혼자만 90점을 받았다는 것은 학생들은 물론 영어·국어 계통의 교사들에게는 하나의 놀라움이었다.

그 놀라움은 시험을 치른 나의 경우에도 마찬가지였다. 1번 문제는 2학년 하반기에 배운 것이 기억에 남아 있었기에 기억한 대로 풀었고, 나머지 문제들은 1번 문제를 푼 여력으로 풀 수가 있었다. 이 수학 모의시험이 나에게 가르쳐준 교훈은 '수학이라는 과목도 결국 기억력이 좌우한다'라는 것이었다. 나는 지금도 기억력만은 남다른 능력의 소유자라고 자처하고 있다. 그리고 이 시험 이후로 나는 수학도 항상 반에서 1~2등의 자리를 양보해본 일이 없었다.

이야기가 나왔으니 당시의 성적 평가에 관해서 좀 더 언급하고 넘어가기로 한다. 평가 방식을 보면, 모의시험에서 우등을 했다든지 중간시험·기말시험에서 좋은 성적을 받았다든지 하는 것은 거의 참고가 되지 않았다. 모든 과목마다 30%는 황민화 정도에 따라 채점을 하고, 30%는 근로 점수로 채점을 했다. 실제로 시험 등에서 얻은 점수는 40%만 반영한다는, 실로 해괴하기 짝이 없는 채점 방식을 취하고 있었다. 평소에 나태하고 반항적이며 냉소적이라고 알려져 있고, 연애 사건으로 한 차례 정학까지 당한 경력이 있는 나는 황민화 점수도 근로 점수도 모두 최하점이었다. 그래서 내 성적 등수는 60명 정원인 반에서 항상 50등 아래였다. 지금 생각해봐도 정말로 이상한 채점 방식이었다.

당시는 상급 학교에 진학할 때 따로 입학시험을 보지 않았고 학교장의 추천만 있으면 되는 추천 입학 방식이었다. 그리하여 우리 윗반의 경우 일본인 학생이 3등으로 졸업해 만주의 하얼빈 의과대학으로 진학을 했고, 친일파의 아들 두 명이 대구농림전문학교에 진학했다. 하얼빈 의과대학에 진학한 일본인은 종전 후에 죽었거나 아니면 죽음을 동반한 귀국을 했을 것이 분명하다. 대구농림전문학교에 진학한 두 명은 졸업 후에 수원농사시험장에 취직이 되어 수원에 가 있다가 6·25 때 납북되어 지금까지도 이북에 생존하고 있다는 비극을 낳았다. 일제가 한 해괴한 성적 평가로 인생행로가 거꾸로 가버린 결과가 된 것이었다. 다행히 우리 동기생들은 8·15 광복 당시에 아직 중학교 졸업반이었으니 인생행로가 거꾸로 달린 그런 결과는 맞이하지 않아도 되었다. 나의 경우도 물론 고생은 했지만 비교적 순조로운 인생행로를 걸을 수 있었다.

노름 이야기를 하다가 옆으로 샜으니 본론으로 돌아가자. 나의 노름판 생활은 6개월 내지 1년으로 끝을 낸 것으로 기억하고 있다. 세 가지 정도의 이유를 꼽을 수 있을 것 같다. 첫째는 내가 가지고 있던 사전이 많지 않아서 노름 밑천을 댈 수가 없게 된 것이 결정적인 이유였을 것이다. 둘째는 그때에도 분명히 노름판을 교란하는 조작꾼이 있어 점점 싫증을 느끼게 되었다는 점이다. 셋째로 아마 내가 노름판 체질이 아니었던 것 같다. 그 후에도 마작을 배워 한동안 빠진 적이 있기는 하나 결과적으로 그렇게 몰입하지 못한 것은 내가 노름판 체질이 아니었기 때문일 것이다. 중학생 시절 노름판을 좌지우지했던 한 친구는 70년이 지난 지금도 건강하게 생존해 시골의 노름판을 누비고 다닌다는 소문을 들었다.

금연, 세상에서 제일 쉬운 일

해방을 맞이했다. 미군이 들어왔다. 미국 담배도 같이 들어왔다. 럭키 스트라이크라는 담배가 제일 고급 담배이고, 그다음이 카멜이었다. 럭키

스트라이크에는 빨간 동그라미, 카멜에는 낙타가 그려져 있었다. 돈 없는 학생들이었으니 여전히 담배꽁초 신세였지만 그래도 돈만 내면 얼마든지 담배를 구할 수 있는 시대가 되었으니 꽁초의 입수도 훨씬 쉬웠다. 얼마 안 가서 나도 수입이 생기는 처지가 되었고 마음 놓고 담배를 사서 피우게 되었다.

그런 나의 흡연 생활에 제일 먼저 제동을 건 사람은 아버지였다. 내가 담배를 피우는 것을 알게 되자 담배가 얼마나 해로운 것인가를 깨우쳐주고 담배를 끊자고 제의하셨다. 혼자서 끊기가 힘들 것이니 당신도 같이 끊겠다는 것이었다. 그러나 한참 담배 맛을 알게 된 시기라 그런 아버지의 제안에 귀 기울일 턱이 없었다. 결혼을 했더니 아내가 담배를 싫다고 했고 끊으라고 애원을 했다. 아내 몰래 담배를 피웠다. 그런 생활이 얼마나 계속되었을까?

담배는 백해무익하다. 담배를 끊어야 되겠다는 생각을 한 것은 아마도 마흔이 넘어서였을 것이다. 끊고 피우고 또 끊고 피우고의 세월이 흘렀다. 영국의 풍자문학가인 버나드 쇼(George Bernard Shaw)가 한 말이라고 기억한다. "세상에서 담배 끊는 것만큼 쉬운 일은 없다. 나는 아마도 100번 이상 끊었을 것이다." 그가 말하고자 한 것은 "담배는 끊을 수 없다"라는 말일 것이다. 버나드 쇼가 말한 것처럼 나도 담배 끊기는 아주 쉽게 잘했다. 오늘부터 끊자 싶으면 끊을 수 있었다. 그리고 1주일, 2주일, 스무날, 이렇게 끊었다. 그런데 언젠가부터 또 피우고 있었다.

내가 최종적으로 담배를 끊은 것은 1988년(그것은 나의 회갑해이기도 하다) 대장암 수술을 받기 위해 약 20일간 입원했을 때의 일이었다. 여하튼 그 일 이후에 아내는 나를 은근히 존경하는 듯했다. 아마도 아내의 친구 남편 박 모가 담배 끊는 것만은 끝내 실천하지 못하고 황천행 열차를 탔기 때문일 것이다. 내 지인 중에도 정말 어렵고 힘들게 금연에 성공한 사람이 있다. 아마 20년 정도 걸렸을 것이다. 담배는 배우기는 아주 쉬운 대신 끊기는 매우 어려운 속성을 지녔다. 지독한 중독성 때문이다.

　언제부터 피운 것인지는 알 수 없지만 나의 두 아들 모두 금연에 성공한 것을 보고 마음속으로 매우 대견하게 생각하고 있다. 그리고 어제도 오늘도 수많은 남녀 학생들이 담배 피우는 것을 본다. 만약 그들이 금연을 결심한다면 그들 앞날엔 엄청난 일들이 기다리고 있을 것이다. 그들을 보며 흡연의 첫 세대였던 나와 전 조선의 동급생들의 사려 깊지 못한 행동을 깊이 반성한다.

02

다방 성쇠기
1만 개에서 0개로

최초의 다방

동양 문화권의 경우 8~9세기에 와서야 본격적인 차(茶) 문화를 꽃피우기 시작했다는 것이 통설이다. 우리나라에서도 정사(正史)에 나타난 차 종자의 이식 시기를 828년 무렵으로 보고 있다. 통일신라시대에 이미 차를 마시기 위한 장소로 보이는 '다연원(茶淵院)'이라는 것이 등장한다. 경주 창림사(昌林寺) 터에서 출토된 와당(瓦當)에 새겨진 '茶淵院'이라는 글자가 우리나라 차 문화를 알리는 최초의 것으로 알려져 있다.

'다방(茶房)'이란 단어는 고려시대에 처음으로 나타난다. 하지만 지금의 그 다방이 아니다. 고려와 조선의 다방은 차와 관련한 모든 일을 주관하는 국가기관이었다. 고려시대에는 국가적인 모든 행사에 반드시 진다(進茶)라는 의식을 거행했는데, 그때의 주무 관서가 바로 이 다방이었다.

오늘날의 다방은 커피의 전래 이후에 생겨난 개념이다. 1882년 임오

러시아공사관으로 옮겨 간 뒤 러시아 복장을 한 고종(왼쪽)과 세자(오른쪽)의 모습.
자료:『한국근현대사강의』101쪽에서 재인용.

군란(壬午軍亂) 이후 미국이나 영국 등의 외교사절이 들어오면서부터 커피를 마시는 풍속이 널리 보급되기 시작했다. 그리고 그 중심에 고종 황제가 있었다. 고종 황제는 아관파천으로 1896년의 근 1년간 러시아공사관에 체류했다. 고종은 그 1년간 커피를 즐겨 마셨을 뿐 아니라 경운궁으로 돌아간 후에는 정관헌(靜觀軒)이라는 서양식 다방을 지어놓고 커피를 마시면서 음악을 듣기도 하고 외국 사신들과 연회를 열기도 했다. 명성 황후를 잃은 아픔을 커피로 달랬음을 짐작할 수 있다. 고종과 황태자(훗날의 순종)가 마실 커피에 독을 탄 독차(毒茶) 사건이 터진 것이 1898년이었지만 그 후에도 고종은 커피를 찾았다고 한다.

1902년에 독일계 러시아인 손탁(Miss Sontag)이 정동에 세운 '손탁 호텔'은 서울에 지어진 첫 번째 호텔식 다방이었다. 손탁은 당시 주한 러시아 공사 베베르(karl Ivanovich Veber)의 처형으로 1885년 10월 베베르가 공사로 부임해 올 때 같이 서울에 왔다. 얼마 후 베베르의 주선으로 궁중에서 외빈 접대를 맡았으며, 아울러 고종의 서양 식기·장식품 등의 구입에도 관여하게 된다.

손탁은 1895년에 고종으로부터 경운궁에서 도로 하나 건너편에 있는 서쪽의 땅과 집을 하사받았는데, 이는 고종과 명성 황후를 정성껏 시봉한 것에 대한 답례였다. 그러다가 1902년에 옛집을 헐고 그 자리에 서양식 집을 지어 호텔을 경영했는데, 아래층에 식당이 있고 또 그 곁에 다방이 있어 한국의 대신들도 외빈을 만날 때 이 다방을 자주 이용했다. 서울에서의 다방의 효시였던 것이다. 이 호텔은 한일병합 후에도 주인은 바뀌었지만 국내에서 유일한 서양식 호텔로 그 이름이 높았다고 한다. 1918년 이화학당에서 손탁 호텔을 인수해 교실과 기숙사로 사용하다가 1923년에 이 건물을 헐고 그 자리에 3층 건물을 지어 프라이홀(Frey Hall)이라고 이름 붙였다.

'아오키도(靑木堂)'라는 이름의 2층 살롱이 서울에 나타난 것은 한일병합 직후인 1910년대인 듯한데, 일본인이 주인이었고 아래층에서는 양주를 팔고 2층에서는 차와 식사를 겸했다고 한다. 지금은 헐렸지만 한국은행 맞은편, 옛 제일은행 본점의 서쪽에 있었으며, 조선호텔이 생기기 전까지는 이 나라 안 최고의 식당이고 찻집이었다고 한다. 기생을 데리고 차를 마시거나 식사를 하는 것이 흉이 아닌 시대였다. 밤중까지 귀공자와 미기(美妓)가 그곳에서 사랑을 나눴다고 한다.

3·1 운동 후인 1923년경에 명치정(명동)과 본정(충무로)에 '후다미(二見)'라는 이름의, 이 땅에서 근대적 다방의 효시가 되는 최초의 다방이 생겼다. 이어서 본정 2정목에 있던 식료품점 '가메야(龜屋)' 안에 '금강산'이라는 다방이 생겼다. 두 곳 모두 일본인이 경영했다고 한다.

우리나라 사람이 세우고 운영한 다방은 1927년에 생긴 '카카듀'라는 것이 처음인데, 관훈동 입구의 3층 벽돌집 아래층에 자리 잡았다고 한

일제 강점기 서울의 일본인 거리였던 본정(충무로)의 입구.
자료: 『한국근현대사강의』 277쪽에서 재인용.

다. 그 주인은 우리나라 최초의 영화감독으로 〈춘희〉·〈장한몽〉 등의 영화를 감독했고, 나운규·전창근 등의 배우를 발굴한 이경손(李慶孫)이었다. 하와이에서 온 미모의 여인과 같이 운영했는데, 실내 장식은 인도풍을 흉내 내어 삼베 천에 조선가면을 걸고 촛불을 켜놓는 등 독특했다고 한다. 하지만 이경손은 경영에는 익숙하지 않아 불과 수개월 만에 문을 닫고 상하이를 거쳐 타이로 갔고, 하와이에서 왔다는 미모의 여인은 행방불명이 되었다고 한다.

종로2가 YMCA 근처에 '멕시코다방'이 생긴 것은 카카듀 개점 직후의 일인데, 주인은 일본 미술학교 도안과를 나온 김용규(金龍圭)였다. 화가 도상봉, 사진작가 이해선, 무대장치가 김정항, 화가 구본웅 등 당시 한반도를 대표하는 문화인들이 김용규를 위해 의자와 테이블을 만드는 등 개점을 도왔다고 한다. 멕시코다방은 차만 마시는 것이 아니라 50여 가지의 양주도 구비해 실비로 제공했고 손님들의 만남의 장소 역할을 겸했기 때문에 춘원 이광수, 석송 김형원, 홍종인, 김을한, 도상봉, 복혜숙, 서월영 등 장안 각계각층의 유명 인사가 모두 모였다. 따라서 일본인의 매서운 감시를 받아 주인 김용규는 감옥까지 갔다 왔다고 한다. 그러나 모두가 가난했던 때라 외상이 쌓였고 1931년 8월에 문을 닫을 때는 외상값이 무려 3500원이나 되었다. 차 한 잔에 10원 하던 시절이었다.

다방 전성기

다음으로는 소위 경성 문화사의 제2기, 즉 1930년대인데, 먼저 오늘날의 소공동에 '낙랑파라'가 등장한다. 이 낙랑파라의 주인은 도쿄 우에노 미술학교 도안과를 나온 이순석(李順石)이었다. 주먹구구식으로 운영하던 그때까지의 다방 경영과는 달리 수지를 맞춰 좀 더 체계적으로 운영한 것이 낙랑파라의 큰 특징이었다. 1938년에 화가 구본웅이 발행한 미술지 ≪청색지≫ 1호에 익명의 노다객(老茶客)이 쓴 「경성다방성쇠기」에는 이 다방이 적자를 보지 않고 수지를 맞추게 된 이유 세 가지를 들고 있다.

첫째, 그것이 위치한 장소가 대담해 일본인 손님들도 많이 출입했던 점. 둘째, 그때까지 종로 근처 다방의 큰 폐단이었던 기생이나 술주정꾼의 출입이 거의 없게 되어 다객의 취향에 맞았던 점. 셋째, 금요일마다 명곡의 신보를 돌리는가 하면 투르게네프 100년제를 거행하는 등 문화면에서 뛰어났다는 점. 이 낙랑파라는 뒷날 유명한 여배우 김연실이 인계받아 1940년대까지 운영이 이어졌다고 한다.

그다음으로 천재 시인 이상(李箱)이 실내 시공만 하고 팔아넘긴 '식스나인(69)'이라는 다방이 있었고, 뒤이어 그의 나이 24세가 되는 1933년 7

월에 휴양차 갔던 온천장 신천(信川)에서 데려온 애인과 함께 종로 1정목에 개업한 다방 '제비'가 유명했다. 그의 주위에 모인 수많은 화가와 문인 때문에 인기를 끌었으나 역시 경영 미숙으로 2년도 못 되어 폐업했다. 이어 인사동에 '쓰루(鶴)'라는 카페를 인수해 운영하다가 다시 실패하고, 1935년 그의 나이 26세 때 혼마치에 '무기(麥)'를 직접 설계했으나 개업 직전에 양도하고 만다.

이상이 1933년에 제비를 개업한 것을 전후로 종로 일대와 본정(충무로)·명치정(명동)·장곡천정(소공동) 일대에 많은 다방이 일시에 자리 잡으면서 경성에 다방 문화가 활짝 꽃피기 시작했다. 그 당시 유명했던 다방 몇 개만 소개하면 다음과 같다. 지금의 한국은행 건너편 상업은행 본점 뒷골목인 장곡천정에 극작가 유치진(柳致眞)이 다방 '프라타누'를 개업해 각종 문학 행사를 많이 개최했고, 배우 복혜숙(卜惠淑)이 인사동 입구에 '비너스'라는 다방을 개업해 7~8년간이나 영업했다고 한다. 명동으로 들어서면 '트로이카'라는 러시아식 다방이 유명했는데 왕년에 정구선수였다가 훗날 극단 토월회(土月會)에 들어가 연극을 했던 연학년(延鶴年)이 주인이었고, 다방 '에리사'는 음악평론가 김관(金管)이 주인으로 음악 감상에 도취하는 '꿈의 전당'이었다고 한다. 또 〈살수차〉·〈한강〉 등의 영화를 감독한 방한준(方漢俊)이 문을 연 '라일락' 다방은 외상을 잘 주기로 유명했다고 한다.

『서울 600년사』 제4권의 「다방」을 집필한 김규현은 1940년대에 들어선 후에도 명동·소공동·충무로 등에 몇 개의 다방이 있어 성업했다고 기술하고 있다. 그러나 1941년 12월에 일어난 태평양전쟁 등으로 1940년대에 들어서면서부터는 이미 남자들의 복장도 국방색에 각반을 치고 다녔을 정도로 군사적 경향이 짙어져 1940년대 이후 서울의 다방 문화는 일단 끝났다고 보는 것이 옳을 것이다.

모든 것은 다방으로 흐른다

8·15 광복은 실로 어마어마한 희열을 이 겨레에 안겨줬다. 시민들은 거리로, 골목으로 뛰쳐나와 기쁨을 누렸다. 일본 경찰에 쫓겨 숨어 지내던 사람들도 모두 거리로 나와 꿈에 그리던 사람들과 재회의 기쁨을 맞이하게 된다. 만남의 장소가 필요해진 것은 당연한 일이다. 명동·충무로·소공동·종로의 번화가에 새로운 다방이 생기기 시작한다. 초창기의 다방은 영리 위주의 상업 다방이 아니었다. 경영 주체가 영화감독·배우·화가·극작가·언론인·시인 등 이른바 문화인이었으며, 찾아오는 손님들 또한 그들과 유사한 직업을 가진 사람들이었다. 이와 같은 다방의 풍속도는 광복 후부터 6·25 전쟁 전까지는 크게 변하지 않는다.

순수 문화인들이 가장 많이 모인 곳은 명동이었다. 속칭 '명동샹송'으로도 불리는 「세월이 가면」의 작사자 박인환(朴寅煥), '명동시장'이니 '명동백작'이니 하는 별칭으로 불린 소설가 이봉구(李鳳九) 그리고 공초 오상순(空超 吳相淳), 수주 변영로(樹州 卞榮魯), 시인 조병화(趙炳華) 등이 대표적인 명동파 문화인들이었고, 그들이 모인 다방은 고전음악을 주로 틀어주었던 '봉선화'가 처음이었다. 이어 '리버티'·'삼일'·'에덴' 등이 문을 열었고, '마돈나'·'남강'·'미네르바'·'오아시스'·'고향' 등이 그 뒤를 이었다. 술집도 대성황이라서 '돌체'·'휘가로'·'무궁원'·'명동장' 등 주점에는 밤마다 장안의 문화인들이 모여 불야성을 이루었다. 이것이 1947~1948년경 명동의 모습이었다.

이 당시의 명동은 서울의 문화·예술계의 중심을 이루었고 그중에서도 다방은 가장 중요한 역할을 했다. 당시의 서울에는 미술 전시회라는 것도 없었고 아담한 간담회를 열 만한 장소도 없었다. 당시 다방에서는 음악회, 그림이나 사진 전시회, 시 낭송회나 문학 토론회 등의 문학 행사까지 문화계의 모든 행사가 열리는 중심지였다. 때로는 연극의 무대와 영화관이 되기도 했고, 출판기념회·동창회·간담회 등이 열리기도 했다. 문자 그대로 '종합예술의 장'이었던 것이다. 광복 후 명동 일대에서 발원한 다방 문화는 바로 소공동·을지로로 옮겨갔고, 그것이 세종로로 다시 옮겨와 종로 일대로 퍼져간 것은 당연한 일이었다. 그리고 6·25 전쟁을 맞았다. 서울에서 꽃피운 다방 문화는 대구·부산으로 옮겨가고 있었다.

폐허 위에 쌓은 탑

6·25 전쟁의 휴전협정이 조인된 것은 1953년 7월 27일이었다. 부산에 내려가 있던 대한민국 정부가 서울로 돌아온 것은 그해 8월 15일이었다. 1950년대가 시작된 것이다. 시인 고은(高銀)이 1971년 잡지 《세대》에 「1950년대」라는 작품을 1년간 연재한 적이 있다. '나의 고향은 폐허였다'라는 부제가 붙은 이 연재물은 1950년대가 얼마나 살기 힘든 시대였고 그 시대를 한국의 문인들이 어떤 모습으로 돌파했는가를 회상하는 글이다. 그는 이 연재물을 다음과 같은 글로 시작하고 있다.

"아아 50년대"라고 말하지 않으면 안 된다. 모든 논리를 등지고 불치(不治)의 감탄사로서 말하지 않으면 안 된다. 그 50년대의 운명과 허위의 절망들을 사랑한다는 것은 폐허를 사랑한다는 뜻이 된다. 모든 것이 끝났다. 그리고 모든 것이 다시 시작되지 않으면 안 되었다.

그가 "모든 것이 끝났다. 그리고 모든 것이 다시 시작되지 않으면 안 되었다"라고 한 1950년대, 한국의 모습은 과연 어떤 것이었던가. 서울을

폐허가 되어버린 명동성당 부근.
자료: 『서울 도시계획 이야기 제1권』 85쪽에서 재인용.

6·25 전쟁 당시 파괴된 대동강 철교를 건너 남한으로 내려오는 북한 주민들.
자료: 『한국근현대사강의』 331쪽에서 재인용.

포함해 전국의 많은 도시가 폐허의 거리였다. 시가지도 파괴되었고 공장도 파괴되었다. 당연히 일자리가 없었고 실업자가 거리를 메웠다. 1955년 당시 한국인 1인당 국민(생산)소득은 65달러였고, 1960년에는 80달러였다. 물론 공무원도 있었고 은행원도 있었다. 그러나 당시 도시 주민의 주된 직업 서너 가지를 회상해보면, 지게꾼과 넝마주이와 창녀였다. 구두닦이도 빠뜨릴 수 없다.

그런 폐허의 거리에 사람들이 모여들었다. 이북에서 내려온 피란민들, 지방에서 중·고등학교를 나와 농업에 종사하지 못하게 된 젊은이들, 군대 생활을 통해 도시의 자유로운 공기를 체험한 젊은이들이 제대 후에 서울·부산·대구로 모여들었다. 젊은 층만이 아니었다. 농지개혁으로 땅을 잃은 지주도 있었고 전쟁으로 사업 기반을 잃어버린 중년층도 있었다. 혈연과 지연 그리고 막연한 가능성을 찾아 도시로 도시로 모여든 것이다.

서울의 경우 1954년의 인구수는 124만 명이었다. 그것이 1955년에는 157만 명이 되었고, 1960년에는 244만 5000명이 되었다. 이렇게 모인 사람들의 일자리는 무엇이었던가. 대표적인 것이 다방과 술집 그리고 음식점이었다. 명동과 충무로는 공습 피해로 폐허의 거리가 되어 있었다. 다방과 술집이 영업할 수 있는 상황이 아니었다. 그래도 종로와 을지로에는 집이 남아 있었다. 그리하여 종로·을지로에는 하룻밤만 자고 나면 다방이 하나 생겼고 술집이 하나 생겼다.

서울의 다방 수가 최초로 집계된 것은 1954년 3월 31일이었고 총 282개였다. 중구 관내에 171개, 종로구 관내에 64개였다고 한다.* 1956년 말에는 433개, 1957년 말에는 499개, 1959년 말에는 887개로 집계되었

---

* 서울특별시, 『서울특별시시세일람』(서울특별시, 1953), 109쪽.

다. 중구·종로에는 1960년까지 600개가 넘는 다방이 있었다.

6·25 전쟁이 끝난 뒤로 서울에 다방 수가 갑자기 많아지면서 다방의 성격도 크게 바뀐다. 그 전까지는 영리를 추구하기보다는 멋을 추구하는 것이 일반적인 풍속이었다. 주인 자신부터 문화·예술계에 몸담고 있었고 모여드는 손님 또한 동지 같은 그런 분위기였다. 그러나 6·25 전쟁 이후 다방의 주인은 인텔리 계급의 남자 주인에서 영리에 밝은 여자 주인으로 바뀌었다. 그 밑에 얼굴마담과 레지, 카운터, 주방장 등이 종사하는 체제가 정착했다. 규모와 분위기 또한 전보다 크고 화려해졌다. 1950년대에서 1960년대에 걸쳐 서울의 범위가 확장되면서 다방의 분포 또한 점차 넓어져 갔다. 물론 중구와 종로에 주로 많이 모여 있었지만 그래도 시간이 흐르면서 점차 변두리로 퍼져나가고 있었다.•

너 나 할 것 없이 바쁘다

서울의 다방은 1990년대까지 그 수가 계속 늘어갔다. 통계 숫자가 잘못되지 않았나 의심할 정도로 그 수가 폭발적으로 증가했다. 『서울특별시통계연보』를 기준으로 그 수를 추적해보기로 한다.

서울의 다방 숫자는 1981년부터 1985년까지의 5년간 가장 많이 늘어났다. 1980년 4103개였던 다방이 1985년 8745개로 증가한 것이다. 1년간 평균 약 1000개씩이 늘었다. 1993년에 서울 시내 다방 수 1만 547개를 기록했는데, 다방 1만 개란 실로 어마어마한 숫자라 아니할 수 없다.

• 여기까지 주로 다음 책을 참고했다. 서울특별시, 『서울 600년사 제4·5권』(서울특별시, 1979).

1970년대 말의 명동 거리.
자료: 『한국 도시 60년의 이야기 제1권』 131쪽에서 재인용.

표 1 서울 시내 연도별 다방 증감 추이

연도	다방 수(개)	연도	다방 수(개)
1965	1,115	1993	10,547
1970	2,680	1995	8,927
1975	2,988	2000	4,942
1980	4,103	2005	3,970
1985	8,745	2007	2,736
1990	9,480	2008	2,688

자료: 서울특별시, 『서울특별시통계연보』(서울특별시, 1961~2010).

그리고 1993년, 1994년에는 중구·종로 이외에도 성동·동대문·구로·영등포·강남 등 5개 구의 다방 수가 각각 500개를 넘었다. 다방이 온 서울을 뒤덮고 있다고 해도 지나친 표현이 아닐 정도였던 것이다.

하지만 1993년의 1만 547개가 끝이었다. 그 이후부터 서울의 다방 수는 급격히 줄어들었다. 1993년부터 2008년까지의 15년간 무려 7859개의 다방이 사라졌다. 내 생각으로는 2008년의 다방 수 2688개도 통계의 오류가 아닌가 싶다. 요즘 서울 시내를 거닐어보면 다방 간판이 거의 눈에 띄지 않는다. 물론 전무하다는 것은 아니다. 아직도 대형 호텔에는 반드시 부속 다방이라는 것이 있고 대형 백화점에도 다방 한두 개는 있기 마련이다. 그러나 그것이 전부이다. 그 밖에는 눈에 띄지 않는다. 아마 앞으로도 다방 수는 계속해서 감소할 것이다. 왜 그럴까? 한때 서울 시내에 1만 개가 넘는 다방이 있었는데 모두 다 어디로 간 것일까? 그리고 그렇게 사라진 이유는 무엇일까?

다방 수가 줄어든 첫 번째 이유는 1950년대 이후 다방 일이 주로 여성의 일로 간주되기 시작했고, 그 일이 힘들고 천하다는 것이 일반적인 인식이었기 때문이다. 얼굴마담, 레지, 카운터, 주방장 등 그 어느 하나도 힘들지 않은 것이 없었다. 요즘처럼 종업원을 외국인(중국인이나 동남아인)으로 교체할 수 있는 것도 아니었다. 둘째, 다방에 앉아 한가로이 시간을 보내는 소위 '유한족(有閑族) 손님'이 점점 없어졌다는 점이다. 현대인은 모두가 바쁘게 돌아가고 있다. 너 나 할 것 없이 모두 바쁘다. 한가로이 시간을 허비하는 사람이 없다. 다방에 갈 만한 손님이 줄어들고 있는 것이다. 셋째, 다방에서 판매되는 각종 메뉴, 그것이 커피이든 차이든 간에 모두 손쉽게 구입할 수 있게 되었다. 게다가 요즘에는 그런 것들도 각자 가정에서 얼마든지 즐길 수 있어 굳이 다방에 가지 않아도 된다.

다방은 처음에는 『서울특별시통계연보』의 「식품접객업소 현황」에서 찾을 수 있었으나 언제부턴가 자리를 옮겨 현재는 「식품위생관계업소 현황」에서 찾을 수 있다. 때로는 빠져 있어 찾을 수 없을 때도 있다. 서울 시내 다방의 총수가 1000개 이하로 줄게 되면 앞으로는 통계연보에서도 자취를 감춰 집계에서 빠지는 날이 올 것이다. 게다가 그런 날은 결코 먼 훗날의 일이 아니라고 생각한다. 생각해보면 20세기는 다방 전성의 세기이자 다방 쇠퇴의 세기이기도 했다.

03

불륜 앞에 자유로운 자, 돌을 던져라
소설 『자유부인』과 박인수 사건

'부인' 앞에 '자유'를 붙이다

6·25 전쟁이 끝난 것은 전쟁이 일어난 지 3년이 지난 1953년 7월 27일이었다. 조그마한 나라가 만 3년간이나 전란에 휩싸였고 소위 유엔군이란 이름으로 세계 각국에서 많은 외국 군대까지 오가고 했으니 나라 안의 사정이 그 3년 동안 엄청나게 변하고 있었음은 당연한 일이었다.

이즈음 정비석(鄭飛石)의 소설 『자유부인』*이 등장했다. 무언가 변하고 있다는 어렴풋한 조짐에 불을 붙이는 소설이었다. 『자유부인』은 부산에 피란 내려가 있던 정부와 국회가 서울로 돌아오고 난 다음 해, 즉 1954년 1월 1일부터 시작해 그해 8월 9일까지, 이른바 정부 기관지 ≪서

* 이 글에 등장하는 『자유부인』 인용 부분은 다음의 책에서 발췌했다. 정비석, 『자유부인』 (고려원, 1985).

울신문≫에 연재된 장편소설이다.

　1911년 평안북도 의주에서 출생해 니혼(日本) 대학 문과를 중퇴한 정비석은 원래는 시를 썼지만 소설가로 전향, 1936년에 단편 「졸곡제(卒哭祭)」로 동아일보 신춘문예에 당선된다. 다음 해인 1937년에 역시 단편 「성황당(城隍堂)」으로 조선일보 신춘문예에 당선된 이후에는 ≪매일신보≫ 기자로 일제 강점기를 보낸다. 아직 작가로서 이름이 없던 그가 유명해진 것은 전쟁을 피해 대구로 피란 간 시절 ≪영남일보≫ 지상에 『여인전선』이라는 장편소설을 연재하고 난 다음부터였다. 이 소설로 약간의 지명도를 얻은 그에게 동 신문사는 장편소설 『세기의 종』을 이어서 연재하게 한다. 1951년부터 1953년까지 연재된 두 장편소설의 성공을 보고 이번엔 ≪서울신문≫이 1954년 초부터 게재할 장편소설 연재를 제안한다. 이것이 소설 『자유부인』이다.

　이 소설은 당시로 봐서는 실로 파격적인 것이었다. 그것이 파격적이었다는 데에는 여러 가지 요인을 들 수 있겠지만 우선은 그 제목, 즉 '자유부인'이라는 소설 제목이 특이했다. 6·25 전쟁 전까지 한국 사회는 남성 위주의 사회였다. 따라서 이른바 자유라는 것은 남성의 전유물이었다. 이 나라 안의 모든 여성에게 자유라는 것은 처음부터 존재하지 않는 것이었고 상상도 할 수 없는 것이었다. 그런데 정비석은 대담하게도 '부인' 앞에 '자유'를 붙인 '자유부인'이라는 제목을 달았으니 실로 놀라지 않을 수 없는 일이었다.

　그 밖에도 이 소설이 사회의 이목을 집중시킬 수 있었던 요인 중 하나는 소설의 주인공 오선영이 R여자전문대학을 나왔다는 것이었다. 소설이기 때문에 이화여자대학교라고 직접적으로 밝히지는 않았지만, 이 소설이 발표된 1954년 당시 R여자전문대학이란 바로 이화여자대학교를 지칭하는 것이었다. 그 당시만 해도 여자전문대학은 흔하지 않았다.

주인공 오선영의 남편 장태연의 직업은 대학교수였다. 남자의 직업은 시대 상황에 따라 평가가 달라지기도 하지만 6·25 전쟁을 겪으면서 대학교수를 위시한 각급 학교 교사의 평가는 최하에 가까운 것이었다. 전쟁이 일어나 피란길에 오르내리게 되자 선생이란 직업처럼 무력한 것도 없었던 것이다. 전쟁 통에 그래도 큰소리를 칠 수 있는 직업은 정치가 집단이었고 그다음은 돈을 가진 집단이었다. 이들 그룹을 묶어 정상배(政商輩)니 뭐니 하며 비난하기도 했지만, 그래도 전쟁 시기 가장 센 힘은 권력과 돈의 힘이었다. 권력도 없고 돈도 없는 교수·교사는 맥을 추지 못하는 것이 당연한 일이었다. 소설 속 장 교수는 그중에서도 특히 힘이 없는 국문학 전공이었다. "해방 전에는 대학교수라면 그래도 생활이 유지되었을 뿐 아니라 사회의 존경도 받았"던 남편이 전쟁을 치르면서 "밑바닥 공무원보다도 천덕꾸러기 노릇을 하고" 있다는 것이 안타깝기도 하고 질색이기도 했던 시대였다.

『자유부인』이 세상의 주목을 받은 진짜 이유

주인공 오선영은 우연한 기회에 R대학 동창생 모임인 화교회에 참석한다. 화교회는 남편이 각계의 지도자적 위치에 있거나 실업계의 중역인 동창생들만의 모임으로, 이들의 화려한 모습과 자신의 모습을 비교하며 오선영은 마음이 동요한다. 그녀는 생활을 좀 더 윤택하게 하기 위해 취업을 하는데, 실업가인 한태석의 아내가 경영하는 양품 가게를 책임지는 일이다. 그러고는 집안일을 대신할 식모를 구하고, 또 옆집에 하숙하고 있으면서 내외 없이 드나드는 남편의 제자 신춘호를 통해 사교춤을 배운다. 식모를 모르는 세대가 있을 테니 여기서 잠깐 설명을 더하자면, 식모란 이른바 '입주 가정부'의 당시 호칭이다.

오선영은 문자 그대로 자유부인이 될 수 있는 요소들, 즉 사교모임·식모·사교춤 등을 모두 갖추게 되었다. "집구석에 들어앉았을 때에는 연탄이 떨어졌느니, 김장을 해야겠느니 하고 잔소리가 끊일 새가 없다가도 일단 차려입고 나서기만 하면 그런 걱정은 씻은 듯이 잊어버리는 것이 여자들의 습성이기도 하다. 여자에게는 과거가 없다. 오직 눈앞의 현실이 있을 뿐이다. 실로 행복스러운 건망증인 것이다." 이제까지 충실히 가정을 지키던 여인이 남편의 제자인 대학생의 품에 안겨 사교춤을 배운다는 것은 당시로서는 확실히 혁명적이었다. 그것은 무한한 쾌락으로 발전할 수 있는 대단한 작용이었다. 작가는 사교춤을 가르치는 대학생 신춘호의 입을 빌려 춤이야말로 민주혁명의 제일보라고 표현하기까지 한다.

한편 오선영의 남편인 장태연 교수는 건넛집에 사는 박은미라는 젊은 여인에게 묘한 감정을 느끼고 있다. 한 예로 장 교수는 박은미의 종아리를 보고 "젖빛으로 뽀얗고도 포동포동 살이 찐, 무척 아름다운 종아리다. 향기가 모락모락 피어나는 것 같고 손으로 어루만져 보면 손끝에 분가루가 묻어날 것만 같은 종아리다. 무슨 뛰어난 예술품처럼 황홀함이 느껴지도록 아름다운 종아리다. 사람의 육체에 이렇게까지 아름다운 부분이 있을 줄은 몰랐다"고 느낀다.

여하튼 소설 『자유부인』은 심오한 철학을 바탕에 깐 것도 아니고, 그저 전쟁 후에 나타난 세태의 한 단면을 묘사한 통속소설에 불과했다. 그런데 이 소설이 발표되면서 그것이 화제가 되자 항간의 시선이 집중되는 곳이 있었다. 바로 서울대학교 법과대학이었다. 이곳에는 한태연(韓泰淵)이라는 공법학 교수가 있었다. 함경남도 출생으로 일본 와세다(早稻田) 대학을 졸업한 그는 1943년 일본 고등문관 시험(행정과)에 합격, 함경북도 도청에 근무하다가 월남해 1949년부터 서울대학교에 재직하고 있었다.

1916년생으로 1954년에는 38세밖에 되지 않았지만, 괄괄한 성격으로 신문지상에도 자주 그 이름이 소개되어 비교적 이름이 알려진 학자였다. 당시 한태연 교수의 부인 이름이 정확하게 무엇이었는지는 알 수 없으나 소설 『자유부인』이 발표되면서 장태연·한태연 교수의 대비부터 시작해 한태연의 부인이 소설의 모델이 아닌가라는 억측이 돌고 있었다. 한 교수의 입장에서는 실로 어이없는 피해라 하지 않을 수 없었다.

정비석 vs 황산덕

『자유부인』이 낙양의 지가(紙價)를 올린 또 하나의 요인은 법대 교수 황산덕(黃山德)이 불을 지핀 논쟁 사건이었다. 논쟁의 발단은 소설이 연재 중이던 1954년 3월 1일 자 서울대학교의 교내 신문 제69호에 게재된 황산덕의 공개 비난문이었다. 황산덕은 한태연 교수보다 한 살 아래인 1917년생이지만 일본 고등문관 시험은 한태연과 같은 해인 1943년에 합격했다(행정·사법 양과). 경성제국대학 출신인 그는 8·15 광복 직후 동대문구청장을 지내고 1947년 고려대학교 부교수, 1953년 서울대학교 부교수, 훗날 성균관대학교 총장을 거쳐 법무부 장관까지 지낸, 어떤 의미에서는 1954년에 이미 매스컴에 널리 알려진 인물이었다. 작가 정비석에 대한 공개 비난문이라고 했지만 황산덕의 최초의 논쟁은 비교적 온건한 것이었다. "참다 못해 붓을 들어 일면식도 없는 귀하에게 몇 마디 올리겠습니다"라고 시작한 이 논쟁의 요지는 다음과 같다.

> 오늘날의 대학교수는 권력도 돈도 없는 불행한 족속들이다. 그런 불행한 족속들인데 귀하가 소설 『자유부인』을 통해 망신을 주고 있다. 원래 대학교수

에게 권위를 주고 충분한 생활비와 연구비를 주는 것은 국가와 민족이 해야 할 일이다. 그러나 오늘날의 대학교수는 국가와 민족으로부터 그런 은공을 받지 못하고 있다. 그러면서도 대부분의 대학교수들은 일국의 문화건설에 이바지해보려고 갖은 모욕과 불편을 감수하면서 학원을 지키고 있는 것이다. 그런 대학교수를 상대로 지금 귀하는 일류 신문의 연재소설을 통해 갖은 재롱을 다 부려가면서 모욕하고 있다. 귀하는 이렇게 무력하고 온순한 족속을 상대로 왜 그런 작품을 쓰고 있는가?

이런 황산덕의 비난에 대해 정비석은 3월 11일 자 ≪서울신문≫ 지상을 통해 재반박한다. 그의 반박은 '남의 글을 비판하는 귀하의 불성실한 태도만을 몇 가지 지적하겠노라'라는 전제로 시작된다.

첫째, 귀하는 아직 소설 『자유부인』을 읽어본 일도 없으면서 뜬소문에 의해 스토리만 안다는 정도로 비난을 퍼부었는데, 그 작품을 한번쯤은 읽어보고 붓을 드는 것이 예의가 아닌가. 둘째, 귀하는 "저는 귀하와 동일한 사업에 종사하는 '소위 문화인'은 아니다"라고 말씀하셨는데, 본인은 문학가 전체의 이름으로 귀하의 폭언에 강경한 항의를 제기하는 바이다. (중략) 귀하와 동료인 다른 교수들 휘하에는 문학을 지원하는 학도들이 적지 않을 듯하온데 그들을 어떻게 대하려고 문학자에게 모욕적인 언사를 함부로 쓰느냐. 셋째, 귀하의 비난문은 대학교수답지 않게 감정적 흥분으로 일관되어 있다. 본인이 알기에는 모든 사물을 지성에 입각해 고찰하고 비평하는 데서 비로소 대학교수의 학자다운 비평이 나올 수 있다고 생각한다. 마지막으로 좀 더 침착하고 좀 더 냉정하고 좀 더 성실한 학자적 대도로 작품을 음미해주기를 바란다. '가슴에 손을 대고 양심껏 반성해보라'는 귀하의 말씀을 고스란히 귀하에게 반환한다.

《서울신문》에 발표된 정비석의 반박문에 대해 황산덕이 또 반박을 했다. 이번에는 서울대학교 교내 신문이 아니라 바로 《서울신문》 지상이었다. 3월 14일 자 신문에 발표된 "다시 『자유부인』 작가에게: 항의에 대한 답변"이라는 글에서 황산덕은 "본인은 문학을 모욕한 일이 없고 또한 『홍길동전』의 작가 정비석을 비난한 일도 없다. 나는 『자유부인』의 작가에게 항의했을 뿐이다. (중략) 귀하는 아직도 남녀관계 묘사만이 문학이고 성욕만이 예술이라고 생각하는 모양인데 (중략) 한국의 진정한 문학을 좀먹고 문학에 대해 일반적인 인식을 약화시키는 귀하야말로 '문학을 전혀 이해하지도 못하고' 야비한 인기욕에만 사로잡혀 저속 유치한 에로 작품을 희롱하는 문화의 적이요, 문학의 파괴자요, 중공군 50만 명에 대항하는 적이 아닐 수 없다……"라고 항변했다.

황산덕의 반박문이 발표된 지 1주일이 지난 3월 21일 자 《서울신문》에 이번에는 변호사 홍순엽(洪淳曄)이 "『자유부인』 작가를 변호함"이라는 글을 실어 작가 옹호의 변을 실었고, 이어 3월 29일 자 서울대학교 신문에 이번에는 문학평론가 백철(白鐵)이 "문학과 사회와의 관계: 『자유부인』 논의와 관련해"라는 글을 실어 중재자인 듯한 자세를 보였다. 하지만 '자유부인 논쟁'이라 할 때 주된 것은 황산덕과 정비석의 논쟁이라고 할 수 있다.

중공군 50만 명보다도 더 해악을 끼치는 소설

논쟁은 끝났어도 소설의 연재는 끝나지 않았다. 작품 속에서 백광진이라는 사기꾼이 등장해 '최고급품'이라는 유행어를 낳기도 했고, '계(契)'나 '여존남비(女尊男卑)' 등의 신조어를 낳기도 했다. 오선영의 육체를 원하는 남자도 여럿 등장했다. 춤을 가르친 신춘호도 그렇고 사기꾼 백광진도 예외는 아니었으며, 훗날 파리양행으로 이름을 바꾼 양품 가게의 원래 주인인 한태석도 오선영과 아슬아슬한 관계에 빠졌다.

『자유부인』이 발표되고 50년이 훨씬 지난 오늘날에 와서도 자유부인이라는 말은 '바람난 여성'이라는 뜻으로 흔히 쓰이고 있다. 만약 이 소설이 1954년이 아니라 10년 후인 1960년대 중반 이후에 발표되었더라면 오선영은 신춘호·한태석·백광진 중에서 한 명 혹은 복수의 인물과 애욕의 정사를 벌였을 것이고, 그것이 원인이 되어 오선영·장태연 부부는 이혼이라는 파국으로 치달았을 것이다.

그러나 소설『자유부인』은 파국에 이르지 않고 끝이 난다. 정말 아슬아슬하기는 했으나 오선영은 정조를 지킨다. 오빠 오병헌의 집에서 하루 저녁을 보내고 돌아온 오선영을 맞이한 장태연의 태도는 "이 더러운 여편네! 나가!"라는 큰소리뿐이었다. 아내가 집을 나간 후 장 교수가 얻은 결론은 아내의 정조만은 의심할 필요가 없다는 것이었다. 그리고 소설『자유부인』이 내린 결론은 '자유로운 성의 추구'가 아니고 '가정의 질서 회복'이었던 것이다. 소설의 연재가 끝난 것은 그해 8월 9일이었다. 작가가 주인공의 질서 회복을 기도했으므로 더 길게 끌고 갈 이야기가 없었다. 게다가 당시의 사정은 서울신문사가 이야깃거리를 더 연장해가면서 소설을 길게 끌고 가자고 할 형편이 되지 못했다.

정비석의 회고에 의하면『자유부인』을 연재하는 동안에는 ≪서울신문≫의 판매부수가 기하급수적으로 늘어나다가 연재가 종결됨과 동시에 5만 2000부 이상이 일시에 격감되었다고 한다. 이는 한국 신문 역사상 처음 있는 일이었다. 그러나 실제로 정비석은 그렇게 열광적이던『자유부인』의 재판을 쉽게 찍어내지 못했다. 이른바 당국이 허락하지 않았던 탓이다. 주위 사정이 모두 성숙해져서『자유부인』의 복간본이 발행된 것은 신문 연재로부터 30년도 더 지난 1985년 10월이었고, 발행처도 서울신문사가 아닌 고려원(高麗苑)이었다. 그렇다면 신문 연재 당시 소설 『자유부인』에는 어떤 사정이 있었던 것인가? 정비석은 당시의 사정을 복간본 '작가의 말'에서 이렇게 털어놓았다.

당시 『자유부인』에 대한 나의 근본적인 작의(作意)는 봉건주의 사회에서 자유민주주의 사회로 넘어가는 과도기의 가정적인 혼란상과 사회적인 부패상을 소설로 그려봄으로써, 참된 민주주의란 어떤 것이어야 한다는 것을 보여주고자 하는 데 있었다. 따라서 이 소설의 남녀 주인공은 사회의 정신적인 지표(指標)인 대학교수 부부라야 했고, 그 밖의 주요 등장인물들은 당시의 부패상을 상징하는 정치 브로커들이어야만 했다.

그런데 당시 『자유부인』을 연재하기 시작한 지 얼마 안 되어서 나는 어느 대학교수로부터 "『자유부인』은 중공군 50만 명보다 더 무서운 해독을 끼치는 소설"이라고 맹렬한 비난을 받기도 했고, 다른 한편으로는 당시의 정치·경제계 인사들로부터 "『자유부인』은 북괴(北傀)의 사주로 남한의 부패상을 샅샅이 파헤치는 이적소설(利敵小說)"이라는 규탄을 받기도 했다.

이런 연유로 하여, 나는 집필 중에 시경(市警)·치안국(治安局)·특무부대(特務部隊) 등등, 온갖 수사기관의 취조를 받아야만 했다. 지금 돌이켜보면 웃지 못할 희극이었다. 『자유부인』을 연재한 신문이 국가의 기관지인 《서울신문》이 아니었더라면 나는 이 소설을 끝까지 연재하지 못하고 중단하게 되었을지도 모를 일이다.

그런가 하면, 일반 독자나 대중들은 '어느 누가 무슨 박해를 가하든지 조금도 굴하지 말고 용감하게 써나가라'는 격려의 편지를 수없이 보내주었다. 여기에 힘입은 나는 날마다 빗발치듯 쏟아져 오는 협박장과 위험 속에서도 나 자신을 굳게 지켜나가면서 집필을 계속했던 것이다.

작가는 이 소설이 정부 기관지인 ≪서울신문≫에 연재되었기 때문에 신문사에는 아무런 문제도 없었을 것이라고 추측하고 있지만, 작가 말대로 그가 정말 시경이나 치안국으로 불려 다니면서 조사를 받았다면 연재 중인 ≪서울신문≫에도 분명히 빠른 시점에서 연재를 끝내고 다른 소설로 교체하라는 지시 또는 그 이상의 간섭이 있었을 것이라고 생각한다.

황산덕·정비석 논쟁이 있은 지 10년이 지난 후 황산덕은 이렇게 회고했다고 한다. "자유부인이 남편의 제자와 불륜의 관계를 맺는 것만은 피해 가도록 할 수 있었기 때문에 '자유부인 파동'에 대한 사회의 여론이야 어떠하든, 대학교수들은 파동의 결과에 만족할 수가 있었다." 즉, 황산덕 교수는 자신의 항의문이 효과가 있어서 오선영이 신춘호와 불륜의 관계를 맺지 않고 결국 소설이 '해피엔드'로 끝날 수 있었다고 자평한 것이다. 그러나 나는 자유부인이 불륜의 관계에 이르지 않고 해피엔드로 끝난 최대의 요인은 1954년, 즉 6·25 전쟁이 끝난 지 1년도 채 안 되었다는 시대상 때문이었다고 생각한다. 그것이 1954년 당시의 소설 『자유부인』의 한계였던 것이다.

『자유부인』의 유산

신문 소설로 공전의 히트를 친 소재를 영화계에서 그대로 넘어갈 리가 만무했다. 대학교수 부인과 젊은 청년이 서로 껴안고 춤을 추는 장면도, 허울 좋은 남자가 여인을 상대로 사기를 치는 장면도 글보다는 영상 쪽이 훨씬 더 박진감 넘치게 독자에게 전달될 수 있는 것이었다. 한형모 감독의 영화 〈자유부인〉이 첫선을 보인 것은 소설 발표 후 약 2년이 지난 1956년이었다. 오선영 역은 김정림, 장 교수 역은 박암, 백광진 역은 주

한형모가 감독한 영화 〈자유부인〉 포스터.
자료: https://commons.wikimedia.org/wiki/File:Madame_Freedom_poster.jpg

선태가 맡았으며, 15만 명의 관객이 들었다. 당시의 관객 수 계산은 오늘날과 같은 전수조사가 아니고 개봉관이 동원한 숫자뿐이었다. 그리고 당시 서울 시민의 수는 170만 명도 안 되었으니 서울의 개봉관에서 15만 명의 관객을 동원했다는 것은 엄청난 대흥행이었다. 영화 제작자들이 흥미를 느낀 것은 당연한 일이었다.

바로 다음 해인 1957년 김화랑 감독은 같은 배역으로 그 속편을 찍었고 그로부터 12년이 지난 1969년에는 강대진 감독이 김진규·김지미·오영일을 배역으로 〈자유부인〉을 촬영했으며, 1981년에는 박호태 감독이 윤정희·최무룡·남궁원의 배역으로 찍어 28만 7000명이라는 놀라운 수의 관객을 동원했다. 박호태 감독은 5년 뒤인 1986년에 최무룡·이수진·김원섭의 배역으로 〈자유부인2〉도 발표했다. '자유부인'이라는 네 글자가 가진 마력에 놀라지 않을 수 없다.

신문이 다룰 수 있는 주제의 범위가 어디까지인지에 대한 논의가 시작된 것도 소설 『자유부인』이 계기가 되었다고 한다. 소설을 둘러싼 다양한 논쟁 이후 신문 소설의 윤리성과 창작의 자유에 대한 문제가 본격적으로 논의되기 시작한 것이다. 1957년 4월 7일 ≪독립신문≫ 창간 61주년을 계기로 전국의 신문사 주필·편집국장·논설위원이 모여 한국신문편집인협회를 설립하고 '신문윤리강령'을 선포했다. 한국신문윤리위원회가 발족한 것은 1961년 9월 12일이었다. 이 모든 것의 발단에 신문 소설 『자유부인』이 관계하고 있었으니 소설의 힘을 새삼 실감하게 된다.

작가 정비석은 그 후에도 많은 장편·단편 소설과 수필 등을 발표했다. 1981년 6월 2일부터 ≪한국경제신문≫에 연재한 『소설 손자병법』, 『소설 초한지』 등이 큰 인기를 끌며 그의 말년을 장식했다. 그는 1991년 10월 10일 만 80세로 화려했던 인생을 비교적 조용하게 마감했다.

박인수 사건

몇몇 여성의 고발로 박인수(朴仁秀)라는 사나이가 검거된 것은 1955년 5월 31일이었다. 죄목은 혼인빙자간음죄였다. 1년 동안 약 70명의 여성과 번갈아 가며 정교를 맺었고, 처음 정교할 때마다 장차 결혼을 하겠다는 약속을 했다는 것이다. 소설 『자유부인』의 연재가 끝난 지 채 1년도 안 된 때의 일이었으니 6·25 전쟁이 휴전으로 마무리되고 2년이 안 되어서였다.

우선 세상 남녀를 모두 놀라게 한 것은 '과연 1년 동안 70명의 이성과 성관계를 맺을 수 있는가'에 관한 것이었다. 그것이 사실이라면 실로 정력절륜(精力絕倫)의 사나이였고 문자 그대로 한국판 카사노바였다. 신문은 연일 "한국판 카사노바"라는 제목을 달아 수사 과정의 일거수일투족을 경쟁적으로 보도했다. 18세기 이탈리아에 생존했다는 카사노바는 표면적으로는 언제나 조소의 대상이었지만, 속으로는 뭇 남성의 선망의 대상이었고 여성의 입장에서도 결코 혐오의 대상은 아닌 존재였다.

검거될 당시 26세밖에 되지 않았던 박인수는 대학 재학 중에 전쟁이 발발하자 군에 입대해 해병대 헌병으로 복무한다. 이때 해군장교구락부, 국일관, 낙원장 등 고급 댄스홀을 드나들던 그는 1954년에 제대한 후에도 해군 대위를 사칭하며 당시 퇴계로 입구에 있던 댄스홀 무학성 등을 휩쓸고 다니면서 여성 편력을 펼친다. 그 당시 박인수가 상대한 여성들은 대학생이 대부분이었으며 고관, 국회의원 등 상류층 가정 출신이 많았다고 한다. 검찰은 박인수를 혼인빙자간음죄로 기소했지만 정작 이 범죄는 친고죄였다. 박인수를 고소한 여성은 두 사람 뿐이었고 그나마 재판정에 증인으로 출두한 여성은 네댓 명밖에 되지 않았다. 재판에서 박인수는 자신의 혐의를 부인했으며 '내가 만난 여성들 중 처녀는 이 모 씨한 사람밖에 없었다'고 밝혀 세상을 떠들썩하게 만들었다.

그는 또 "그들과는 결코 결혼을 약속한 사실이 없었으며 약속할 필요도 없었다. (중략) 댄스홀에서 함께 춤을 춘 후에는 으레 여관으로 가는 것이 상식이었으므로 구태여 마음에도 없는 결혼을 빙자할 필요가 없었다"라고 주장했다.

이 재판의 판결은 1955년 7월 22일에 있었다. 7월 22일 오전 10시 20분, 서울지방법원 대법정은 방청객과 기자들로 초만원을 이루고 있었다. 권순영(權順永) 판사는 박인수 피고에게 공무원 자격 사칭에 대해서만 2만 환의 벌금형을 과했고 혼인빙자간음죄에 대해서는 무죄를 선고했다. 무죄를 선고한 이유로 권 판사는 "법은 정숙한 여인의 건전하고 순결한 정조(貞操)만을 보호할 수 있다는 것을 밝혀두는 바이다"라고 판시했다. 1년 동안 70여 명의 미혼 여성을 농락한 혐의로 기소되었던 박인수에게 무죄가 선고된 순간이었다. 그로부터 50년의 세월이 흘렀다. 권 판사의 판결은 오늘까지도 유효한 명판결로 남아 있다.

04

밤을 허하노라
경춘가도를 따라 러브호텔이 성시를 이루다

조선시대의 야간통행금지제도

 야간통행금지제도는 여러 나라의 전근대 사회에서 실시되었던 제도이며 조선시대에도 실시되었다. 이 제도의 주된 목적은 치안상의 안정이었다. 『경국대전』 병전 문개폐조(門開閉條)에 "궁성문(宮城門)은 초저녁에 닫고 해가 뜰 때 열며, 도성문(都城門)은 인정(人定)에 닫고 파루(罷漏)에 연다"라고 했으며, 행순조(行巡條)에는 "2경 후부터 5경 이전까지는 대소 인원은 출행하지 못한다"라고 규정하고 있다. 특정 시간대에는 대관 이하 민간인에 이르기까지 일체의 통행을 금지한다는 것이었다.
 조선시대의 이와 같은 야간통행금지제도가 정확히 언제부터 시행된 것인가는 알 수가 없다. 『조선왕조실록』에 이 제도가 처음 나오는 것은 1401년(태종 1) 5월의 일인데, 이때 "초경 3점 이후 5경 3점 이전에 행순을 범하는 자는 모두 체포할 것"을 명하고 있다. 이때의 기록으로 미루어보면 야간통행금지제도는 이미 그 이전부터 시행되었고, 태종대에 이르러 좀 더 엄하게 다스리기로 정한 것임을 알 수가 있다.

이 '초경 3점 이후 5경 3점 이전'을 오늘날의 시간으로 하면 대개 밤 8시부터 새벽 4시 반경까지이다. 그런데 이것이 주민 생활에 불편이 적지 않았는지 1458년(세조 4) 2월에는 그 통행금지 시간을 대폭 단축해 2경부터 4경까지(밤 10시부터 새벽 3시까지)로 바꿨다. 이를 『경국대전』에서 다시 바꿔 '2경 후 5경 이전'으로 정해진 것이 조선시대 말기까지 변함없이 지켜졌다.

급한 공무나 질병·사상(死喪)·출산 등 불가피한 사정이 있는 사람은 본인이 직접 순관(巡官) 또는 경무소(警務所)에 신고하게 했다. 순관이나 경무소에서는 통행증인 경첩(更籤)을 발급해주고 사람을 시켜 신고자를 행선지까지 보호·연행해줬다. 그리고 다음 날 그 사실을 병조에 보고해 다시 그 진위 여부를 조사했다. 이러한 절차를 밟지 않고 통행금지를 어긴 사람은 경무소에 잡아두었다가 다음 날 각 영(營)에서 곤장형을 집행했다. 곤장의 수도 시간별로 차이가 있어 초경 위반자는 곤장 10도, 2경 위반자는 20도, 3경 위반자는 30도, 4경 위반자는 20도, 5경 위반자는 10도의 벌을 내렸다.

그런데 이 당시 통행이 금지되었던 시간은 2경부터인데 금지 시간대가 아닌 초경 통행 위반자라는 것이 있었다. 이는 당시 관례적으로 실시되었던 남녀 성별에 따른 통행금지 시차제 때문에 발생한 것이었다. 유교 국가였던 조선에서는 남녀 유별사상이 사회의 통념이었다. 이른바 내외법(內外法)에 따라 양반이나 상인 신분의 여자는 낮 시간의 외출은 삼갔고 불가피한 용무가 있을 때는 부득이 야간에 외출을 하게 된 것이다. 그리하여 어둠이 찾아들면 성내의 남자들은 집 안으로 들어갔고 그 대신에 여자들이 집 밖으로 나왔다. 초경이 시작되면 인정이 한두 번 울렸는

데 이때부터는 여자만 통행이 가능한 시간이었고 남자들의 통행은 금지되었다. 따라서 초경 통행 위반자라는 것은 모두 남자에게만 해당하는 것이었다. 이를 위반한 남자에게는 곤장 10도의 벌을 부과했고, 2경 이후에는 남녀 불문하고 모든 통행이 금지되었다. 이 조선시대의 야간통행금지제도는 1895년(고종 32년) 9월 29일 자 포달(布達) 제4호에 의해 인정·파루의 제도가 폐지되면서 사실상 폐지되었다. 일제 강점기에는 야간통행금지제도가 실시되지 않았다.

통금이 36년간이나 존속될 수 있었던 이유

미군이 군정을 실시하기 위해 한반도 남반부에 주둔하기 시작한 것은 1945년 9월 8일이었다. 광복 후의 야간통행금지제도는 바로 이날부터 시작되었다. 미군 제24군 사령관인 하지 중장의 일반명령에 의해 경성·인천 두 지역에 밤 8시부터 새벽 5시까지의 통행금지령이 내려졌다.

이것이 광복 후 첫 '통금'이었으며, 이어 9월 29일에는 일반명령을 개정한 '야간통행금지령'이 발포되어 '미국 육군이 점령한 조선지역 내 인민에게' 밤 10시부터 새벽 4시까지의 야간통행금지가 포고되었다. 이 군정법령이 대한민국 건국 후에도 그대로 계승되어 치안 상태에 따라 시간이 '밤 11시부터'로 단축되기도 하고 경우에 따라서는 '밤 8시부터' 또는 '밤 10시부터'로 연장되며 지켜져 왔다.

이 통행금지제도가 한국 법령에 의해 제도로 자리 잡은 것은 1954년 4월 1일 자 '경범죄처벌법' 제1조 43항에 "전시·천재지변 기타 사회에 위험이 발생할 우려가 있는 때 내무부 장관이 정하는 야간통행 제한에 위반한 자"라고 규정되어 야간통행금지 위반자가 구류 또는 과료에 처하게 되었을 때부터이다. 1983년 12월 30일 자로 이 법이 전면 개정되었을 때에도 '야간통행제한 위반'이라고 하여 그대로 존속되었다.

이 제도가 뚜렷한 근거 법령 없이 근 40년간이나 존속되어온 것은 휴전선을 사이에 두고 항상 준전시 상태에 있다는 국민 간의 암묵적인 양해가 있었기 때문이다. 이 제도는 어떤 사회불안 요인이나 정변이 있을 때에는 그 시간이 연장되었고, 성탄절이나 연말연시와 같이 야간통행이 빈번해질 때는 일시 해제되기도 했으며, 경주·제주도·충청북도 등지에서는 순차적으로 전면 해제되면서 1981년까지 존속되었다.

경춘가도를 따라 러브호텔이 성시를 이루다

1981년 3월 3일 전두환이 대한민국의 제12대 대통령으로 취임함으로써 제5공화국이 정식으로 출범했다. 전두환이 정권을 잡고 제5공화국을 성립시킨 과정은 박정희 대통령의 사망에 교묘하게 편승한 정권쟁탈 행위와 다르지 않았다. 하기야 박정희 정권에 의한 제3공화국도, 그 뒤의 제4공화국도 그 본질은 정권쟁탈 행위였으니 제5공화국 역시 그리 특별한 점은 없었다. 그러나 제5공화국이 성립되었을 때는 제3·4공화국 때보다 국민들의 정치의식이 성장해 있었고 공화국 수립을 요구하는 목소리도 훨씬 높아져 있었다. 게다가 이번에는 광주와 전남 나아가 수도권 일원에 이르기까지 정권쟁탈자 전반을 향한 뿌리 깊은 증오와 원한이 있었다. 그것이 새 정권의 정통성과 도덕성 시비로 발전한 것은 당연한 일이었다. 그와 같은 사태를 해결하는 방안으로 새 위정자들이 생각해낸 방안이 이른바 '3S 정책'이었다.

스포츠(Sport), 스크린(Screen), 섹스(Sex)를 장려 또는 묵인해 정치에 쏠

통금 해제 기사를 실은
《중앙일보》 1982년 1월
1일 자 호외.
자료: 『한국근현대사강의』
399쪽에서 재인용.

려 있는 국민의 관심을 향락 쪽으로 돌리는 탈정치·우민화 정책이 3S 정책의 본질이었다. 지난날 미국이 필리핀을 식민지로 통치할 때 쓴 정책이라고 하는데, 미국이 필리핀을 통치한 1898년부터 1946년까지의 어느 시점에 시작해 언제까지 계속된 것인지는 끝내 알려지지 않았다. 또 제5공화국 치하의 어느 시점부터 3S 정책이 시작된 것인지도 확정 지을 수는 없다. 그러나 1981년 5월 28일부터 6월 1일까지의 5일 동안 서울 여의도 광장에서 계속된 이른바 '국풍 81'이 한국 3S 정책의 시초라고 보는 것이 중론이다.

광복 직후부터 시작된 야간통행금지제도가 이 3S 정책으로 인해 역사 속으로 사라진 것은 당연한 일이었다. 국내의 치안 상태 전반이 야간통행금지제도를 폐지해도 될 정도에 도달해 있었다. 이 제도의 전면해제 건의안이 국회 내무위원회에서 가결된 것은 1981년 12월 10일이었고, 이듬해인 1982년 1월 5일 국무회의에서 경기도와 강원도 내의 휴전선 접적지역(接敵地域)과 해안선을 낀 면·부를 제외한 전국 일원의 야간통행금지를 1월 6일 밤부터 해제한다는 것이 가결되었다.

당시의 치안본부장은 유흥수(柳興洙)였다. 그는 36년간이나 계속되어 온 야간통행금지제도가 해제되는 그날, 즉 1982년 1월 6일 밤에 서울의

프로야구 개막전에서 시구를 던지는 전두환 대통령.
자료: 『한국 도시 60년의 이야기 제2권』 207쪽에서 재인용.

명동으로 순찰을 나갔다. 유흥수는 다음과 같은 수기를 남겼다. "거리에는 해방감을 즐기는 시민들이 자정 이후까지 끊이지 않았다. 밤늦게까지 즐거운 분위기가 계속되었고 큰 사고는 일어나지 않고 무사히 통행금지 해제의 첫날밤을 넘겼다."

이날을 계기로 국민의 생활 패턴이 달라졌다. 하루 10시간 체제에서 24시간 체제로 바뀐 것이다. 국민의 생활풍속도에도 큰 변화가 있었다. 특히 술 문화가 많이 달라져 그 전에는 통금 전에 집에 돌아가기 위해 일찍 끝나던 술자리가 밤늦게까지 계속되기도 했다. 바로 이런 이유 때문에 남자들이 통금 해제를 환영했던 데 반해 여자들은 다소 불안해했다. 또 한 가지 달라진 것이라면 통금 이후에도 활동을 할 수 있었던 경찰, 군인, 기자의 특권이 사라졌다는 점이다. 물론 통금을 알리고 해제하던 사이렌 소리도 자취를 감췄다.

참고로 한국의 프로야구는 1982년 3월 27일 오후 1시 20분에 개막되었고, 제1회 천하장사 씨름대회가 장충체육관에서 개최된 것은 1983년 4

월 11일이었다. 영화 〈애마부인〉이 검열 과정에서 문제가 된 것은 '말을 사랑하다(愛馬)'라는 제목뿐이었고 '애마(愛馬)'를 '애마(愛麻)'로 바꾼 것 이외에는 거의 가위질 없이 통과되었다. '앞으로 성애영화는 관대하게 대하겠다'는 정부의 의지가 확인되는 순간이었다. 1982년 2월의 일이었다. 안소영이라는 신인배우의 육체적인 연기로 노출도가 심했던 이 영화는 주연배우와 연대를 바꿔가면서 속편이 계속 만들어졌다. 숱한 '애마부인 시리즈'를 낳은 이 영화는 그 후 〈어우동〉, 〈변강쇠〉 등의 성애영화로 이어져 결국은 검열제도 자체를 폐지시켜 버린다.

"경춘가도를 따라 러브호텔이 성시를 이루다"라는 문구가 1990년대 말부터 2000년대 초까지 신문 지상에 단골로 등장했지만 이제는 이런 기사도 사라진 지 오래이다. 3S 정책 이후 온 나라 안이 러브호텔로 뒤덮였으니 국지적인 문제는 화젯거리도 안 된다. 3S 정책은 대한민국을 대중소비시대로 바꿔놓았고, 그 이전의 근검절약의 풍속은 사람들의 기억 속에서 점차 사라져갔다.

2부
도시의 탄생

05

종로에 가로등 3좌
전류가 한 번 흐르니 온 천지가 번쩍이도다

석유램프에서 전기로

　지금으로부터 20년 전쯤의 일이었던가. 퇴근해서 TV를 틀었더니 드라마를 하고 있었다. 아관파천 당시의 러시아 공사관이 무대였는데 깜짝 놀랄 장면이 전개되고 있었다. 러시아 공사 베베르가 거처하는 공사관 천장에 매달린 샹들리에가 휘황찬란한 것이 아닌가. 아마 당시의 연출자들은 러시아 공사관쯤 되니 전기는 당연히 들어와 있을 것이고, 그것도 최고품 샹들리에가 적당하리라고 생각했을 것이다. 그러나 아관파천이 있었던 1896년은 아직 한국 민간에 전기가 들어와 있지 않았던 때다. 민간에 전기가 들어간 것은 그로부터 3년이 더 지난 1900년 이후의 일이기 때문이다. 급히 방송국에 전화를 걸어 잘못된 장면을 지적해주었다.
　1898년에 설립된 한성전기회사가 종로 5가에 있던 동대문발전소에 새롭게 125kw짜리 발전기를 증설해, 총 발전력을 200kw로 늘려 종로 네

거리에 가로등 3좌를 달고 점등한 것은 1900년 4월 10일이었다. 그전까지 주로 전차 부설, 개통에 주력했던 한성전기회사가 전등 사업에 주력키로 결정한 뒤 처음 실시한 사업이었다. 이 땅에 전기에 의한 가로등이 생긴 시초였던 것이다. ≪황성신문≫ 1900년 4월 11일 자는 이때의 일을 "(종로전등) 전기회사에서 작일(昨日)부터 종로에 전등 삼좌를 연(然)했더라"라고 보도했고, 정교(鄭喬)의 『대한계년사』 광무 4년 4월조에는 "10일(구력 3월 11일) 미국전차회사인(米國電車會社人) 시설전등어종가(始設電燈於鍾街)"라고 기술했다. 이 땅 안의 근대화가 전등으로 시작된 것임을 시사하는 기록들이다.

민간의 가정등(家庭燈)은 우선 각 외국 공관에 점등되었고, 이어 진고개의 일본 상인들의 주도로 1900년 5월 하순부터 점등을 개시했다고 한다. 이렇게 최초로 켜진 전등의 수는 약 600등으로서 대부분이 10촉광이었으며, 한 집에 두 개 등 이상을 켠 집은 극히 드물었다고 한다. 요금은 10촉 기준으로 한 달에 1원 60전이었다고 한다.

동서양을 막론하고 전기가 발명되기 이전의 밤 시간은 실로 길고도 따분한 것이었다. 한국의 경우 당시의 주된 조명 기구는 호롱이었고 조명 연료는 고깃기름과 채유(菜油)였다. 예외로 쇠기름으로 만든 육촉(肉燭) 같은 것도 사용되었다고 한다. 상어 기름, 피마자기름 같은 것이 서민 대중의 조명 연료였다.

석유램프가 이 땅에 들어온 것은 1880년경으로 보인다. 박영효, 김옥균의 권유로 일본에 다녀온 개화승 이동인(李東仁)이 여비 조로 가져간 순금 봉을 처분해 석유·램프·성냥 등을 사가지고 와서 친지들에게 나누어준 것이 시초였다. 그것이 계기가 되어 1884년 갑신정변 이후 한반도에 들어온 일본 상인들의 무역품 중 으뜸이 석유·램프·성냥이었다고 한다.

나의 어린 시절의 추억은 램프 청소가 거의 전부였다고 해도 지나치지 않는다. 집집마다 전기가 들어오기 이전, 아마도 1930년대 전반기까지는 지방의 부유한 집치고 석유와 램프를 사용하지 않는 집이 없었을 것이며, 저녁 무렵 그 청소 담당은 으레 열 살 남짓 되는 그 집 남자아이의 몫이었다. 당시의 우리 집 램프는 허술하기 그지없었는데 청소 때마다 자주 망가져서 야단맞는 것이 나의 일상이었다. 전기는 단순한 조명 수단이 아니라 도시와 농촌을 가릴 것 없이 인류의 생활양식 전반을 근본적으로 바꾼 신시설이었다.

경복궁을 밝힌 100촉광의 서치라이트

조미수호통상조약이 맺어진 것에 대한 답례 겸 통상사절단으로 1883년 6월 전권대사 민영익(閔泳翊)과 부사 홍영식(洪英植)이 미국으로 떠나 1884년 여름에 귀국했다. 그들이 미국에 갔을 때 1879년 에디슨(Thomas Edison)이 발명해 미국 전역에 새로운 바람을 일으키고 있던 백열등의 신기함에 놀라 직접 에디슨 상회를 찾아가 주문 상담을 벌였다고 한다. 그것이 경북궁에 전기설비가 도입된 계기였던 것이다.

왕실에 전기설비가 최초로 도입된 날짜가 언제였는지를 기록한 자료는 찾을 길이 없다. 아마 1885년 말경이 아닌가 추측할 뿐이다. 그리고 이때 설치된 전기설비는 증기기관에 의한 발전기 두 대였으며, 이를 경복궁 안 향원정 부근에 설치하고 100촉광의 서치라이트 두 대를 건천궁과 그 앞뜰에 가설했다고 한다. 1887년 정월 18일, 외무대신 김윤식(金允植)은 주뉴욕 한국 명예영사 프레이저(E. Frazar)에게 "지금 전등 공사를 담당할 공사 인부가 도착해 열심히 일을 하고 있으니 앞으로 2개월 내에는 준공될 것"이라는 내용이 담긴 서한을 보냈다. 그리고 이 공사의 주임기사로 파견된 미국인 맥케이(William Mckay)라는 사람이 공사 완성 후 시운전 중에 백(白)이라는 한국인 기수(旗手)의 권총 오발로 다음 날 사망했는데, 이때의 공사가 경복궁 내 각 방의 점등을 위한 발전시설 설치였던 것으로 추측된다.

즉, 경복궁 내의 전기시설은 2단계로 나뉘어 설치되었는데 1885년 말경에 두 개의 서치라이트가 성명 미상의 서양인 기술자에 의해 설치되었으며, 이어 1886년 말경에 맥케이라는 기술자가 와서 약 3개월의 공사 끝에 경복궁 안 각 방의 점등공사를 실시했다고 보아야 한다.*

왕실에서의 전기는 그 이후에도 상당히 오랫동안 한성전기회사와는 별도로 운영된 것으로 보인다. 우선 경복궁 안 전기시설의 유지·관리와 내국인 기술자의 양성을 위해 내무부 공작사에서는 1887년 9월 1일 영국인 기술자 피르(Pirre)와 1년간 고용계약을 맺었다.

그 뒤 일본 나가사키(長崎)에 와 있던 홈링거(Homle Ringer) 상회로부터 40마력짜리 석션(Suction) 가스엔진 한 대와 25kw짜리 직류발전기 한 대를 구입하고, 동시에 궁내부에서는 동 회사 소속의 기사 코엔(T. H. Koen)을 초청해 고용계약을 맺었다. 이리하여 경운궁에도 자가발전소를 설치해 1903년 봄 경운궁 내에 약 900등의 에디슨 램프를 점화했다. 그 후 순종 황제의 거처가 된 창덕궁에는 45마력의 석유발전기와 25kw의 직류발전기를 일본의 상사로부터 구입해 1908년 9월부터 발전·점등했다. 이런 식으로 왕실은 1910년 1월까지 자가발전을 계속했다.

---

* 이 점에 관해서는 여러 가지 견해가 있을 수 있겠으나 나의 연구가 최초의, 그리고 가장 깊은 연구였다고 자부하고 있다. 이에 대한 자세한 내용은 다음의 책에 나와 있다. 손정목, 『한국개항기도시사회경제사연구』(일지사, 1982), 126~130쪽.

대한제국 황실, 국제사기를 당하다

　한국 최초의 전기회사인 한성전기회사는 김두승(金斗昇)과 이근배(李根培)가 청원해 설립했지만, 실질적인 설립자는 미국인 콜브란(H. Collbran)과 보스트윅(H.R. Bostwick)이라고 할 수 있다. 그런데 콜브란과 보스트윅은 문자 그대로 정상배(政商輩)였다. 그들은 자신들이 세운 한성전기회사를 일본계 자본인 ㈜일한와사, 즉 일본의 가스회사에 팔아넘기는데, 그 매각 과정을 추적해보자.

　계속된 시설 확장으로 자금난에 빠진 한성전기회사는 미국 코네티컷 주에 있는 엠파이어 트리스트라는 회사와 합작해 회사 이름을 한미전기회사로 바꾼다. 당초에 한성전기회사를 설립할 때는 대한제국 황제가 회사 설립에 공동출자한 것으로 되어 있었다. 하지만 한성전기회사가 한미전기회사로 이름을 바꾸고 엠파이어 트리스트의 자금이 들어오면서 공동투자가 단순한 투자로 바뀌게 된다. 이 과정에서 대한제국 황실은 콜브란과 보스트윅에게 일종의 국제사기를 당한 것으로 볼 수 있다.

　서울은 겨울철이 길고 한랭한 지역이었다. 서울에 연료를 공급할 목적으로 일본인 재벌 시브사와 에이이치(澁澤榮一)가 대표로 출원한 ㈜일한와사의 영업이 허가된 것은 1907년(광무 11) 6월 27일이었다. 당시의 일본 재벌 시브사와는 바로 일본 정부의 하수인이었다. 시브사와가 세운 ㈜일한와사는 1908년 5월에 용산에 있던 철도관리국 및 일본 주차군사령부 관하의 토지 1만 4000평을 무상으로 대여 받아 1909년부터 공장 건설에 착수, 그해 말에 완공한다. 처음으로 가스 공급의 가정 인입 공사가 완료된 호수는 914호였고, 당시 가스관 총연장은 4만 5000피트였다고 한다.

　한편 자금난이 점점 심해진 한미전기회사는 1909년이 되자 회사를 ㈜일

1928년 새 사옥으로 옮길 때까지 사용했던 한미전기회사의 사옥.
자료: 『일제강점기도시사회상연구』 12쪽에서 재인용.

한와사에 매각할 것을 획책하고 그 교섭을 시작한다. 한국 침략을 최종 목표로 하고 있던 일제와 ㈜일한와사 입장에서 서울의 전력 공급과 전차 영업을 주된 사업으로 하는 한미전기회사의 인수 제안은 실로 반가운 것이었다. 양자 간에 매매계약이 성립된 것은 1909년 6월 23일이었고 매각 대금은 일화(日貨)로 120만 원이었다.

원래 한미전기회사가 노린 것은 전등 쪽이 아니고 전차 쪽이었다. 전차 쪽이 더 수지가 맞을 것이라는 계산 때문이었다. 서울에 전차가 달리기 시작한 것은 종로에 가로등이 점등된 시점보다도 1년 정도 앞서는 1899년(광무 3) 5월 17일, 음력으로 4월 초파일이었다. 한미전기회사 매각 당시 서울의 전등 수는 8093등이었고, 전차 차량 수는 객차가 37대(그중 한 대는 귀빈차, 나머지는 오픈카), 화물운반차가 13대였으며, 전차의 하루

1899년 5월 전차 개통 당시의 동대문.
자료: 『한국근현대사강의』 51쪽에서 재인용.

전차가 다니기 시작한 1900년의 서울 종로 거리.
자료: 『한국근현대사강의』 275쪽에서 재인용.

평균 승객 수는 370명 정도였다고 한다.

한미전기회사를 인수한 ㈜일한와사는 1909년 7월 27일 자로 회사 이름을 일한와사전기로 바꾸었으며, 6년 뒤인 1915년 9월 11일의 정기주주총회에서 회사 이름을 ㈜경성전기로 다시 바꾸었고 9월 16일 등기변경까지 완료한다. 한미전기회사 인수 후 ㈜경성전기는 사옥으로 종로 2가에 있던 구 한미전기회사 사옥을 계속 사용해오다가 1928년에 남대문로 2가 5번지에 787평 4합의 토지를 매수해 그 자리에 건평 1666평 8합의 르네상스식의 철근 콘크리트 건물을 지어 입주했다. 이 건물은 1979년까지 ㈜경성전기와 ㈜한국전력의 본사로 이용되었다.*

부산에서 런던까지 12주

서울에 전기가 들어오고 전차가 달리는 것과 각 지방의 전기 도입은 별개였다. 즉, ㈜경성전기와 각 지방의 전기는 별개였다. 부산이 다르고 평양이 다르고 인천도 달랐다.

부산의 전등·전차 사업

자본금 5만 원의 ㈜부산전등이 설립된 것은 1902년 5월이었다. ㈜부산전등은 당시 부산 거주 일본인들 중에서 가장 부자였던 오이케(大池忠助)·하자마(迫間房太郎)·고지마(五島甚害) 등이 반액을 출자하고, 일본 ㈜교토전등의 오오사와(大潭善助) 사장이 반액을 출자해 발족한 것이었다. 자본금이 그렇게 소액이었으니 시설도 빈약해 저압직류 180kw의 발전

* 여기까지 한국전력공사 사보 ≪KEPCO≫를 참고했다.

표 2 **1900년대 초 주요 지역 전기 관련 회사의 변천**

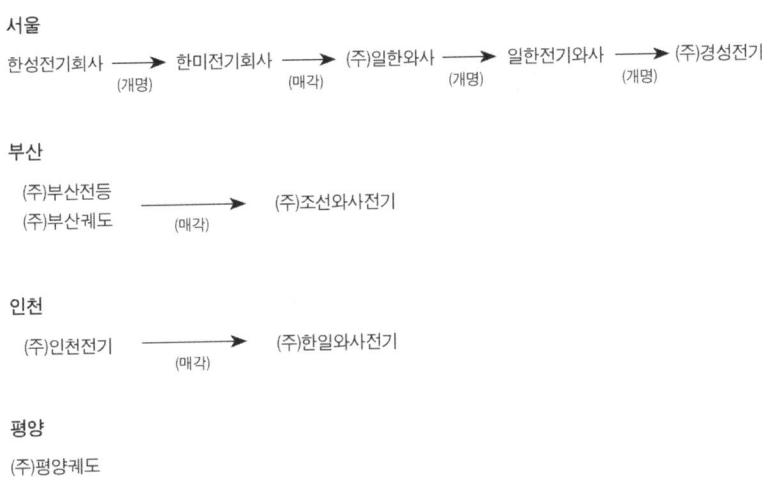

기로 일본 전관거류지 내에만 겨우 송전할 수 있었다고 한다. 그 후에 자본금이 두 배로 늘었고 시설도 확장되기는 했지만 그 발전·송전 능력은 여전히 미미한 것이었다.

전차를 놓는 궤도 사업도 시작되었다. ㈜부산전등의 공동 출자자 오이케 등 7인은 연명으로 부산진에서 동래 온천장까지 6.5마일의 궤도 부설권을 한국 정부에 출원해 1909년 6월 29일 허가를 받아낸다. 그해 8월 15일에는 부산 궤도 부설공사에 착수, 12월 18일에 전 노선을 준공해 다음 날(12월 19일)부터 전 노선의 운행을 개시한다.

일본의 조야가 대륙 진출과 침략에서 차지하는 부산의 중요성을 인식한 것은 한일병합과 거의 때를 같이한다. 부산에서 만주의 선양(瀋陽)까지 1주, 부산에서 중국 본토의 쓰촨 성(四川省) 항구까지 4주, 심지어 부산에서 영국 런던까지도 12주에 연결된다는 계산까지 언급될 정도였다.

한일병합 두 달 뒤인 1910년 10월 26일, 부산에서의 전등·전차·가스

사업 등 일체를 전담하는 ㈜조선와사전기가 발족되었다. 이 회사는 발족과 동시에 그때까지 부산에서 전등·궤도 사업을 추진하고 있던 ㈜부산전등과 ㈜부산궤도를 각각 20만 원과 5만 4000원에 매수한다. 이렇게 발족한 ㈜조선와사전기는 그 후 탄탄한 자본력을 동원해 부산뿐만 아니라 경상남도 일대의 전화 사업을 추진하는 등 사업을 확대해나간다. 1915년에는 부산우체국에서 동래 온천장까지 8마일의 거리를 전차로 개통했으며, 이어 ㈜부산궤도로부터 인수한 부산진-동래 구간의 경편철도를 울산-경주-포항-대구 구간으로 연장하는 등 점차 그 노선을 확장했다.

인천의 전기 사업

러일전쟁이 일어난 1904년 당시는 아직 서울과 부산을 잇는 경부선 철도가 준공되지 않은 때였으니 한국의 대외관계는 모두 인천항을 통해서 이루어졌다. 따라서 당시의 인천항에는 전 국토 내에서 외국인, 특히 일본인이 가장 많이 거주하며 극성을 부리고 있었다.

인천에 거주하고 있던 일본인 유지들이 전기 사업 계획을 세운 것은 러일전쟁이 일어난 1904년 9월이었고, 일본 영사와 각국 거류지회의 인가를 거친 후 정관작성·주식모집·설립등기 등의 절차를 모두 끝내고 정식 발족한 것은 1906년 4월 1일이었다. ㈜인천전기가 개업한 것이다.

출력 200kw의 화력발전기, 자본금 12만 5000원인 이 회사의 주주 총수는 모두 79명으로 일본인이 58명, 미국인과 유럽인이 13명, 중국인이 8명이었다고 한다. 일본 전관거류지만을 대상으로 영업을 하기에는 전력 수요가 적어 각국 공동조계와 청국 전관조계 지역에도 송전을 해야 했고, 이 때문에 일본인뿐 아니라 유럽인·미국인·중국인까지도 주주로 참여하는 형태를 취한 것이다. 그러나 운영상의 근거 법규는 일본 법령으로 하고 경영의 주도권도 일본인들이 장악했다고 한다.

1906년 4월 ㈜인천전기가 개업할 당시의 인천은 러일전쟁 직후의 호경기를 맞아 경기가 절정에 달해 있었으므로 개업하자마자 수용 신청이 몰려들어 회사는 호황이었다고 한다. 그러나 인천의 경기는 1906년과 1907년을 고비로 점차 쇠퇴해갔다. 특히 시내가 몇 차례의 대화재를 입어 폐점·폐업하는 상점이 속출하고, 그 결과 전등 요금의 채납액도 늘어났다. 경영난에 빠진 ㈜인천전기는 이에 대한 대책으로 자본증식, 전등 및 동력 수요의 증가 권유 등 여러 가지 방안을 강구했다. 하지만 200kw의 한정된 용량으로는 새로운 수요에 응할 수도 없고, 그렇다고 출력을 증가하자니 재력이 따라갈 수 없는 상황이었다. 경영진은 고민 끝에 1912년 6월, 22만 5000원에 전 자산과 특권을 서울의 ㈜한일와사전기에 매각하고 만다. 서울이 인천을 흡수해버린 것이다.

평양의 시내 궤도와 전기 사업

평양에서 시내 교통수단으로 궤도 사업이 시작된 것은 1907년이었다. 1906년 6월, 평양에 거주하던 일본인 재력가 모모세 히로노스케(百瀨廣之助) 외 6명이 발기해 평양역부터 신시가까지의 1마일 20체인의 거리에 수압식 인차철도(人車鐵道)의 부설 허가를 신청했다. 같은 해 8월 11일자로 통감부의 허가가 나서 9월 12일에 자본금 1만 4000원의 ㈜평양궤도가 설립되었다. 경영진은 바쁘게 움직여 12월 초순에 궤도의 부설공사를 마치고 1907년 1월 17일부터 운수영업을 시작했다. 너비 2피트, 무게 16파운드짜리 궤조(레일)를 사용했고, 평양역에서 일본인들이 만든 신시가지까지는 복선이었다. 객차 1량에는 6명이 탈 수 있었고 예비 차량까지 합쳐 30량으로 발족했으나 교통 수요가 늘어감에 따라 차량 수도 늘어나서 1914년에는 객차 20량 외에 화물차 30량을 보유했다고 한다.

평양의 수압식 인차철도가 언제까지 존속했는지에 대한 기록은 찾을

평양의 수압식 인차철도.
자료: 『일제강점기도시사회상연구』 10쪽에서 재인용.

수가 없다. 조선총독부 통계연보를 찾아보니 1916년도 판의 사설철도 운수실적에는 평양 시내 궤도가 소개되어 있으나 1919년도 판에는 빠져 있는 것으로 보아 1917년부터 1918년 사이에 폐지된 것 같다.

수압식 인차철도라는 것이 정확히 어떤 것인지 알 수는 없으나, 여기서 수압식은 물의 압력을 이용하는 것이 아니라 손으로 미는 것을 말한다. '수'는 '水(물)'가 아닌 '手(손)'다. 선로를 보수하는 인원과 기자재를 운반하는 데 쓰는, 사람의 손으로 운행하는 소형 차량인 광차(토로코)와 비슷했을 것으로 추측된다. 또한 여객용은 덮개가 있었고 화물용은 덮개가 있는 것이 절반 정도였던 것 같다.

평양에 전기가 도입된 것은 한일병합 다음 해인 1911년이었다. 이때 ㈜평양전기가 설립되었고 이듬해 9월부터 사업을 개시했다고 한다. 개업 초기에 들어온 신청 호수와 등수는 각각 202호, 1254등이었다고 한다. 평양에 시내 전차가 가설되어 영업이 시작된 것은 1923년 5월부터였고, 이것은 ㈜평양전기와는 관계가 없는 평양부의 직영사업이었다고 한다.

전 조선을 4~5개의 전력·전기회사로 통합하라

　1920년대 당시 한반도 내에는 60여 개의 전력회사가 있었을 것이다. 당시의 주된 수요자들인 일본인 거주자가 수십 명에 달하고 두세 명의 재력가만 있으면 전력회사 하나가 세워져 발전·배전을 관장했다. 그 대다수가 수력 발전이었고 화력 발전이나 가스 발전도 있기는 했지만 그 수는 미미한 것이었다. 수력 발전이라고 해도 오늘날처럼 댐의 상류에 물을 가두었다가 그 물의 힘을 이용해 발전하는 방식은 아니었다.
　어릴 적 고향 경주에서 본 수력 발전 설비는 물을 4~5m 정도 끌어올려서 급강하시키는 방법이었다. 그것도 겨우 오후 두세 시간의 작업이었다. 그것이 수력 발전이라는 것이었고, 그런 시설이 당시 조선에 30~40개 정도 있었을 것이다. 그중에는 물론 수지타산이 맞지 않는 것이 있었고, 그렇게 되면 근거리에 있는 규모가 큰 전기회사에 흡수·합병되었다. 강제합병이었다. 전력이 곧 국력인 시대였으니 총독부 체신국의 의향에 따라 강제합병될 수밖에 없었다. 당연히 도청 소재지나 대구·부산·대전·평양 등지에 있던 전기회사는 규모가 컸고 총독부 체신국장 명의의 합병 지시가 끊임없이 내려왔다. 당시 본사가 부산에 있던 ㈜조선와사전기의 약사 자료집『조선와사전기주식회사발달사』를 토대로 1920년대와 1930년대의 합병 과정을 살펴보자.
　1926년 ㈜밀양전기가 인수·합병되었다. 1930년 ㈜진주전기가 합병되었다. 1935년 ㈜함안전기·㈜마산전기·㈜진해전기가 잇따라 합병되었다. 주주들의 저항도 적잖았을 것이다. 규모가 작으면 작은 대로, 크면 큰 대로 저마다의 문제점이 있었을 것이다. 그러나 총독부가 합병 지시를 내리면 무조건 따라야 했다. 약육강식 바로 그것이었다.
　부산의 강자 ㈜조선와사전기도 예외는 아니었다. 대륙 침략을 앞두고 전력을 통제해야 한다는 총독부 정책이 세워졌기 때문이다. '전 조선을 4~5개의 전력·전기회사로 통합하라'는 것이었다. 이 정책의 본격적인 실행은 1936년에 시작되었다. 경성에 1개, 평안남·북도와 함경남·북도에 1개, 경상남·북도와 전라남·북도에 1개, 그리고 송·배전회사 1개. 이렇게 조선에 4~5개의 전력·전기회사만 두겠다는 것이었다.

방침이 서면 진행은 빨랐다. 독재주의라는 것의 특징이었다. ㈜대흥전기·㈜조선와사전기·㈜남조선전기·㈜목포전등·㈜대전전기·㈜천안전기 등 6개 회사를 합친 ㈜남선전기의 형성 과정을 살펴보자. 6개 회사가 ㈜남선전기로 합병된 뒤의 문제는 누가 회장이 되고 누가 사장이 되느냐 하는 것이었다. 또 본사를 어디에 둘 것인지도 정해야 했다. 회장과 사장은 간단히 정해졌다. 합병 전의 회사 규모가 가장 큰 쪽이 회장, 그다음 큰 쪽이 사장이 되는 식이었다.

합병 전의 회사 규모가 가장 큰 곳은 부산에 본거를 둔 ㈜조선와사전기였다. 그곳의 사장 가슈 겐타로(香種源太郎)가 회장을 맡고 그다음으로 큰 대구에 본거지를 둔 ㈜대흥전기의 사장 오구라 다케노스케(小倉武之助)가 사장을 맡았다. 본사를 어디에 둘 것인지에 대해서도 각 지방 상공회의소가 총동원되다시피 해 자기 고장을 밀었다. 자기 고장에 본사를 가져오려는 것은 일본인, 조선인의 구별이 없었다. 그러나 이에 대한 대비도 총독부에서는 진작부터 짜놓고 있었다. 합병된 회사의 이름은 남선전기이고 본사는 모두 경성에 둔다는 것이었다.

최종적으로 전 조선에 4개의 전기회사, 1개의 송전회사가 세워졌다. ㈜북선전기(함경남·북도), ㈜서선전기(평안남·북도, 황해도), ㈜남선전기(경상남·북도, 전라남·북도, 충청남·북도, 강원도 일부), ㈜경성전기(경성·인천 일원), 그리고 송·배전회사인 ㈜조선전업의 5개였다.

사바세계의 아수라, 1930년대 조선의 교통지옥

　일제의 입장에서는 한반도의 완전한 식민지화를 달성하기 위해 경성부 내의 전력·가스 그리고 전차 사업을 그들의 손아귀에 넣어야 했다. 일제가 한미전기회사를 매수한 지 1년 만에 한반도의 완전한 식민지화가 달성되었으니 그들의 하루하루는 실로 신바람이 났을 것이다. 전차 사업의 경우 단선이었던 종로-동대문 노선을 복선으로 바꾸었고, 을지로선·창경원선·왕십리선·충무로선 등의 선로를 새로 놓는 등 사세를 확장하고 있었다. 1915년 9월 11일에는 주주총회를 열어 회사명을 ㈜경성전기로 바꿨다.

　조상 대대로 보행으로 일관해왔던 조선인들의 습관이 하루아침에 바뀌기란 쉽지 않은 일이었다. 따라서 매번 전차를 타는 데는 시간이 걸렸다. 그러나 한 번 타고 두 번 타보면 어느덧 전차 없는 생활이 되지 않는 몸이 되어 있었다. ㈜경성전기의 호황을 예고하는 것이었다. 1920년대의 이와 같은 전차의 대호황을 당시 신문들은 여러 차례 되풀이해서 보도했다. 그 가운데 1924년 6월의 신문기사 하나를 소개한다.

　연 수입액 160만 원, 1인 평균 지출 5원 43전. 전차 한 구역을 타는 데 5전밖에 들지 않는 것이지만 그것도 주워 모으면 무던히 많은 것이다. 이제 작년 4월부터 만 1년 동안 경성전기회사 수입 성적을 들면 승객 총수가 3370만 3661인인데 그 속에 현금 승차가 2435만 6061인이요, 회수권이 총수의 약 2할 7푼으로 총수입이 162만 9210여 원이라 한다. (중략) 경성 인구를 30만으로 가정하고 이상의 숫자를 평균 안배하면 1인 1개년간의 승차 횟수가 112회 남짓하며 임금액이 5원 43전 남짓하다. 이에 대하여 전기회사의 이익이 얼마나 되는지는 아직 듣지 못했으나 하여간 우리 부민(府民)이 전차에 들이

1930년대 초 서울의 다리 위를 달리는 시내 전차.
자료: 『한국 도시 60년의 이야기 제1권』 157쪽에서 재인용.

미는 행로세(行路稅)인즉 부자 양반의 살만 찌게 하느니보다 부민 공공의 이익을 만드는 것이 좋을 것 같다."

1920년대의 이와 같은 호황은 그 후에도 계속되어 1920년대 말까지 심심찮게 보도되고 있다. 이런 추세는 1930년대가 되어서도 조금도 수그러들지를 않는다. 무엇보다도 경성의 인구수가 하루가 다르게 늘어간 때문이었다. 1936년부터는 경성의 행정구역이 엄청나게 확대된다. 행정구역이 넓어지자 당연히 행정구역 내 인구수가 늘었고 그에 따라 전차 승객도 늘어난 것이다. 여기에 1937년 중일전쟁, 1941년 태평양전쟁이

• "京城電車得意秋", ≪동아일보≫, 1924년 6월 14일 자.

발발하자 조선신궁 참배, 출정군인·입영군인 환송 행사 등에 종전까지는 상상도 할 수 없었던 인원 동원이 따른 것이다. 우선 경성의 인구수는 구 행정구역 내의 인구수에다 신편입지구의 인구수를 합해 70만 명에서 80만 명 정도 하던 것이 1942년에 100만 명을 넘어섰고 그해 안에 110만 명을 돌파했다.

 1937년 중일전쟁 발발 후에는 모든 물자가 궁핍 일로를 걷고 있었다. 돈을 주고도 물건을 살 수 없는 그런 시대가 되었다. 전차의 시설은 점점 더 노후화되고 있는데 전차를 타는 승객은 훨씬 더 많아지고 있었다. 1939~1940년 당시의 경성전차는 교통지옥 그 자체였다. 신문은 이런 상태를 '사바세계의 아수라(阿修羅)'라고까지 표현했다.

㈜경성전기 부영론이 대두하다

 "㈜경성전기가 독점 운영하고 있는 경성의 전기(전차 포함)·가스 영업을 빼앗아 부영(府營)으로 하면 대다수 부민도 득을 보고 경성부도 득을 보는 것이 아닌가"라는 경성 전기·가스 '부영론'이 대두한 것은 1924년경의 일이다. '부영'이란 일제 강점기에 부(府)에서 하던 경영으로, 부영론은 민간이 아닌 국가 즉 각 부에 회사 운영권을 넘기자는 주장이었.

 두 가지 요인이 부영론을 부채질했다. 첫째는 ㈜경성전기의 체질이었다. 원래 ㈜경성전기는 일본 도쿄에 본사를 두고 있던 ㈜일한와사를 인수·합병해 경성의 전기·전차·가스를 공급하면서 급성장한 회사였으니 그 주주들 대부분은 일본 도쿄에 거주하는 일본인이었고 조선인 소유의 주식 수는 겨우 200분의 1밖에 되지 않는 실정이었다. 그러므로 ㈜경성전기가 호황을 누리면 누릴수록 사업이 잘되면 잘될수록 도쿄 거주의 일본인들 배만 점점 더 불린다는 인식이 경성 부민은 물론이고, 일본인·조선인이 반반씩 차지하는 부의원들에게도 퍼지기 시작한 것이다.

부영론을 부채질한 둘째 요인은 ㈜평양전기의 부영이 실현된 사실이었다. 당시 평양에서는 현행 전기 사업이 지나친 폭리이니 전력 공급 일체를 부영으로 하라는 시민운동의 압력으로 ㈜평양전기가 경영권을 포기하다시피 물러나는 일이 발생했다. 1922년에 전차궤도 사업을 부영으로 시작한 평양부는 120만 원에 ㈜평양전기를 인수, 1927년 3월 1일부터 부영으로 전기 사업을 운영해 큰 성과를 올리고 있었다.

㈜경성전기의 전신인 한미전기회사와 ㈜일한와사의 창립 당시 당국에 제출한 영업 연한이라는 것이 있었다. ㈜일한와사는 1932년이었고 ㈜일한전기는 1933년 말이었다. 즉, 당국이 그 영업 연한을 갱신해주지 않는다면 ㈜경성전기는 사업을 포기하고 사업체를 해체할 수밖에 없는 처지에 있었다. 경성 부의원 48명 중 40명의 찬동으로 전기·가스 부영안이 부의회에 접수된 것은 1931년 7월 초의 일이었고, 이어 정(町)·동(洞)의 각 총대(總代) 73명이 연서한 '경성전기 부영화 의견서'도 경성 부윤에게 제출되었다.

그러나 정작 전기 사업 허가 기관인 조선총독부의 태도는 처음부터 애매모호했다. 들끓는 시민의 여론에 전혀 귀를 기울이지 않았던 것이다. 사실 이때 이미 조선총독부는 전 조선에 걸친 강력한 전력통제, 즉 그때까지 십수 개 이상으로 병립되어 있던 전기회사 및 송·배전회사를 지역별로 크게 묶어 4~5개의 사업체로 통합해 총독부의 철저한 통제하에 둘 것을 계획하고, 그 구체안까지 마련해놓고 있었다. 그것이 바로 전력무기화의 길이었고, 군국주의로 치닫고 있던 일본 중앙정부의 방침이기도 했던 것이다.

총독부는 나름대로의 여론순화기구를 가지고 있었다. '국책이니 따르라'고 하면 안 따를 리가 없을 정도였다. 1931년까지 그렇게도 극성을 부리던 전기·가스 부영화 안이 1932년에 들어서는 눈 녹듯이 사라져버렸다. 우선 일본인 부의원들과 정총대들이 어제까지의 주장을 철회했다. 하나같이 친일파였던 조선인 부의원들과 동총대들 역시 더 이상 부영화 주장을 하지 않게 되었다.

그러나 경성의 경우에는 그렇게도 큰 소리로 외쳐댄 부영론인데 아무런 보상도 없이 덮어버리기에는 40만 시민을 대할 면목이 없었을 것이다. 이렇게 해서 생각해낸 것이 ㈜경성전기가 그동안 폭리를 취해온 대가로 경성부에 현금 100만 원을 기부하고, 이것으로 부영화 안은 없었던 것으로 하자는 것이었다. 당시의 100만 원은 엄청나게 큰 돈이었다. 하지만 중요한 것은 이 돈을 받아서 과연 어떻게 쓸 것인지를 정하는 일이었다. 결론부터 이야기하겠다.

100만 원의 기부금은 1932년 7월과 1933년 6월에 2회로 나누어 50만 원씩 납부되었다. 1차로 기부된 50만 원으로는 빈민들을 위한 실비 진료소를 건립키로 했다. 훈련원이 있던 자리인 현재의 중구 을지로 6가 18번지 자리에 경성부립실비진료소라는 이름으로 병원이 건립되기 시작한 것은 1933년 4월의 일이었고, 1934년 3월 2일에 낙성식이 열리고 3월 3일 경성 부민병원이란 새 이름으로 정식 개원했다. 이 병원은 날이 갈수록 성황을 이루었다. 참고로 이 병원은 광복 후에는 서울시민병원으로 불렸으며, 6·25 전쟁을 겪으면서 스칸디나비아 3국의 의료 원조의 주요 현장이기도 했다. 지금은 대한민국의 국립병원으로서 그 이름도 국립중앙의료원으로 불리고 있으며, 원래의 이름인 경성부민병원이라는 것도 잊혔다.

2차로 납부된 50만 원으로는 현재의 태평로 1가 60-3번지 자리에 경성부민관을 건립하기로 결정했다. 부지 평수 1780평, 건평 784평, 연건평

1717평, 총경비 61만 원으로 건설된 경성부민관은 1935년 12월 10일에 완공되어 성대한 준공식이 거행되었다. 이 건물은 일제하 경성 부민의 자랑거리의 하나였으며 6·25 전쟁 후에는 오랫동안 국회의사당으로 사용되기도 했다. 그 후에는 세종문화회관 별관이란 이름으로 존속하다가 1991년 이후 서울특별시 시의회가 사용하고 있다.

광복 이후 전력 3사의 통합과 ㈜한국전력의 탄생

광복과 더불어 전력 생산과 배전 체계에 엄청난 변화가 예고되었다. 우선 1930년대의 전력 통제로 5개 회사가 되었던 전력 생산과 배전 체계가 다시 3개로 줄었다. 38도선 이북에 위치한 ㈜북선전기, ㈜서선전기가 탈락되고 남한의 전력 3사만 남게 된 것이다. 당시 북한의 전력 생산 능력은 남한을 훨씬 앞섰고, 남한은 적지 않은 전력을 북한에서의 송전에 기댈 수밖에 없었다. 그런 체계하에서 전력 수급 계획이 수립되어 있었다. 남북한이 분단되는 날이 오리라고는 상상도 하지 않았던 것이다.

북한의 송전 제한은 광복 다음 해인 1946년부터 시작되었다. 1946년 4월부터 같은 해 9월까지 북한으로부터 받는 전력이 최대 4만 7000kw로 제한되는 등 남한의 전력 사정은 극히 불안정한 상태가 되고 있었다. 그러던 중에 결정적인 파탄이 났으니 이른바 5·14 단전이다. 북한 정권은 1948년 5월 14일 정오를 기해 남한으로 보내고 있던 전력을 일방적으로 끊어 버린다. 남한은 심각한 타격을 입었고, 이것이 남한이 북한과 결별하는 결정적인 계기가 되었다. 그리고 1950년의 6·25 전쟁의 피해는 이루 말할 수 없을 정도였다.

남한으로서는 전력 체계의 근본적인 개편이 필요해졌다. 그리고 그 근본적인 개편을 위해서는 전력 3사를 하나로 통합해야 한다는 결론에 도달했다. 전력 3사의 통합에 앞서 부대사업은 모두 제거되어야 했다. 서울과 부산에서의 전차 사업 같은 것이 그 대표적인 것이었다. 서울의 전차 사업은 서울특별시로, 부산의 전차 사업은 부산직할시로 완전히 넘어갔다.

'한국전력주식회사법'이 공포된 것은 1961년 6월 23일이었다. 그리고 역사적인 전력 3사 통합이 실현된 것은 1961년 7월 1일이었다. 경제개발 5개년 계획이 처음 시작된 것은 1962년이니 그 바로 전 해 전력 3사가 하나의 회사로 통합된 것이다. 경제개발과 전력 수요는 같은 개념이며 표현만 다를 뿐이었다. 박정희 정권의 경제개발 계획의 이면에서는 엄청난 전력 생산이 동시에 추진되었다.

화력 발전의 경우 삼척·영월·군산·서울·제주·인천·영남·여수 화력발전소 등이 건설·가동되었고, 수력 발전의 경우 북한강 수계에서 화천·소양강·춘천·의암·청평·팔당 수력발전소로 이어졌다. 북한강 수계가 아닌 경우는 충주 수력발전소가 뛰어났고, 섬진강·남강 수력발전소가 뒤따랐다.

고리원자력발전소에서 1호기가 가동된 것은 1978년 4월이었다. 그 후에도 꾸준히 원자력발전소가 건설되어 2009년 말 기준 모두 20기가 상업 운전 중에 있으며, 총 시설용량은 1만 7716nw로서 1978년에 비해 30배 이상으로 증가되었다.

지금은 매각된, 강남의 테헤란로 동쪽 끝에 위치했던 ㈜한국전력 본사의 신축공사가 시작된 것은 1981년 6월 10일이었다. 그로부터 5년 반이 지난 1986년 11월 17일에 삼성동 한전 본사 사옥이 완공되었다. 이 신축 사옥은 지상 22층의 본관과 지하 3층, 지상 5층의 별관 등 3개 건물이 'ㄷ'자 형으로 배치되어 중후하고도 기품 있는 자태를 자랑했다.

정부청사를 세종시로 이전하고 서울에 소재한 공공기관을 지방으로 이전하는 이른바 '혁신도시' 건설은 노무현 대통령이 주창한 것인데, 나는 반대하는 시책이다. 이 계획은 착착 진행되어 한국전력공사(1982년에 주식회사에서 공사로 변경)의 전남 나주 이전이 결정되었고 2014년 12월 기공식이 거행되었다. 지상 31층, 연면적 9만 3222m^{2}의 나주 신사옥으로 이전한 한국전력공사는 동반 이전 기관인 전력거래소, 한전 KDN, 한전 KPS 등 연관 기업들과 더불어 지역 발전에 중추적 역할을 수행할 것이 기대된다.

2009년 12월 27일 한국이 아랍에미리트연합(UAE)의 원자력발전소 건설 공사를 수주했다. 총 400억 달러(약 47조 원)로 사상 최대 규모의 해외 수주였다. 프랑스·미국·일본 등 주요 선진국들과의 경합에서 따낸 한국의 첫 원전 플랜트 수출이기도 했다. 고리원자력발전소 1호기 준공 이후 21년 6개월 만의 성과였다. 종로 네거리에 전기 가로등 3좌가 켜진 지 110여 년의 세월이 지났다. 이 책을 쓰면서 철도·도로·상수도·공원 등의 시설을 제치고 맨 위의 자리에 전기를 가져다놓은 이유가 바로 이 점에 있다.

06

지하철 1호선 개통일에 울린 총성
잔잔한 호수에 달이 비치듯 조용히 당겨라

박 대통령과 육 여사의 오랜 염원

　1971년 4월 12일 오전 10시, 서울시청 앞 광장에서 박정희 대통령 내외와 시민·학생 등 3만여 명이 주시하는 가운데 지하철 1호선 기공식이 거행되었다. 이날 각 신문의 사설에서는 지하철 1호선 기공식을 두고 '도심을 뚫는 교통혁명'이라고 치하했다. 시내 곳곳에는 경축 아치와 탑이 세워졌고, 오후부터 덕수궁과 시민회관에서는 연예인들이 출연하는 경축쇼와 시립교향악단의 연주가 여러 차례 벌어졌다. 저녁에는 남산 팔각정에서 밤하늘을 오색찬란하게 수놓는 불꽃놀이가 벌어져 시민들을 흥겹게 했다. 서울역에서 청량리까지 9.54km를 연결하는 지하철 1호선은 민족의 지혜와 기술을 종합하는 대사업으로 이렇게 막을 열었다.

　1971년 말 지하철 착공 당시 서울의 인구수는 585만 명이었고 자동차 총수는 6만 7000대, 그중 승용차는 3만 5000대였다. 일제 강점기부터

붕괴된 와우아파트 철거 작업.
자료: 『한국 도시 60년의 이야기 제1권』 258쪽에서 재인용.

8·15 광복 후까지 서울의 교통을 전담하다시피 했던 시내전차는 전임 김현옥 시장에 의해 철거되었고, 1970년 당시의 시내교통은 4500대 정도 되는 시내버스가 거의 도맡고 있었다. 그런 상황에서 서울시장으로 임명된 양택식이 착안한 것이 지하철이었다. 철도청장 2년을 경험한 그였기에 가능한 착상이었다.

  양택식 시장은 와우아파트 사건으로 김현옥 시장이 물러간 직후인 1970년 4월 20일에 서울시장으로 부임했다. 부임 직후 철도청 설계사무소장으로 있던 김명년(金命年)을 서울시로 데려와 서울시지하철건설본부를 발족시킨다. 그의 부임 후 50일 정도가 지난 1970년 6월 9일의 일이었다. 처음 이 기구는 3과 5계, 본부장 이하 총원 6명의 조촐한 규모로 출발했다. 그들이 산출한 건설비는 9.54km 개통에 총 300억 원. 고속도로 1km당 건설비가 1억 원일 때, 지하철 1km 건설에는 약 30억 원이 든다는 계산이었다.

박정희 대통령 내외는 처음부터 이 지하철 건설에 남다른 관심을 보였다. 한 달에 한두 번씩 건설 현장을 방문해 격려했을 뿐만 아니라 매 연말이면 반드시 금일봉을 보내어 직원들의 노고를 치하했으니 사기가 충천한 것은 당연한 일이었다.

착공한 지 3년이 흘렀다. 지하철 공사는 사실상 마무리되어 시운전 중에 있었다. 1974년 8월 15일을 개통일로 잡았다. 대통령 내외를 포함한 내외귀빈을 모시려면 광복절 경축식이 끝나고 난 뒤의 시간으로 잡는 것이 가장 적절한 일정이었다. 그것은 전임 김현옥 시장 당시부터의 관례이기도 했다.

1호선 개통 공사는 건국 후 최초의 지하공사인 데다 또 공사비와 공기(工期)를 줄이기 위해서 주로 지표면으로부터 굴착해 지반이 노출된 상태에서 구조물을 시공하는 개착 공법, 즉 '오픈 컷(Open Cut) 공법'을 채택했다. 그렇기 때문에 공사가 진행되는 동안 양쪽 연도의 불편은 말할 나위가 없는 것이었고 상가 또한 극도의 불황을 감내해야만 했다. 그리하여 개통식이 거행되는 8월 15일 이전의 신문을 보면 "활기 되찾는 종로상가 '공사불황 3년' 메울 호경기의 꿈 부풀어"*, "발차준비 OK, 상권 되찾기 법석"** 등의 기사를 발견할 수 있다. 개통식이 거행된 8월 15일 자 조간 신문 사설들은 일제히 "도시교통의 역사적 전기, 서울 지하철 종로선의 개통을 경축한다" 등의 기사를 실어 이 역사적인 쾌거를 반기고 있다. 이

• ≪조선일보≫, 1984년 8월 8일 자, 7면.
•• ≪조선일보≫, 1984년 8월 14일 자, 3면.

위로부터 지하철 1호선 착공식, 공사 현장 시찰, 시승.
자료: 『한국 도시 60년의 이야기 제2권』 25, 27, 29쪽에서 재인용.

시점에서는 아직 경축 일색이었고 그 누구도 뜻밖의 불행을 예측하지 않고 있었다.

지하철 1호선 개통일에 울린 총성

그날따라 광복절 경축식의 진행은 1분 1초의 차질도 없었다. 오전 10시에 시작된 식은 국민의례가 끝나자 바로 대통령의 경축사 낭독으로 이어졌다. 10시 40분까지 모든 절차를 끝내고 11시부터 지하 청량리역에서 지하철 개통식이 거행될 예정이었다.

박정희 대통령의 입장에서는 실로 들뜬 날이었다. 일본의 도쿄, 오사카에 이어 아시아에서는 세 번째로 맞이하는 쾌거였다. 당장에야 해결되지 않겠지만 장차 서울교통의 혼잡이 영구히 해결될 것이라는 생각에 실로 신바람 나는 경사가 아닐 수 없었다. 그동안 거의 한 달이 멀다 하고 다녀본 길이었다. 열흘 만에 다녀온 적도 있었다. 대통령뿐만이 아니었다. 육영수 여사 또한 뻔질나게 다녀온 지하철 공사 현장이었다. 그것이 3년 4개월 만인 이날 개통된다니 실로 꿈만 같은 일이었다.

이날따라 경축사를 읽는 대통령의 목소리가 유달리 낭랑했다. "……이처럼 그들은 말로는 평화통일과 민족의 단합을 운위하고 있으나 그 실에 있어서는 동족의 분열과……." 대통령의 경축사 낭독이 반쯤 진행되고 있을 때였다. 시간은 10시 23분을 가리키고 있었다. 쥐 죽은 듯이 조용한 식장 1층 뒤편에서 갑자기 의자를 젖히는 듯한 둔탁한 소리가 고요를 깨뜨렸다. 숨 돌릴 사이 없는 발소리와 함께 "쾅!" 하는 총성이 장내를 뒤흔들었다. 뭇 시선이 뒤로 쏠릴 때 1m 75cm가량의 약간 뚱뚱한 몸집에 검은색 외투를 입고 테두리가 검은 안경을 쓴, 머리를 뒤로 빗어 넘긴

20대의 괴청년이 1층 C석 맨 뒤 열의 재일교포석으로부터 B석과 C석의 통로를 따라 단상을 향해 달려 나오고 있었다.

B석 뒤쪽에 있던 독립유공자 우(禹) 모 씨의 증언에 의하면 괴청년은 저고리 안 호주머니에서 리볼버로 보이는 권총을 꺼내 두 손에 움켜쥐고 있었다고 한다. 이때 C석 가운데에 앉아 있던 광복회원 이옥희 여사가 "저놈 잡아라!"라고 고함을 질렀다. 고함과 동시에 "이놈아!"라는 소리가 여기저기서 터져 나왔다. 장내가 잠시 웅성거리는 순간, 괴청년은 이미 단상 밑 시립교향악단이 자리 잡은 곳 2m 앞까지 달려 나갔다. 그는 C석 맨 앞 줄, C1번 석 옆에서 권총 사격 자세를 취했다. 총을 거머쥔 오른손을 왼손 손등 위에 얹고 박 대통령을 겨냥했다. 경축사를 낭독하는 대통령과의 거리는 불과 10.5m, 곧이어 세 발의 총성이 울렸다.

제1탄이 불발이었기에 미처 저격 사실을 몰랐다가 실제로는 두 번째 방아쇠를 당긴 첫 총성이 나자 대통령은 방탄이 된 연설대 뒤로 몸을 숨겼다. 첫 총성이 울리는 것과 거의 동시에 박종규 경호실장이 연단 위쪽에서 뛰쳐나와 연설대 앞을 가로막고, 다른 경호원 두 명이 권총을 빼어 들고 대통령을 감쌌다. 곧이어 두세 발의 총성이 울리고 연설대 뒤로 오른쪽에 앉아 있던 육영수 여사가 의자에 앉은 채로 머리를 오른쪽으로 떨구었다. 육 여사의 연한 오렌지색 한복엔 피가 얼룩져 있었다.

이 사이 범인이 누군가의 발에 걸려 비틀거리자 경호원과 사복경찰과 C석의 독립유공자들이 범인을 덮쳤다. 범인이 넘어지면서 손에 들고 있던 권총이 튀어 시향 연주석 바이올리니스트 김영목 씨의 왼쪽 뺨에 맞아 김 씨는 피부가 2cm가량 찢어지는 찰과상을 입었다.

식장은 순식간에 아수라장으로 변했고 여기저기서 흐느끼는 소리도 들렸다. 비명 소리와 함께 한 여학생이 쓰러지자 옆에 있던 학생이 울음을 터뜨렸다. 3분쯤 뒤에 연설대 뒤에서 다시 모습을 드러낸 박 대통령은 연설대 위의 보리차 한 잔을 따라 마신 뒤 "계속해서 말씀드리겠습니다"라고 말하며 흐트러지지 않은 자세로 남은 경축사를 읽어나갔다. 청중은 일제히 일어서서 안도의 뜨거운 박수를 보내고 만세를 외치기도 했다.•

얼마 후 쓰러져 있는 육 여사를 위해 단상으로 올라간 이는 50대의 한 여인이었다(훗날 탁금선 씨로 밝혀진다). 이 여인이 육 여사를 일으켜 세우자 김정렴 비서실장이 거들었다. 육 여사가 들려 나간 후 합창단석에서도 계속 비명이 터져 나오면서 합창단원 장봉화 양(당시 성동여실 2학년)이 피투성이가 되어 실려 나갔다. 총격전이 벌어졌을 때 유탄(流彈)에 맞은 것이었다.

경축사 낭독이 끝나자 박 대통령은 그 길로 육 여사의 수술이 진행되고 있던 서울대학교병원으로 직행했고, 지하철 1호선 개통식은 정일권 국회의장 주재로 치를 수밖에 없었다. 축제 분위기여야 할 지하철 1호선 개통식은 비길 바 없을 정도로 침통한 분위기가 되어버렸다. 이날 각 신문 1면을 장식하기로 되어 있던 개통식 기사는 7면 구석으로 밀려났고 미리 예정되었던 축하행사는 전면 취소되었다. 육 여사의 수술은 오전 10시 40분에 시작되었다. 장장 5시간 40분에 걸친 대수술이었지만 육 여사는 끝내 청와대에 돌아갈 수 없었다. 청와대는 육 여사가 그날 저녁 7시에 운명했으며, 19일에 국민장을 치르겠다고 발표했다.

문세광이라는 사나이

현장에서 잡힌 범인에 대한 조사도 밤새도록 이루어졌다. 범인은 재

• ≪조선일보≫, 1984년 8월 16일 자, 7면.

일한국인 2세인 문세광(文世光)으로 일본명은 난조 세이코(南條世光), 본적은 경상남도 진양군 대평면 산재리 775번지이며, 출생지는 오사카 시(大阪市) 히가시수미요시 구(東住吉區) 구와즈 정(桑津町) 3-24, 현주소는 오사카 시 이쿠노 구(生野區) 나카가와 정(中川町) 2정목 9-4라고 했다.

문세광은 1951년 12월 26일 아버지 문병태와 어머니 육말란의 3남으로 일본에서 출생, 아버지 문 씨는 5년 전에 사망했고, 어머니 육 씨는 학원교사인 큰 아들 문근수의 집에 함께 살고 있었다. 문세광은 오사카의 구와즈 소학교, 히가시수미요시 중학교를 거쳐 성기(成器)상업학교에 진학했으나 2학년 때 중퇴를 했다. 재학 당시 성적은 뛰어나지 못했으나 학급위원, 생도회 부회장 등 과외 활동에는 적극적이었고 학원 분규나 정치 활동에는 큰 흥미를 보였다고 한다. 동맹 휴학 등 저항운동을 주도했고 다른 학교의 데모에도 큰 흥미를 보였다. 학교 중퇴 후 거류민단(居留民團) 이쿠노 구 지부에 가입해 1968년부터 재일한국청년동맹(한청) 일을 시작했으나, 당시 한청은 1972년에 거류민단으로부터 취소를 당한 불법단체였다고 한다. 거류민단의 입장에 따르면 한청은 반정부계의 행동대를 맡아온 과격 단체였다는 것이다.

1973년 8월 일본에서 김대중 납치사건이 일어났을 때 오사카 총영사관을 폭파하겠다고 전화를 건 것도 문세광이었음이 밝혀졌다. 육 여사 사망 후 일본 경찰이 문세광의 일본 집을 수색한 결과 그의 사무실과 집에는 '박 정권 타도', '통일 성취' 등의 문구가 적힌 전단이 붙어 있었다고 한다.

이런 문세광에게 한국행 여권이 발행될 리가 없었다. 그는 요시이 유키오(吉井行雄)란 일본인 이름으로 된 여권으로 8월 6일 오후 KAL기 편으로 김포공항에 도착, 조선호텔 1030호실에 여장을 풀고 14일까지 경복궁·워커힐·남산·창덕궁·청평호수 등을 관광한 것으로 드러났다. 문세광이 입국할 때 가지고 온 돈은 미화 1200달러, 일화 2만 엔이었다고 한다.

문세광이 사칭한 요시이 유키오란 이름의 일본인과 그 일본인의 처 요시이 미키코(吉井美喜子)의 이름이 수사선에 오르기 시작했다. 문세광의 한국행을 도운 요시이 미키코는 1968년경 문세광이 성기상업학교 자치회 부회장으로 있을 때 서클 활동을 통해 알게 된 여인으로, 서로 사랑하게 되었을 뿐 아니라 공산주의 사상이 상통하는 동지였다고 한다. 두 사람은 박 대통령 암살용 권총을 구입할 겸 요시이 유키오 명의의 여권으로 한국 입국이 가능한지를 실험하기 위해 부부를 가장해 1973년 11월 19일부터 23일까지 4일간 홍콩을 여행한 바도 있었다. 이 때문에 대한민국 검찰은 처음에는 요시이 부부만 문세광의 배후 세력인 줄 알고 추궁했는데, 수사가 1주일쯤 지나자 문세광의 입에서 새로운 이름이 나오기 시작했다. 조총련계인 김호룡의 이름이었다.

박정희 암살 시도의 배후 조종자

7·4 남북공동성명 직후인 1972년 9월 3일경 오사카 소재 패스티벌 홀에서 거류민단과 조총련이 회동해 단합대회를 열었다. 이때 문세광은 한청 대표로서, 그리고 김호룡은 조총련 대표로서 각각 참여해 서로 인사를 나누었다. 김호룡은 이 대회 이틀 후인 1972년 9월 5일 아침 8시경에 오사카에 있는 문세광을 찾아와서 조총련 이쿠노 구 지부 정치부장이라고 자신을 소개한 뒤 단합대회에서 문이 보여줬던 활약상을 극구 칭송했다. 그는 같은 핏줄을 받은 같은 민족끼리 서로 간격이 없어야 되겠고 마침 우리 집도 이 근처에 있으니 정치이념을 초월해서 자주 만나자고 했다. 이것이 문세광과 김호룡이 접촉하게 된 계기였다.

그 후 김호룡은 매월 평균 2회 정도 문세광의 집을 드나들었다. 명절에는 조총련 대표 한덕수가 보내온 물품이라며 과실주·인삼주 등을 선물해 문세광의 환심을 샀다. 그는 또 당시의 남북한 정세, 한일관계 등에 대한 자신의 견해를 피력하면서 주로 한국과 일본을 비난했고, 북한 및 조총련에서 발간한 각종 팸플릿과 공산 계통의 책자를 제공했다. 문세광은 이 당시 김호룡에 의한 강의와 토론을 통해 공산주의 이념에 공감하게 되었다고 한다. 특히 1973년 8월 김대중 납치사건 이후부터는 그전까지 주로 북한의 우월성을 선전하던 것과는 달리 남한에 대한 비난에 중점을 두어 선전을 했으며 문세광도 이에 완전히 동조하게 되었다고 한다.

이 단계에 이르러 1973년 9월부터 남한에서의 인민민주주의혁명을 일으키기 위해서는 무엇보다도 먼저 대통령 박정희를 암살해 이를 인민 봉기의 기폭제로 삼는 것이 가장 중요하다고 역설했다. 그리고 이런 영웅적 과업을 수행해야 된다고 선동했는데 문세광은 이에 자극·고무되어 대통령 저격을 결심하게 되었다고 한다.

문세광은 암살을 결심한 뒤에도 때때로 마음의 동요가 있었으나 홍콩 여행을 다녀온 후에는 허위 여권을 발급받은 것과 공작금 50만 엔을 받는 것 등 약점이 겹쳐 물러날 수 없게 되었다. 1973년 11월 19일부터 23일까지 3박 4일 동안 요시이 미키코와 함께 홍콩을 다녀온 것도 여행 경비와 권총 구입자금 명목으로 김호룡으로부터 5만 엔을 받았기 때문에 가능한 것이었다.

이어 김호룡의 지시로 도쿄의 한 병원에 가와가미 유우지(川上勇治)라는 위궤양 환자로 위장해 1974년 2월 12일부터 3월 11일까지 약 한 달간 입원한다. 이 입원 기간 동안 트로츠키의 『테러리즘과 공산주의』 등의 책 몇 권을 읽고 김호룡이 특별히 선별해서 보낸 몇몇 인사들과 만난다. 모두가 사상교육 때문이었다.

만경봉호 승선과 권총 절취

1974년 5월 3일 밤 7~8시경에 김호룡으로부터 전화가 온다. 지금 만경봉호가 오사카항에 들어와 있는데 내일 밤 8시에 안내할 테니 같이 가자는 것이었다. 만경봉호는 북한과 일본을 왕래하는 북한의 선박으로 1971년 8월 18일에 첫 취항을 했으며 당시의 선적지는 청진이었다. 300명의 승객을 태울 수 있었으며 3500톤, 길이 102m, 너비 14m에 13.5노트까지 속력을 낼 수 있었다. 이 배의 취항 목적은 조총련 동포의 조국 방문이라 내세우고 있지만 실질적인 목적은 조총련 간부와 조직원에 대한 선내 정치학습, 기항지를 중심으로 한 지방자치단체와의 접촉을 통한 친북 세력 확대 공작 추진과 불법 활동가에 대한 직접지도 등이었다.

지금의 만경봉호는 1992년에 건조된 페리호로 김일성의 80회 생일을 기념해서 건조된 것이다. 형식적으로는 원산에 있는 해운회사가 소유한 여객선으로 주로 일본의 니가타 시(新潟市)와 원산을 잇는 노선을 운항한다. 길이 162.1m, 너비 20.5m에 9672톤이며 최대 속력은 23kn, 정원은 350명이다. 만경봉호의 건조 비용은 모두 조총련의 자금에서 나왔다.

연락을 기다리고 있던 문세광에게 김호룡의 전화가 걸려온다. "나는 감기로 갈 수가 없어 다른 안내원을 보낼 테니 같이 가라"는 연락을 받은 잠시 후 김호룡이 보낸 안내원이 찾아온다. 문세광과 안면이 있는 사나이였다. 그 안내원이 승선허가 수속을 받아 왔기 때문에 함께 승선한다. 승선 후 약 1시간 동안 아래층 객실에서 기다린 문세광은 그날 밤 10시경, 한 여자의 안내로 위층 식당으로 가서 40세가량으로 보이는 북한의 공작지도원과 약 40분 정도 만난다.

그 지도원은 문세광의 신원과 과거 투쟁 경력 그리고 그가 추진 중인 박 대통령 암살 계획에 관해 소상하게 알고 있었으며 칭찬을 아끼지 않는다. 식당에서 인삼주와 식사를 대접하면서 "남조선 인민민주주의혁명 완수를 위해서는 남조선의 사회 혼란을 조성해야 하는데 박 대통령을 암살하는 방법 이외에는 다른 방법이 없다. 이 사업은 김일성 주석께서 직접 지시한 혁명 과업이니 신념을 가지고 완수하지 않으면 안 된다. 생명을 걸고 성공시켜야 한다"라고 당부한다. 문세광은 그 지도원에게 김일성 주석을 위해 생명과 젊음을 바쳐 혁명 역량을 다해 박정희를 기필코 암살하겠다고 맹세하고 그날 밤 늦게 하선한다. 하선 시간은 밤 10시 40분경이었다.

그 며칠 후인 1974년 5월 중순에 김호룡이 문세광의 집에 찾아와 '혁명가는 스스로 무기를 조달하여 혁명을 성공시켜야 된다'고 말한다. 문세광은 이 지시를 받고 박 대통령을 저격할 권총의 취득 방법을 여러 가지로 궁리했는데 결국 일본 경찰의 총기를 훔치기로 한다. 일본 경찰을 골탕 먹이는 것이 첫 번째 이유였고, 훗날 자기의 범행이 북한의 배후 조종에 의해 이루어진 것이 아니라 일본인이 개입된 것으로 위장해 한일관계를 악화시키는 것이 두 번째 이유였다.

1974년 7월 초순부터 오사카·고베·나라·교토 등지의 여러 파출소를 대상으로 답사를 시작한 그는 대부분의 파출소가 2층에 위치해 침입하기가 어려운데, 유독 오사카 소재의 다카쓰(高津) 파출소만은 단층으로 야간 침입이 용이하다는 것을 파악해낸다. 문세광은 다카쓰 파출소 교통경찰관들의 권총을 절취하기로 결심하고, 실행 후 경찰 수사에 혼선을 일으키기 위해 사전에 고베에 가서 시내의 다방에서 성냥 두 갑을 준비한다. 문세광은 여섯 차례에 걸쳐 자신의 차량을 다카쓰 파출소 후면에 있는 공지에 주차시켜 새벽까지 망을 보며 기회를 노린다. 그 결과 경찰관들의 수면 시간 등을 감안해 새벽 4시에 권총을 절취하는 것이 가장 용이하다는 것을 확인한다.

1974년 7월 18일 새벽 4시 30분경 경찰관들이 파출소로 돌아와 소등·숙면하는 것을 확인한 후, 뒷문을 파이프렌치로 헐고 들어가 미리 준비해 간 성냥 두 갑을 그곳에 방기한 다음 취침 중인 경관 2명의 권총 2정과 실탄 10발을 포함해 가죽 벨트에 달린 권총 케이스 2개, 수갑 2개, 경찰봉 1개, 스티커 지갑 2개 등을 절취한다. 그중 미제 권총 1정과 0.38구경(5연발) 실탄 5발을 박 대통령 저격용 총기로 선택하고, 나머지 권총 1정은 자기 집 2층 다다미 마루 밑에 감추고 그 외의 절취품은 나라(奈良) 부근 하천에 내다 버린다.

이보다 앞선 1974년 5월 초순경 문세광은 그의 집에 찾아온 김호룡에게 권총 사격술을 배웠다. 김호룡은 문세광에게 '권총의 방아쇠는 잔잔한 호수에 달이 비치듯 또는 한밤중에 서리가 내리듯 조용히 당겨야 하며, 권총은 표적의 1m 전방까지 접근하여 쏘면 100% 명중한다'고 자세히 가르쳤다.

문세광은 권총을 입수한 후인 7월 21일에 자기 집으로 찾아온 김호룡에게 "모든 준비는 끝났다. 여권도 구했고 권총도 훔쳤다. 이제 한국에 갈 비용만 준비되면 그만이다"라고 한다. 80만 엔을 준비해달라는 것이 문세광의 요구였다. 김호룡은 후일에 전화로 연락하겠다고 하면서 그날은 헤어진다.

1974년 7월 24일 밤 8시경에 김호룡으로부터 만나자는 연락이 온다. 다음 날 저녁 7시경에 문세광의 집 부근 노상에서 만난 두 사람은 황색 봉투에 든 일화 80만 엔을 주고받는다. 문세광은 트랜지스터라디오 신품을 사서 그 속에 권총을 숨기고 8월 6일 KAL기 편으로 서울에 도착해 조선호텔에 여장을 푼다.

검찰 송치 4개월 만에 집행된 사형

　박정희 대통령이 강성 이미지에 냉정한 성격의 인물인 데 반해 육영수 여사는 부드러운 성품에다가 양지회 활동 등을 통해 국민적 인기가 매우 높은 인물이었다. 8월 19일 국민장으로 치러진 육영수 여사의 장례식에는 서울 시민 수백만 명이 나와 고인을 애도했다. 김종필 국무총리가 장의위원장으로서 조사(弔辭)를 낭독했고, 박순천 여사가 여성계를 대표해 조사를 낭독했다. 가톨릭교에서는 김수환 추기경, 개신교에서는 한경직 목사, 불교계에서는 서옹 스님이 각각 축도·기도·독경을 했다. 문자 그대로 범국민적인 애도였다.
　한편 경호실·비서실·내각·공화당·유정회·서울시장·주일대사 등등 수많은 인사가 책임을 지고 사표를 냈지만 거의 반려되었다. 홍성철 내무부 장관, 박종규 경호실장, 양택식 서울특별시장 등의 사표만 수리되었다. 중부 경찰서장 등 실무자 중에는 파면되거나 구속된 사람도 있었다. 당연한 일이었다.
　문세광이 검찰에 송치된 것은 8월 24일이었다. 9월 12일에 기소되어 10월 19일의 1심에서 사형이 선고되었다. 즉각 항소했으나 11월 20일 서울고등법원에서 항소가 기각되었으며 12월 17일 대법원에서도 상고가 기각되어 사형이 확정된 지 3일 후인 12월 20일 새벽에 사형이 집행되었다. 검찰 송치 4개월 만의 집행이었다.
　문세광이 만경봉호에서 김호룡과 고위층 인사로부터 지령을 받았을 때 그들이 강조한 것은 "네가 저격 행위를 하는 것은 도화선일 뿐이다. 너의 저격이 있고 나면 즉시 남한 각지에서 일시에 봉기하여 너의 영웅적 행위가 크게 빛나게 될 것이다. 결코 너 혼자 죽게 되지는 않을 것이니 마음 놓고 결행하라"라는 것이었다. 그는 그 말에 속아 사형이 집행되기 직전까지도 무엇인가를 기다리고 있었다고 한다.

1974년 12월 20일 오전 7시 30분, 동지(冬至) 직전이었으니 아직 바깥 세상은 깜깜한 밤중과 같았고 사방의 벽은 흰색이었다.

"이름은?"

"문세광."

"생년월일은?"

"1951년 12월 26일." 당시 그는 만으로 23세였다.

"나는 바보였습니다. 한국에서 태어났더라면 이런 범죄는 결코 저지르지 않았을 것입니다. 국민들에게도 미안하다는 말을 전해주십시오. 육 여사님과 죽은 여학생의 명복을 저승에 가서도 빌겠습니다. 조총련에 속아서 이런 과오를 범한 나는 정말 바보였으므로 사형을 당해도 당연합니다." 문세광의 최후진술은 일본말이었다. 그리고 그는 조총련을 지칭할 때는 "아이쓰라(あいつら, 그놈들)"라는 표현을 썼다.

문세광 사건은 조국의 분단이 낳은 비극 중의 비극이었다. 이 사건이 있은 후 박 대통령의 사생활은 매우 거칠어진다. 그리고 5년 후인 1979년 10월 26일 박 대통령도 비명에 가버린다.

이 사건이 일어났을 때 조총련은 완전히 발뺌을 했다. "남조선의 주장은 문세광의 조작이며 조총련이나 북조선이 이 사건에 관여한 일은 없다. 우리는 결백하다." 당시만 하더라도 북한 정권과 일본은 관계가 그리 나쁘지 않았다. 일본의 정치계 일각에서는 북한과 친하게 지내야 된다고 강하게 주장하는 일파도 있었다. 이 때문인지 일본 정부는 문세광 사건에 더 이상 관여하지 않으려는 태도를 취했다. 문세광을 도와 일본인 명의의 여권을 제공한 요시이 미키코를 여권법 위반으로 체포했을 뿐이며, 문세광과 가장 가깝게 접촉한 김호룡마저 '증거불충분'이라는 명목으로 불문에 붙인다.

일본 정부가 "조총련에 속았다. 문세광 사건 때 좀 더 적극적으로 개입해서 조사를 해야 했다"라고 후회를 한 것은 사건이 일어난 지 31년이 지난 2005년이 되어서였다. 이해에 한국 정부가 그동안의 외교문서를 공개했고, 그 안에 문세광의 진술조서가 완전한 상태로 보존되어 있었기 때문이다. 그 후 일본 정부는 북한으로부터 많은 것을 잃는다. 현재 일본과 북한 정권 그리고 조총련의 관계는 최악의 상태에 있다. 북한 정권의 실체를 어느 정도는 알게 된 것이다. 만경봉호의 왕래도 중지된 지 오래이며 일본과 북한 사이의 관계는 사실상 단절 상태에 있다고 보는 것이 정확할 것이다. 그러나 일본의 입장에서는 아무리 후회해도 소용이 없는 일이 되고 말았다.

07

서울, 서울, 서울
거대도시의 탄생

156만 8746명, 현대 서울의 시작

　1394년 조선왕조의 수도가 된 이래 오늘날까지 수도의 지위를 굳건히 지키고 있는 서울의 위상은 앞으로도 계속될 것이다. 조선 왕조는 서울을 수도로 정한 후 서울을 둘러싼 성곽을 축조했다. 그리고 원칙적으로는 성곽 안에 거주하는 사람들을 서울 사람으로 간주했다. 그리하여 서울의 주민은 조선시대 초기에는 10만 명, 후기에도 20만 명에서 25만 명 정도밖에 되지 않았다.

　20세기 초 일제가 서울을 조선의 수도에서 한갓 식민도시로 취급하면서 서울을 둘러싼 성곽을 허물기 시작했다. 원칙과 방향이 있었다면 훨씬 체계적이고 모양 좋게 허물었을 텐데, 그들은 아무런 체계도 철학도 없이 그때그때의 필요에 따라 마구 허물어갔다. 성곽이 허물어지면서 결과적으로 서울의 인구수는 늘어났다. 제2차 세계대전에서 패망한 일제가 서울을 떠날 때인 1945년 당시 서울의 인구수는 95만 명 정도였다.

1945년 8·15 광복과 함께 서울의 인구수는 큰 변화를 겪는다. 광복 당시 서울에 살고 있던 일본인은 16만 명, 일본 군인이 3만 4000명이었다. 그들은 광복 직후부터 삼삼오오 떼를 지어 부산과 인천을 거쳐 한반도를 떠났다. 반대로 일제 강점기 일본·만주 등지에 가 있던 동포 약 150만 명이 고국으로 돌아왔고, 38선 이북의 공산주의 체제가 싫어 월남한 동포 약 50만 명도 서울·부산·인천 등 대도시 지역에 정착한다.

1950년 발발한 6·25 전쟁은 한반도 도처에 형언할 수 없는 심각한 피해를 입혔는데 그중에서도 서울의 피해는 더욱 심했다. 사망·학살 등 민간인의 인명 피해가 13만 명에 달했으며, 용산·마포의 두 개 구청이 전소(全燒)된 것을 포함해 수많은 공공시설이 소실·파손되었고 주택 총수의 46.9%가 불에 타거나 파손되었다. 피해 정도는 교외보다 도심이 더해 중구청 관내 전 건물의 78%가 전소 또는 파괴되어 많은 지역이 공지(空地)가 되었다고 한다.*

폐허의 거리에서 일어난 지 2년 후인 1955년의 인구조사 결과 서울의 인구수는 156만 8746명이었다. 이 '156만 8746명'이 서울의 시작이었다. 그 5년 후인 1960년에 244만 명으로 늘었고 1970년에 543만 명이 되었다. 1980년에는 836만 명, 1990년 11월 1일을 기하여 실시한 인구조사 결과 서울의 총인구수는 1061만 2577명으로 집계되었다. 이 '1061만 2577명'이 서울시의 역대 인구조사 중 최대의 인구 규모였다. 그 후에도 5년마다 인구조사를 실시하고 있지만 서울의 인구수는 약간씩 줄어들고 있을 뿐 이때의 인구수를 넘지는 않았다.

1991년 UN 통계연감에 의하면 1990년 현재 지구상에는 인구수 1000

---

* 공보처 통계국, 『6·25사변종합피해조사표』(공보처 통계국, 1953).

표 3 **서울의 연도별 인구증가 추이(1955~1990년)**

연도	총인구수(명)	증가수(명)	증가율(%)	1년 평균 증가수(명)
1955	1,568,746	-	-	-
1960	2,445,402	876,656	55.9	175,331
1966	3,793,280	1,347,878	55.1	224,646
1970	5,433,198	1,639,918	43.2	409,980
1975	6,889,502	1,456,304	26.8	291,261
1980	8,364,379	1,474,877	21.4	294,975
1985	9,645,824	1,281,445	15.3	256,289
1990	10,612,577	966,753	10.0	193,351

자료: 1955~1990년도 센서스 결과.

만 명을 넘는 초거대도시가 모두 4개로 집계되고 있다. 서울, 도쿄, 멕시코시티, 부에노스아이레스가 그곳이었다. 그동안 인구수 1000만 명 이상으로 알려져온 중국의 상하이는 1980년대 말 행정구역이 축소되며 인구수도 대폭 줄어들어 700만 명대에 불과해졌으며, 1986년에 인구 1000만 명을 돌파한 브라질의 상파울로는 그 후 인구의 확산이 일어나 1990년에는 940만 명 정도로 축소되었다.

〈표 3〉은 1955년 이후 1990년까지 서울의 연도별 인구증가 추이를 나타낸 것이다. 이 표에 의하면 서울은 지난 35년간 매년 17만~40만 명에 달하는 인구가 꾸준히 증가해왔다.

왜 수도 서울에 이와 같은 인구집중이 이루어진 것인가? 그 원인은 여러 가지를 들 수 있을 것이다. 우선 종전과 건국의 과정에서 일본이나 만주 등지로부터 많은 인구가 귀국했다. 6·25 전쟁 중 북한에서 월남한 인구도 적지 않았다. 그리고 전국에 걸친 높은 인구증가율, 1960년대 이후의 고도 경제성장, 교통·통신 시설의 발달 역시 중요한 원인들이다. 한국민이 하나의 언어를 사용하는 단일민족국가라는 점도 빠뜨릴 수 없다. 그러나 위에서 든 요인들 중에서 가장 큰 요인은 역시 공업화에 의한 눈

부신 경제성장일 것이다. 1955년 당시의 한국인 1인당 국민소득은 약 60 달러였으며, 당시의 수출액은 겨우 1800만 달러였다. 1990년 말 1인당 국민소득은 5569달러, 수출액은 650억 1570만 달러로 집계되었다.

그런데 위에서 열거한 여러 요인들은 도시화 전반에 관한 것이지 서울의 인구집중에만 국한하는 것들은 아니다. 실제로 같은 기간 내에 부산·대구·인천·광주 등 그 밖의 대도시에서도 인구의 집중이 이루어지고 있다. 그러나 인구집중의 '절대량'과 '총인구 중 점하는 비중'에서 서울의 경우는 단연 두드러진다. 그렇다면 무슨 이유로 서울에만 이런 고도의 인구집중이 이루어진 것일까?

사람들이 서울로 모이는 이유

나는 그 근본 원인을 한국인의 강한 경쟁의식에서 찾고 싶다. "사촌이 땅(田畓)을 사면 배가 아프다"라는 속담도 있듯이 한국인은 예로부터 높은 경쟁의식을 지닌 민족이다. 그러나 광복 후에 사회 전반에 걸쳐 형성된 높은 경쟁의식은 예전의 것과는 비교할 수 없을 정도로 높은 것이었다. 그 원인을 나는 다음과 같이 생각한다.

첫째, 대한민국이 대단한 고밀도 국가라는 점이다. 국토면적 9만 9720km², 인구 5139만 명(2014년 기준)으로 1km²당 인구수가 503명(2012년 기준)인 대한민국은 방글라데시와 타이완에 이어 세계 3위의 인구 고밀도 국가이다. 더욱이 국토의 65%가 임야라서 실제 거주가 가능한 땅의 면적은 3만 5000km² 정도밖에 되지 않는다. 이와 같은 고밀도가 필연적으로 고학력·고경쟁 사회를 낳았다고 할 수 있다. 현재 4년제 대학 이상의 재학생 수는 200만 명을 넘어섰다. 인구 1000명 중 33명, 즉 국민 30명

중 한 명은 4년제 대학 재학생이 존재하는 형국이다. 여기에다 방송통신대학과 146개(2011년 기준)에 달하는 전문대학 재학생까지 합치면 그 비율은 훨씬 높아진다. 국민소득 대비 학력 수준을 다른 나라들과 비교하면 한국은 너끈히 1위 자리를 차지할 것이다. 그리고 이와 같은 고학력은 그 당연한 결과로서 보다 더한 '고경쟁'을 유발하고 있다.

다음 원인으로 들 수 있는 것이 36년간의 일제 지배를 통해 체험한 피지배 민족의 비애, 그리고 1950년부터 1953년까지의 6·25 전쟁을 통해 체험한 '약한 자', '가지지 못한 자'의 고통이다.

끝으로 신분상으로 완전 평등한 한국의 사회구조를 원인으로 들 수 있다. 8·15 광복 이전까지만 해도 위로는 양반에서 아래로는 백정에 이르기까지 엄연한 계급 구분이 있었고, 많은 피차별 부락과 부락민이 있었다. 그러나 1948년 건국 당시 치러진 민주 선거로 이와 같은 차별은 일거에 타파됐고, 6·25 전쟁의 피란 생활은 거주 지역의 재편까지도 강요해 전란이 끝날 무렵에는 한반도 내에 단 한 개의 피차별 부락도, 단 한 사람의 피차별 부락민도 존재하지 않게 되었다. 조상이 천민이었을지라도, 비록 고아원에서 자랐을지라도 능력만 있으면 장학금으로 일류 대학을 나올 수 있고 시험에 합격하면 판·검사, 심지어 장관도 될 수 있는 사회가 한국 사회다. 오늘날의 한국 사회는 아마도 이 지구상에서 민족·피부색·종교·출신성분 등 어떤 차별 요인도 없는 완전 평등 사회의 극히 드문 예에 속하는 나라일 것이다.

경쟁에 이긴다는 것, 그것은 경제적 부와 사회적 지위의 향상을 의미한다. 경쟁에서 이기기 위해 부와 권력이 집중되는 수도 서울에 모여드는 것이다. 이상과 같은 경쟁 원리가 일반 국민의 수도 지향, 서울로의 인구집중의 근본 원인이라고 생각한다.

두 집권자의 시도

 서울의 급격한 인구집중 현상은 1950년대 이후 1980년대 말에 이르기까지 중앙정부가 시정하려고 노력한 가장 큰 과제 중 하나였다. 국가와 사회의 발전을 위해 분산과 집중 중 무엇이 더 효율적이고 바람직한지 논하기에 앞서, 서울에서 불과 40km도 안 되는 전방에서 휴전선을 사이에 두고 북한과 일촉즉발의 무력대치를 하고 있는 상황하에서 수도로 급격한 인구가 집중되는 것은 우선 안보의 측면에서 결코 바람직한 현상이 아니었다.

 1964년 9월 22일의 야간 국무회의에서 이른바 '대도시 인구 집중 방지책'이라는 20개 항목의 안이 의결·발표되었다. 그로부터 10여 년 동안 공업입지·학교입지 등을 억제하는 정부 각 부처의 시책이 연이어 발표되었으며, 그동안의 제안과 시책을 집대성해 1977년 말에 제1무임소장관실에서 '수도권 인구 재배치 계획'을 성안·발표했다. 이를 구체화한 법제가 1977년 12월 31일 자로 발표된 '공업재배치법'과 동 시행령, 1982년 12월 31일 자의 '수도권정비계획법'과 동 시행령이었다.

 이로써 서울에서의 산업입지 억제 및 분산책, 대학 신설 금지 및 정원 증가 억제, 주민세 신설, 개발제한구역 설정 등이 시행되는 한편, 전국적인 인구증가 억제, 울산·구미·여천·창원 등 동남권에서의 대규모 공업단지 개발, 지방 중소도시 개발 지원, 지방대학 육성 등 여러 가지 시책이 강구되었다. 그러나 거주 이전의 자유와 직업 선택의 자유가 헌법상의 기본권인 이상, 자연스러운 인구 유입의 흐름을 억제하는 데는 한계가 있었다.

 인구집중 방지책이 논의되고 시책이 발표되던 초기인 1966년 인구조사 결과에 의하면 서울의 인구수는 379만 3000명이었고, 서울과 경기도를 합친 수도권 인구수는 689만 6000명으로 전국 인구 2916만 명의 각각 13%, 23.6%였다. 그런데 서울 인구집중 억제, 수도권 인구집중 방지라는 악전고투가 계속되면서 25년이 경과한 1990년의 인구조사 결과에 의하면 서울의 인구는 전국 인구의 24.5%로 늘어났다. 수도권(서울, 인천, 경기) 인구 역시 1858만 6000명으로 43%에 달했다.

숫제 서울을 버리거나 서울은 그대로 두고라도 서울과는 무관한 신수도를 만들려는 시도도 두 번이나 있었다. 첫 번째로 시도한 것은 박정희 대통령이었다. 그는 1977년 2월 10일, 서울시를 연두 순시하는 자리에서 행정수도 건설 구상을 공식적으로 발표했다. '임시행정수도 건설을 위한 특별조치법'이라는 법률이 입법된 것은 1977년 7월 23일 자 법률 제3007호였다. 엄청나게 많은 학자, 실무자, 도시계획가가 동원되었다. 처음에는 청와대 내의 중화학공업기획단에서 작업이 추진되었고, 1977년 10월 이후에는 KIST 지역개발연구소에 작업이 인계되었다. 10여 개의 후보지가 선정되었으나 최종적으로는 한 곳으로 중론이 모였고 수려한 설계도도 완성되었다. 1978년 불변가격으로 5조 5421억 원이 든다는 소요자금 계산도 마무리되었다. 그러나 박 대통령은 끝내 그것을 실천에 옮기지 못한 채 1979년 10월 26일 암살됐고, 박정희 정권의 행정수도계획안 역시 역사 속에 묻혔다.

제16대 대통령 선거는 2002년 12월 19일에 있었다. 선거일에서 약 3개월 앞선 9월 30일 당시 민주당의 노무현 대통령 후보는 중앙선거대책위원회 출범식 연설에서 "한계에 부딪힌 수도권 집중 억제와 낙후된 지역경제 문제의 근본적 해결을 위해 충청권에 행정수도를 건설, 청와대와 정부 부처부터 옮겨 가겠다"라고 약속했다.• 노무현 후보는 대통령에

• "노무현 '행정수도·청와대 충청 이전'", ≪한겨레신문≫, 2002년 9월 30일 자.

당선되었고, 이어 2003년 12월 29일 자로 '신행정수도건설특별조치법안'도 가결이 되었다. 그러나 그 법률의 위헌 여부를 가려달라는 헌법소원이 2004년 7월 12일에 제출되어 그해 10월 21일에 위헌 결정이 내려지고 만다. 즉 '서울이 이 나라의 수도라는 것은 경국대전 이후로 600년간의 관습헌법 사항이니 그것을 개정하려면 헌법 제130조가 규정하는 절차를 밟아야 하는데, 그 절차를 밟지 않고 제정된 신행정수도건설특별법은 위헌'이라는 결정이었다.

이 위헌 결정이 있자 크게 당황한 노무현 정권은 부랴부랴 새로운 법률안을 성안해 다른 야당들의 합의까지 이끌어내어 2005년 3월 새 법률을 통과시킨다. 새 법률안의 내용은 청와대와 국회 그리고 정책 부처를 제외한 9부 2처 2청의 행정기관만을 충청권으로 옮긴다는 것이었다. 대통령중심제 국가에서 청와대와 국회를 서울에 존속시키고 전체 행정 부처의 4분의 3만을 충청권에 옮겨 간다는 것은 결국 수도분할이전론과 다름없는 것이었다. 결코 수도이전론은 아니었던 것이다.

충청권에 새로 건설되고 있는 이른바 신수도권에는 2030년까지 인구 50만 명을 수용한다는 최종 목표를 세우고 현재 건설이 완료된 상태다. 하지만 인구 50만 명을 최종 목표로 하고 정작 청와대와 국회는 가지 않는 신수도라는 것은 허울만 신수도이지 결코 신수도일 수가 없다. 박정희 정권과 노무현 정권의 신수도 계획을 통해, 신수도란 결코 집권자의 개인적인 바람만으로는 이루어지지 않는 것임을 실감할 뿐이다.

1955년부터 1990년까지 35년에 걸쳐 수도 서울의 인구수는 1061만 명까지 늘었다. 이 숫자는 1990년 기준으로 강원(158만)·충북(139만)·충남(139만)·전북(251만)·제주(51만) 등 5개 도의 인구수 합계보다도 300만 명 이상이 많은 숫자다. 국가 단위로 보더라도 1990년 기준 이스라엘(403만 8000명) 인구에다가 노르웨이(409만 1000명) 인구를 합한 숫자에 또 200만

공사가 한창 진행 중인 영동 구획정리지구.
자료: 『서울 도시계획 이야기 제3권』 141쪽에서 재인용.

'1일 생활권 시대', '자동차 시대'의 개막을 알린 경부고속도로 개통 직후의 모습.
자료: 『서울 도시계획 이야기 제3권』 83쪽에서 재인용.

이상을 더해야 하는 놀라운 숫자인 것이다. 이렇게 인구집중이 이루어진 35년간, 서울은 여러 가지 심각한 도시문제에 직면했으며 그것은 20여 년이 지난 현재까지도 계속되고 있다. 특히 제2·3차 경제개발 5개년 계획이 추진되던 1967년부터 1976년의 10년간이 가장 괴로운 시기였다. 연평균 15% 안팎의 고도 경제성장을 이룩했지만, 한편에서는 서울로의 인구집중으로 인한 도시문제 역시 심각했던 것이다.

여의도 면적의 37배에 달하는 땅이 새로 생겨나다

지금까지 1990년까지의 서울의 인구집중 현상을 중점적으로 살펴봤다. 인구조사 결과 서울의 인구 규모는 1990년이 가장 많았고 그 이후는 약간씩 감소 경향을 보이고 있기 때문이다. 1990년 이후에도 한국의 경제성장은 꾸준히 계속되어 2010년 기준 국내총생산(GDP)은 2만 달러를 넘어섰으며 1년간 총수출액은 4642억 8700만 달러, 총수입액은 4223억 8300만 달러로서 세계 10위권 안팎을 유지하고 있다. 하지만 외부의 영광에 가려진 내부의 문제는 여전히 현재진행중이다.

여기에서는 1960년부터 2010년까지 지난 반세기에 걸친 서울시의 수많은 노력 중 세 가지를 추려서 그 발자취를 살펴보자.

첫째는 택지조성 사업이다. 1962년 말까지 오늘날의 서초구 일대는 경기도 시흥군 신동면이었고, 강남구 일대는 광주군 언주면으로서 문자 그대로 황량한 들판이었다. 이 지역의 개발을 촉진하고 구체화한 근본적인 계기는 1966년 1월에 착공, 1969년 2월 25일에 준공된 제3한강교(현 한남대교)의 건설과 1968년 2월 1일에 착공, 1970년 7월 7일에 개통된 경부고속도로의 건설이었다. 1968년 2월 1일에 계획·인가된 영동 제1지구와 1971년 8월 24일에 계획·인가된 영동 제2지구 구획정리 공사는 양 지구 합계 2800만m²를 넘는, 세계 구획정리의 역사상 그 유례가 없는 광역이었고 호악(好惡)의 평가를 떠나서 대한민국 지역개발의 상징으로 길이 남게 될 대역사였다.

남서쪽으로 흐르던 한강의 물줄기가 오랜 세월에 걸쳐 홍수 때마다 약간씩 북서쪽으로 흐르면서 잠실섬이 생겨났다. 이 잠실섬의 남쪽 흐름을 막아 육속화(陸續化)하는 공사가 1970년 4월에 착수되었다. 330만m²가 넘는 공유수면 매립공사를 주축으로 그 주변 일대 1100만m²가 넘는 광역을 대상으로 대대적인 구획정리 사업이 동시에 추진되었다.

이 잠실 구획정리 사업에서는 ① 도시설계 수법에 의한 근린주구(近隣住區, Neighborhood Unit) 계획이 도입되었다는 점, ② 공유수면 매립계획의 서쪽 끝 약 43만m²를 집단공원 용지로 지정해 이를 종합경기장 부지로 할애한 점(88올림픽 주경기장은 이렇게 마련되었다), ③ 남쪽으로 향하던 물의 흐름을 막을 때 그 일부를 열어두어 호수를 조성했다는 점 등 지난날의 구획정리 사업에서는 상상도 하지 못했던 대담한 실험이 시도되었다.

소수의 주민이 채소를 가꾸며 살았고 일제 때부터 비행장으로도 사용되었던, 한강 흐름의 한복판에 넓게 퍼진 모래땅인 여의도에 제방공사가 시작된 것은 1967년 12월 27일이었고, 연인원 40만 명이 동원된 이 거대한 공사가 끝난 것은 다음 해인 1968년 6월 1일이었다. 착공에서 준공까지 5개월 남짓 걸린 제방공사로 개발된 동서의 길이 3km, 남북의 길이 1.4km, 약 300만m²의 땅에 지금은 국회의사당, 방송국, 10층 이상부터 63층까지의 수많은 대형건물 등이 들어서 한국의 맨해튼으로 변모했다.

1960년대 후반기에서 1970년대 전반기에 걸쳐 한강 양안의 제방이 신설되거나 폭이 넓어지면서 자동차 전용도로가 되었으며, 그 과정에서 강변 여러 지역이 매립되어 택지로 전환했다. 동부이촌동이 한국수자원공

지금은 한남대교가 들어서 있는 1920년대의 경원선 철길 부근.
자료: 『서울 도시계획 이야기 제1권』 293쪽에서 재인용.

사에 의해 매립되어 한강아파트지구가 되었고, 남안의 압구정지구는 현대건설이 매립해 현대아파트지구가 되었다. 경인개발주식회사가 반포지구를 매립한 자리에 대한주택공사가 대단위 아파트지구를 조성한 것은 1970년대 전반기였고, 같은 시기 잠실 건너편의 구의지구는 한국수자원공사에 의해 매립되었다.

1961년에서 1980년까지의 20년간 서울시가 구획정리를 실시한 지구는 영동·잠실을 비롯해 27개 지구 9750만m^2의 광역에 걸쳤으며, 여기에 민간조합이 실시한 3개 지구 591만m^2, 대한주택공사가 실시한 3개 지구 301만m^2를 합하면 모두 22개 지구 1억 640만m^2에 달한다. 여의도 면적의 약 37배에 달하는 면적이 구획정리에 의해 신규택지로 조성된 것이다. 이것은 세계 도시개발 역사상 그 유례가 없을 뿐만 아니라 아마 미래에도 일어날 수 없는 특기할 만한 사례라고 생각한다.

1960~1970년대의 택지조성 사업이 대규모 구획정리를 중심으로 이뤄진 것에 반해 1980년대에 들어서는 1980년 12월 31일 자 법률 제3315호

'택지개발촉진법'에 의한 택지조성이 주축을 이루고 있다. 강남구 개포지구 804만m²는 대한주택공사, 한국토지개발공사, 서울시가 차례로 개발했다. 강동구 고덕지구 297만 5000m²는 한국토지개발공사가, 노원구 상계지구 371만 5000m²는 대한주택공사가, 동 중계지구 158만 7000m²는 한국토지개발공사가 각각 개발했고, 양천구 목동 430만m²는 서울시가 개발했다. 그러나 한 정권에 의해 저질러진 이 '택지개발촉진법'이라는 악법(惡法)은 그동안 많은 계획가들이 끝까지 지켜보려고 애썼던 서울 주변의 그린 존(Green Zone)을 남김없이 유린·파괴했고, 개포·고덕·노원·목동의 녹지 2061만 7000m²가 고층·단조·회색의 거리로 변해 서울은 한층 더 삭막한 도시가 되었다.

급수율 99.99%에 이르기까지

택지조성 사업 다음으로 서울시가 노력했던 것이 물 문제다. 1967~1971년경의 신문을 보면 시간별 급수, 격일 급수, '물을 달라'는 주부들의 데모 등 물 부족에 관한 기사가 매일같이 보도되고 있었다. 수원 부족이 주요 원인이었으나 배수관 노후에 의한 누수도 골칫거리였다. 도심부의 배수관은 대다수가 40~50년 전의 것이었으며 누수율이 40% 이상으로 조사되었다. 여기에다 신개발지의 신규 급수 수요가 문제를 더 심각하게 만들었으니 1966년부터 1975년까지의 10년 동안은 그야말로 급수 전쟁의 시기였다고 표현할 수 있을 것 같다.

수원 부족 문제는 한강 상류의 35km 지점에 팔당댐을 만들어 하루 260만 톤의 취수장을 병설함으로써 해결되었다. 8년간에 걸친 이 댐 공사가 완공된 것은 1974년 5월이었고, 시내의 배수관은 거의가 덕타일

(Ductile) 주철관으로 대체되었다. 『서울특별시통계연보』(2010년분)에 따르면, 2010년 서울의 급수율은 99.99%, 하루 급수량은 335만 1514톤, 1인당 급수량은 324리터에 달했다.

끝으로 교통문제다. 지난날 시내 교통정체의 원인은 주로 시내버스 때문이라고 지적되었다. 그러나 지금은 전 교통인구의 30% 정도밖에 담당하지 못하고 있는 승용차가 교통정체의 주역이며, 이와 같은 경향은 당분간은 계속될 것으로 전망된다. 서울과 같은 초고밀도 도시에서 승용차를 이용한 출·퇴근은 비효율적이며, 승용차 위주의 교통정책이 부적합하다는 사실을 시민과 교통 당무자 양자가 뼈저리게 느끼고, 그에 대응하는 적절한 시책이 강구되기까지는 앞으로도 상당한 시간이 소요될 것으로 보인다.

1970년대에 들어서면서 늘어나는 교통수요를 처리하기 위해 지하철 건설이 추진되었고, 1970년 6월 8일 지하철건설본부가 발족되었다. 1호선은 1971년 4월 12일 착공되어 1974년 8월 15일 청량리역과 서울역을 잇는 9개역 7.8km 구간이 개통되었다. 1호선 개통과 더불어 청량리역과 성북역, 서울역과 인천·수원을 잇는 철도가 복선화·전철화되어 서로 직결됨으로써 지하철이 수도권의 대중교통 수단으로 시민의 발 역할을 하게 되었다.

그로부터 2·3·4·5·6·7·8·9호선이 순차적으로 굴착, 개발되었다. 1~4호선은 서울메트로가 운영하고 있으며 5~8호선은 서울특별시 도시철도공사가 운영하고 있다. 2001년 12월에 착공된 9호선은 2015년 현재 1~2단계 구간이 개통되어 서울메트로에서 운영 중이다. 한편 서울지하철과 연계되는 수도권 전철 구간도 경부선·중앙선·경원선·장항선·경인선·공항철도 등을 합쳐 100km에 가까운 길이의 노선이 운행되고 있으며 계속 연장되고 있다. 계속되는 노면 혼잡 등에 따라 수도권 전철을 포함한 지하철의 수송분담률은 하루가 다르게 상승일로에 있으며(2008년 기준 35%) 앞으로도 이 추세는 계속될 것으로 보인다.

서울의 광역화

'서울의 대전국 비율'은 정확히 발표되지 않고 있다. 아마 정확한 측정이 곤란하기 때문일 것이다. 전국 면적의 0.6%, 인구의 24%, 국내총생산(GDP)의 3분의 1 이상, 금융기관 여·수신고의 각각 3분의 2, 종합소득세(신고분)의 40%, 법인세의 70%, 의사 수의 42%, 자동차 등록대수의 17%, 외국인 투자기업의 60% 등이 대체로 파악할 수 있는 서울의 대전국 비율이다.

『서울특별시통계연보』(2010년분)와 『동아연감』(2009)에 의한 서울의 주요 시설 절대량은 다음과 같다. 신·구 교회 5500개, 사찰 1200개, 다방·휴게실 1만 2300개, 일반음식점 11만 3000개, 단란주점·유흥주점 6200개, 호텔 등 숙박업소 3730개, 이·미용업소 2만 200개 등. 일극(一極) 집중이 얼마나 심각한지를 알려주는 숫자들이라고 할 수 있다.

거대도시 서울의 특징은 대단한 고밀도 도시라는 점이다. 〈표 4〉는 최근의 인터넷 통계와 『동아연감』(2009)에 소개된 세계의 대도시 인구 등을 참고해 최근의 세계 대도시 인구밀도를 비교해본 것이다. 출처가 불명확한 인터넷 통계 등에 의존했기 때문에 정확성은 떨어지지만 대체적인 경향은 알 수 있을 것이다.

〈표 4〉에 의하면 서울의 인구밀도는 인도의 뭄바이보다는 훨씬 낮고 중국의 상하이보다도 낮은 것으로 나타나 있다. 그러나 인도의 뭄바이, 중국의 상하이, 일본의 도쿄(구부)처럼 시역 내에 높은 산이 없어 전 시역

표 4 **세계 대도시 인구밀도 비교**

도시명	인구(천 명)	면적(km²)	밀도(인/km²)
뭄바이	20,072	468	42,890
상하이	15,789	749	21,080
서울	10,039	605	16,600
자카르타	9,703	663	14,640
테헤란	8,221	567	14,500
도쿄(구부)	8,893	618	14,390
상파울로	20,262	1,509	13,430
멕시코시티	19,485	1,483	13,140
델리	17,015	1,483	11,480
모스크바	10,550	1,059	9,970
뉴욕	9,425	1,214	7,770
런던	8,607	1,579	5,430
부산	3,600	767	4,700
방콕	6,918	1,565	4,420
카이로	17,028	5,360	3,180
베이징	11,741	4,568	2,570

자료: 동아일보사편집부, 『동아연감』(동아일보사, 2009); 각종 인터넷 통계.

의 개발이 가능한 경우와 달리 서울은 시역 총면적의 35% 이상이 산 또는 강으로서 개발이 불가능한 처지에 있다. 이 개발 불가능한 35%를 제외한 나머지 면적(393.25km²)만으로 인구밀도를 계산한다면, 여전히 뭄바이에는 미치지 못하나 상하이를 포함해 세계의 모든 대도시보다 훨씬 인구밀도가 높다. 이런 형편이니 전 시역에 고층건물이 들어설 수밖에 없다. 실제로 현재 서울 시내에서 건축이 허가되는 신규 건물은 주거용··상업용 할 것 없이 거의가 고층건물이며, 이런 경향은 앞으로도 상당히 오랫동안 계속될 것으로 전망된다.

1990년 11월 1일을 기해 서울의 인구수가 1061만 명을 넘었을 때, 많은 학자가 '서울의 인구수가 이런 추세로 늘어나면 얼마 안 가서 1400만명 또는 1500만 명을 돌파할 것'이라고 예측한 바 있다. 그러나 그 당시에도 나만은 서울의 인구 집중은 거의 상한에 가깝다고 보아 비교적 낙관적인 예측을 했다. 토지의 수용 가능성이 한계에 도달하고 있다는 점과 더 좋은 주거환경에서 살고자 하는 한국인의 성향 때문에 더 이상의 과밀거주가 일어나지 않을 것으로 전망했기 때문이다. 그 대신 서울 주변으로의 대규모 확산 현상이 일어날 것으로 보았다.

1990년까지의 한반도 도시화는 서울로의 인구 집중 일변도였다. 그러나 1988년 서울 올림픽 경기대회를 계기로 서울 일변도의 도시화가 서울 주변으로 확산되기 시작했다. 1980년대 후반에 들어가면서 서울 주변의 도시화가 급속히 진행된 것이다. 이 시기에 광명(1981)·동두천(1981)·송탄(1981)·구리(1986)·평택(1986)·안산(1986)·과천(1986)·시흥(1989)·군포(1989)·의왕(1989)·하남(1989)·미금(1989)·오산(1989)·고양(1992)·남양주(1995)·이천(1996)·파주(1996)·용인(1996)·김포(1996) 등의 읍과 군이 시로 승격했다. 이와 함께 수원·부천·고양·성남·안산 등의 기존 도시들은 인구 50만 명을 넘어 '100만 도시'가 되었다.

서울의 광역화 현상은 고속철도망의 확산, 자가용의 보편화 등 통근권이 확대되는 과정에서 촉진되었으며, 서울의 극심한 주택난을 해결하기 위한 방안으로 신도시 건설이 이를 가속화했다. 종래의 수도권이란 서울을 중심으로 반경 70km 이내의 경기도 19개 군을 포함하는 것이었다. 즉, 경기도 관내에서도 수도권에 포함되지 않은 범위가 있었던 것이다. 그러나 2011년 8월 20일 일부 개정된 '수도권정비계획법시행령' 제2조에서는 수도권에 포함되는 서울특별시 주변 지역이란 '인천광역시와 경기도'를 말한다고 되어 있다.

수도권의 범위는 1만 1819km이며, 약 2500만 명이 거주하고 있는 것으로 파악된다. 이는 전국 인구의 52%에 해당하는 엄청난 숫자이다. 경제적·문화적으로는 능히 80~90%를 점하고 있다고 봐도 무방할 것이다.

수도권이 대한민국 그 자체라고 해도 지나친 표현이 아닐 정도가 되어가고 있다. 아마 이와 같은 경향은 충청권에 제2의 서울이 조성되어도 결코 변하지 않을 것이다.

인구수가 점점 더 늘어갈 때, 당시의 서울 시민에게 물어보면 행복하다는 사람보다 불행하다고 느끼는 사람이 더 많았다고 한다. 그러나 지금의 서울 시민에게는 그렇게 물어볼 필요도 없다. 서울의 공기는 하루가 다르게 맑아지고 한강물 역시 하루가 다르게 깨끗해지고 있다. 서울의 환경이 이렇게 변하고 있음을 시민들 스스로가 느끼게 되고 있다. 서울의 인구수도 조금씩 줄어들고 있다. 그만큼 여유가 생기고 있다는 증거인 것이다.

서울이 겪어온 지난 세월을 돌이켜보면 실로 엄청난 역사였음을 실감한다. 결코 넓은 면적의 국토를 지닌 것이 아니었다. 많은 인구수를 가진 것도 아니었다. 풍부한 자원을 가진 것은 더욱더 아니었다. 가진 것이 있다면 오직 한 가지, 끈질긴 강인함뿐이었다.

지금 초등학교 5학년 이상의 대한민국 국민 중 80% 이상이 휴대전화를 갖고 있다. 전국 전체 산업체의 반수 가까이가 벤처기업이다. 엄청나게 빠른 소자화·고령화 사회를 맞이하고 있다. 그럼에도 불구하고 많은 국민이 20년 후, 30년 후의 앞날을 낙관하고 있다. 모두 그저 열심히 또 열심히 살려고 노력하고 있다. 서울은 그 한가운데 우뚝 서 있다.

08

가족계획 사업 이야기
여보, 우리도 하나만 낳읍시다

한반도 최초의 인구조사

근대적인 형태의 인구총조사, 즉 인구센서스(Census)는 1790년에 미국에서 처음 실시되었다고 한다. 이어서 1801년에는 영국·프랑스·덴마크·노르웨이에서, 1855년부터 1864년까지 10년 동안에는 무려 42개 국가에서 실시되었다고 한다. 일본에서 '국세조사에 관한 법률'이 제정·공포된 것은 1902년 12월 1일 자 법률 제49호에서였다. 일본은 3년 후인 1905년 처음 국세조사를 실시할 예정이었으나 러일전쟁으로 실행에 옮기지 못했고, 법률 공포 후 18년이 경과한 1920년에 처음으로 인구조사를 실시했다. 그리고 1918년 9월 25일 자 칙령 제358호 '국세조사시행령' 제1조에는 "제1회 국세조사는 1920년 10월 1일 오전 10시를 기하여 이를 행한다"라고 규정했으며, 이어 제2조에는 "제1회 국세조사는 전조의 시기에 제국 판도 내에 현재하는 자에 대해 아래의 사항을 조사한다"라고 규정하고 있다. 즉, 1920년 10월 1일에 일제히 실시하는 국세조사에서는 비단 일본 본토뿐만이 아니라 한반도·타이완·사할린 등 당시의 일본 식민지 일원에 걸쳐 동시에 실시한다는 것을 천명한 것이었다. 조선총독부의 실무자들이 조사를 위한 사전 준비에 만전을 기했음은 당연한 일이었다.

1919년 일어난 3·1 운동은 일본 정부로서는 전혀 예상치 못한 돌발 사건이었다. 제3대 조선총독 사이토 마코토(齋藤實)가 문화정치를 표방하며 부임해온 것은 1919년 9월 2일이었다. 사이토가 부임해온 당시만 하더라도 일부 지방에서는 아직도 만세 운동이 계속되고 있었고, 많은 중학교와 전문학교에서는 독립을 요구하는 동맹 휴학을 벌이고 있었다. 이 같은 상태에서 수만 명에 달하는 국세조사 조사원과 조사정리원을 모집한다는 것은 사실상 불가능에 가까운 일이었다. 일제는 숙의 끝에 제1회 국세조사를 조선에서는 실시하지 않기로 결정했다. "제1회 국세조사를 조선에서는 시행치 않음"이라는 폐지 법률이 공포된 것은 1920년 8월 4일 자 법률 제85조에서였다.

이리하여 한반도 내에서의 인구센서스는 5년 뒤인 1925년 10월에 실시됐다. 이것이 바로 한국 최초의 인구센서스였다. 이후 인구센서스는 5년마다 실시되었으니 1930년, 1935년, 1940년에 실시되었고 그때마다 응분의 결과 보고서를 발간하고 있다. 1925년의 조선 내 인구수는 조선인, 일본인, 기타 외국인을 합해 1952만 2945명이었다. 일제 강점기의 인구정책은 다산(多産) 위주였고, 그것은 군국주의를 표방한 일본 정부의 일관된 정책이었다. 1940년 인구센서스 결과로 밝혀진 조선의 총인구수는 조선인, 일본인, 기타 외국인을 합해 2432만 6327명이었다. 인구증가율은 1926~1930년 7.9%, 1931~1935년 8.74%, 1936~1940년 7.32%였다.

1944년 5월 1일, 조선총독부는 지금 시점에서 보더라도 대대적인 인구조사를 실시했다. 같은 해 2월 19일 자 총독부령 제56호로 '소화 19년 인구조사 규칙'이란 것을 발표해 이 규칙에 따라 실시한 것이었다. 이 규칙의 근거 법령이 된 것은 1929년에 제정·공포된 '자원조사법'이었다. 즉, 국가가 대공황기 또는 전시에 처할 경우 '동원될 수 있는 자원'이 얼마나 있는지를 수시로 조사해둘 필요가 있다는 취지의 입법 조치였다. 결국 조선총독부는 태평양전쟁 수행이라는 '시국의 진전에 따라' 징병·징용·노무자·정신대 요원이 될 인적 자원이 얼마나 어떤 존재로 거주하고 있는가를 파악하기 위해 대대적인 인구조사를 실시했고, 그 결과를 묶어 「소화 19년 5월 1일 인구조사 결과 보고」라는 이름으로 인쇄해 관계 기관에 배부했다. 1944년 9월 10일 발행한 비매품이었고 각 책마다 '극비'라는 붉은 도장이 찍혀 있었다.

이 1944년 인구조사 결과로 밝혀진 바에 의하면 한반도 내에서는 1년 평균 44만 6604명의 인구가 증가했고 증가율은 인구 1000명당 18.37명이라는 것이었다. 이 증가율은 1940년 이전 10년간의 증가율인 15.59명에 비해 연평균 2.78명이 더 증가한 것이었다. 그중에서도 조선인의 증가율은 18.8명으로 대단히 높았다. 여하튼 이 1944년 인구조사를 끝으로 일제의 지배는 종말을 고하고 1945년 8월 15일에 광복을 맞이했다. 나는 일제 35년간의 한국인 인구현상을 다룬바, 다산소사형(多産少死型)으로 인구는 꾸준한 증가 현상을 나타냈다고 결론지었다.

5년 만에 349만 명이 증가하다

대한민국 정부가 수립된 것은 1948년 8월 15일이었다. 해방을 맞이한 조국이 처리해야 할 일은 너무나 많았다. 그중에서도 가장 시급한 것은 각종 통계 자료의 정비였으며, 우선은 인구조사 자료를 정비해야 했다.

정부는 1949년 1월 27일 자 법률 제18호로 '인구조사법'을 공포하고 1949년 안에 제1회 총인구조사를 시행할 것을 규정했다. 그렇게 실시된 것이 1949년 5월 1일 자 인구조사였고, 그 결과로 아래와 같은 사실을 알 수 있었으니 바로 민족 대이동의 실태였다.

8·15 광복 당시 한반도 내에는 70만 명이 넘는 일본인이 거주하고 있었다. 광복이 되자 그들이 모두 이 땅을 떠났고, 그중 34만 7000명의 일본 군인도 한반도를 떠났다. 이북 5도를 뺀 남한의 일본인 수는 46만 6000여 명이었으며 일본 군인의 수는 24만여 명이었다. 38도선 이남에서 약 47만 명의 일본인이 떠나간 대신 일본과 만주·중국에 가서 살던 약 120만 명의 동포가 환국해 서울·부산·대구 등 대도시에 정착했다. 여기에 약 48만 명이 넘는 북한 주민이 월남했는데 그들의 정착지 또한 주로 서울·인천 등의 대도시 지역이었다. 한편 광복의 흥분에 들뜬 많은 지방민들이 권력과 부와 자유를 찾아 도시로 모여들었다. 좌우익 투쟁과 공산 게릴라 등의 사회적 불안이 농촌 주민들의 도시행을 부채질했다.

1940년대 후반은 실로 민족 대이동의 연대였다. 위에서 설명한 내용 모두가 1949년 5월 1일의 인구조사 결과로 밝혀진 것이었다. 당시 전국 인구수는 2018만 9000명이었고, 서울시를 비롯한 부(府)가 14개, 읍(邑)이 73개였다. 14개 부, 73개 읍은 당시의 도시 지역이었고 이들 도시 인구 합계가 538만 8000명으로, 전국 인구 중 도시에 거주하는 인구의 비율은 26.7%였다.

6·25 전쟁이 발발한 것은 1950년 6월 25일이었다. 아마도 6·25 전쟁이 일어나지 않았다면 1950년에도 인구조사를 실시했을 것이고 그것이 대한민국 제1회 국세조사가 되었을 것이다. 3년에 걸친 전화(戰禍)가 멎은 것은 1953년 7월 27일로, 판문점에서 휴전협정이 조인되었다. 6·25 전쟁은 남과 북 모두에게 엄청난 변화를 초래한 대사건이었다. 우선 100

1·4 후퇴 후 남쪽으로 향하는 피란민의 행렬.
자료: 『서울 도시계획 이야기 제1권』 71쪽에서 재인용.

만 명이 훨씬 넘는 인명의 손실, 자의 또는 강제에 의한 남북 상호 간의 인구이동이 있었다. 그러나 전쟁기였으므로 인구의 자연증가는 극히 완만해 증가율이 1.5%를 넘지 않았다.

6·25 전쟁 후 처음 실시한 1955년의 인구조사는 매우 신경 쓰이는 작업이었을 것이다. 이때는 통계국도 내무부 소관이었다. 보고서가 발간되었을 때의 장관은 3·15 부정선거로 악명이 높은 최인규였다. 최인규의 이름으로 된 보고서의 서문에 의하면 이 조사에 약 94만 명이 종사했고 결과를 집계하기 위해 3년 10개월이 소요되었다고 하니, 당시로서는 엄청나게 큰 작업이었음을 알 수 있다. 그러나 그 보고서는 200쪽도 안 되는 얄팍한 한 권의 책자가 전부였고, 부산·대구·대전·광주·전주와 같은 도청 소재지 인구수도 전혀 소개되어 있지 않았다. 이용자 입장에서는 실로 한심한 보고서일 수밖에 없었다.

1955년 보고서가 이렇게 한심했던 것에 비해 불과 5년 뒤에 실시한 1960년 인구조사 결과 보고서는 똑같은 보고서인가를 의심할 정도로 훌륭

했다. 우선 총 3권의 속보(速報)가 발간·공포되었고, 이어서 '전국 편과 '각도 편'으로 나누어 모두 22권에 달하는 방대한 집계결과표가 발간되었다.

인구조사와 보고서 발간 사이에 5·16 군사 쿠데타가 일어났고, 박정희 군사 정부하에서 경제기획원이라는 정부기구가 새로 발족했다. 1960년 결과 보고서는 이 기구 내의 통계청에서 발간·배포되었다. 1955년과 1960년 각각의 결과 보고서에서 발견되는 엄청난 차이는 1955년과 1960년 당시의 통계조사에 관한 인식의 차이, 국력의 차이 등 여러 요인에 의한 것이라고 볼 수 있다.

그런데 문제는 보고서의 우열에 있는 것이 아니라 두 보고서의 내용이었다. 1955년의 인구조사와 1960년의 인구조사는 전쟁 같은 것이 전혀 없는, 사회적 안정기의 '봉쇄인구적 상태'에서 치른 매우 귀중한 조사였다. 그러므로 두 결과 보고서의 비교는 중요한 사실을 알려줄 수 있는 것이었다.

1955년 인구조사로 밝혀진 전국의 인구수는 2150만 2386명이었다. 1960년 전국 인구수는 2498만 9241명이었다. 1955년과 1960년 사이에 약 349만 명의 인구가 증가한 것이다. 연평균 2.9%라는 놀라운 성장률이었다. 그동안은 전쟁으로 부부가 별거를 하기도 했고 결혼을 연기하기도 했다. 물론 전쟁으로 많은 남성이 사망하기도 했지만, 그렇다고 출산력 자체에 큰 영향을 받지는 않았다.

오히려 전쟁 기간 동안 보급된 항생제가 전후 대량으로 퍼짐에 따라 사망률은 급속히 저하되고 있었다. TV가 있던 시대도 아니었다. 저녁을 먹으면 별로 할 일이 없었다. 열심히 열심히 아기를 만들었다. 이른바 '베이비 붐(baby boom)'이 시작된 것이다.

피임만이 살 길이다

이 시기 해외에서는 국제가족계획연맹(International Planned Parenthood Federation: IPPF)이라는 것이 조직되어 활발히 움직이고 있었다. 가족계획을 인구조절과 모자(母子) 건강 및 가족의 생활수준 향상이라는 측면에서 연구하는 단체이다. 1952년에 인도의 뭄바이에서 인도·독일·네덜란드·홍콩·싱가포르·스웨덴·영국·미국 등 8개 나라의 민간 대표들이 설립한 것으로, 본부는 영국 런던에 있고 이미 100여 개의 국가가 가입하고 있었다. 한국 정부도 즉각 가입했다. 1961년의 일이었다.

당시 한국은 제1차 경제개발 5개년 계획을 수립하고 추진하려는 중이었다. 경제개발과 더불어 가족계획사업 10개년 계획을 수립했다. 그 당시에 집계된 인구 자연증가율 2.9%를 제1차 경제개발 5개년 계획이 끝나는 1966년 말까지 2.5%로, 제2차 계획이 끝나는 1971년까지 2%로 내리겠다는 목표였다. 전국에 가족계획상담소를 설치하고 각 읍·면에 1명 이상의 가족계획요원을 배치하는 등 가족계획에 대한 지도와 계몽, 봉사를 실시하기 시작했다.

구체적으로는 피임약의 국내 생산을 추진하는 가운데 수입 금지 조치를 완전히 폐지하기로 결정했다. 또 1971년까지 20~44세 여성의 피임실천율을 45%로 올리고, 그중 31.5%는 정부 사업으로 나머지 13.5%는 개인 부담으로 달성한다는 것이 계획의 요지였다. 정부는 1962~1971년 기간 중 자궁내피임장치(IUD) 100만 건, 불임수술(정관) 15만 건, 그리고 콘돔 등 피임 약제·기구를 사용하는 월평균 15만 명에 대한 피임 도구 보급 사업을 전개했다.

마침 연세대학교 의과대학 예방의학교실 연구진이 경기도 고양군을 대상으로 하는 농촌형 시범연구사업을 1961년 9월에 착수했고, 서울대학교 보건대학원 연구진은 서울특별시 성동구 지역을 대상으로 하는 도시형 가족계획 시범연구사업을 1964년 7월에 착수했다. 각각 미국 인구협회(Population Council)로부터의 재정 및 차량 지원을 받는 사업이었다.

가족계획 사업을 성공적으로 이끈 것은 피임 방법이었다. 1960년대 초부터 미국 인구협회의 지원으로 서울대 의대, 연세대 의대 연구진에 의해 IUD 시술에 대한 임상연구가 진행되었다. 이때부터 IUD 시술이 정부 가족계획 사업의 공인된 피임 방법으로 채택되었다. 1965년에는 전국적으로 22만 5000명, 1966년에는 32만 5000명이 시술을 받음으로써 IUD 시술은 정부 가족계획 사업에서 가장 큰 비중을 차지하는 피임 방법이 되었다.

한국이 가족계획 사업을 대대적으로 시작한 초기인 1960년대 전반기에 내걸었던 구호는 '많이 낳아 고생 말고 적게 낳아 잘 기르자', '덮어놓고 낳다보면 거지꼴을 못 면한다', '적게 낳아 잘 기르면 부모 좋고 자식 좋다' 등이었다. 1966년경부터는 '3·3·35'가 유행했다. '3살 터울로, 3명의 자녀만, 35세 이전에 낳자'는 것으로, 구체적으로 자녀의 수를 제한하는 내용이었다.

여보, 우리도 하나만 낳읍시다: 1960~1970년대의 인구정책

한민족은 한번 하겠다면 반드시 해내는 민족이다. 가족계획 사업은 그중에서도 획기적인, 그 성과를 국제사회 모두가 인정하는 사업이었다. 성공에는 다 이유가 있었다. 첫째, 때마침 시작된 여성운동의 영향으로 온 나라 안의 여성들이 너 나 할 것 없이 가족계획 사업에 호응했다. 둘째, 장기영(1964년 5월~1967년 10월), 박충훈(1967년 10월~1969년 6월), 김학렬

(1969년 6월~1972년 1월), 태완선(1972년 1월~1974년 9월)으로 이어진 역대 경제기획원 장관 겸 부총리의 적극적인 지원이 있었다.

가족계획 사업의 주무 부서는 보건사회부였다. 그러나 보건사회부는 당시로서는 타 부처에 대한 영향력이 그렇게 대단하지가 않았다. 그에 비해 경제기획원은 경제 정책을 총괄하는 부처이면서 동시에 장관이 부총리인 특수한 지위에 있는 조직이었다. 각 부처의 예산심의권도 총괄하는 기관인지라 그 위세가 여타 부서를 압도하고 있었다. 경제기획원 입장에서 인구정책은 경제성장과 직결하는 문제였다. 아무리 경제를 성장시켜도 인구성장이 그보다 앞서면 경제성장 자체가 수포로 돌아가기 때문이다. 따라서 역대 경제기획원 장관들은 가족계획 추진의 열렬한 동조자였던 것이다.

1960년대 전개되었던 10년 동안의 가족계획 사업의 성과는 대단한 것이었다. 우선 20~44세 유배우 부인의 피임실천율이 1971년에 이르러 25% 수준으로 증가했고, 합계출산율도 1960년 6명이었던 것이 1970년 4.5명으로 감소했다. 정부가 목표로 했던 1971년도 인구증가율 2%도 계획대로 달성됨에 따라 보건사회부는 경제기획원과 공동으로 제3차 5개년 계획 기간(1972~1976년)에는 인구증가율을 1.8%대로, 그리고 제4차 5개년 계획 기간(1977~1981년)의 목표 연도인 1981년까지는 1.5%로 낮춘다는 목표를 수립했다.

그러나 종래와 같은 가족계획 사업은 이미 한계점에 달해 있었다. 따라서 앞으로의 방향은 한국인의 전통적인 의식구조인 남아선호사상의 완화를 통해 '소자녀 가치관'을 정립하는 것이었고, 이를 위한 규제 및 보상제도를 포함한 자원시책을 도입하는 일이 시급해졌다. 남아선호사상은 농업노동력에 의존해야 했던 오랜 경제생활의 당연한 귀결이었다. 게다가 1000년을 이어온 호주제도, 제사제도의 유물이었으니 거기에서 탈

피한다는 것은 실로 막막하고 아득했다. 그러나 박정희 군사정권은 무엇이든지 시도해보지 않고 안 될 것은 없다는 우직함도 지닌 정권이었으니 해볼 만한 싸움이었다.

'딸, 아들 구별 말고 둘만 낳아 잘 기르자'라는 표어가 나온 것은 1971년이었다. '모자보건법'이 제정·공포된 것은 1972년 10월 10일이었다. 이로써 가족계획 사업의 법적 토대가 마련되었고 인공유산의 허용 범위도 확대되었다. 의사가 아닌 간호사·조산원 등이 소정의 훈련만 받으면 IUD 등 각종 피임기구를 자궁 안에 삽입할 수 있도록 하는 제도도 마련했다.

제3차 5개년 계획이 착수된 1972년부터 UN인구기금(UNFPA)에서 한국의 가족계획 사업에 관심을 갖기 시작해 사업비 지원 방법이 논의되었다. 여러 차례의 교섭이 있었고 그 결과 1974년 3월에 한국 정부와 UNFPA가 기본협정을 체결했다. 이 협정에 따라 향후 5년 동안 가족계획 사업을 위해 600만 달러의 재정지원을 연차적으로 받게 되었다.

1970년 당시만 해도 도시 지역에서 종합병원을 이용하는 사람들은 대개 중산층 이상이었고, 이들의 출산은 대부분 시설 분만에 의해 이루어지고 있었다. 이에 정부는 병원 가족계획 사업에 착수했다. 1970년 전국 종합병원 중 33개 병원이 미국 인구협회의 재정지원을 받을 병원으로 선정되어 계약이 체결되었고, 1971년 8월부터 정식으로 실제 사업을 실시하게 되었다.

1970년대에 들면서 가족계획 사업은 그 효과가 뚜렷하게 나타나고 있었다. 가족계획 사업 전담기구인 국립가족계획연구소는 그때마다의 필요에 따라 명칭과 기구를 달리해갔다.

최초의 명칭은 '국립가족계획연구소'였다. 가족계획 사업 제1차 5개년 계획이 끝날 무렵인 1965년, 그때까지 추진한 사업을 평가·분석해 앞으로의 사업을 효과적으로 수행하기 위해 보건사회부 내에 가족계획평가

반이 설치되었다. 이것이 국립가족계획연구소의 모체가 되었다. 정부는 1968년 7월에 가족계획 분야의 기술협력에 관해 스웨덴과 협정을 체결했다. 그리고 이에 대한 훈련과 인구성장에 관한 조사·연구 활동을 수행하기 위해 국립가족계획연구소 설치에 관한 협정을 함께 체결했다. 이로써 1970년 7월에 대통령령 제5198호에 의거해 국립가족계획연구소가 설립되었다.

다음이 '가족계획연구원'이다. 정부 예산으로 운영되고 정부의 지시대로 움직이는 기관일지라도 '국립'이란 것을 표방하면 오히려 불편한 점이 적지 않을 수 있다. 국립가족계획연구소 같은 경우가 그 좋은 예였다. 결국 '업무의 효율적인 운영과 운행'을 위한다는 구실로 민간기구로 전환되었으니 1971년 7월의 일이었다. 법률 제2270호에 의거해 민간기구인 가족계획연구원을 설립함으로써 종전까지의 가족계획연구소를 대체했다.

세 번째가 '한국인구보건연구원'이다. 정부의 유관기관 통합 방침에 따라 1981년 7월 종전의 가족계획연구원과 한국보건개발연구원을 통합한 한국인구보건연구원이 발족되었다. 산하에 인구문제연구실·가족계획연구실·의료보험연구실·복지의료연구실이 설치되었고, 기획조정실을 두어 각 기구 간의 기획·연구 조정을 담당케 했다. 그밖에 회계·서무·예산을 담당하는 사무국을 두었다.

네 번째가 '한국보건사회연구원'이다. 1989년 12월 30일에 정부는 법률 제4181호에 따라 한국인구보건연구원을 한국보건사회연구원으로 개편해 통합했다. 법률에 적힌 한국보건사회연구원의 설립 목적은 '국민보건·의료·사회보장·인구문제 및 이와 관련된 보건사회 관계 제 부문과의 과제를 현실적이고 체계적으로 연구·분석해 보건사회정책 수립에 이바지함'이었다.

1974년에 세법을 개정해 소득세 인적공제 범위를 세 자녀까지로 한정했다. 두 자녀 이하이면서 불임수술 수용자에게는 공공주택 분양에서 우선권을 부여하는 시책도 채택했다. 이어 1978년에는 피임기구 수입에 대해 수입세를 감면하는 조치도 취했다. 1980년부터는 두 자녀 출산 후 불임수술 수용자에게는 출산비용 감면 혜택을 주기로 했다.

가족계획 사업의 전환기: 1980~1990년대의 인구정책

1980년대 전반기는 정부의 인구증가 억제 의욕이 최고조에 달한 시기였다. 정부에서는 경제기획원 주관으로 열린 인구정책심의위원회가 마련한 '인구증가 억제대책'을 1981년 12월 17일에 공포했다. 이어 범국민적 가족계획 풍토조성방안 5개 분야 49개 시책을 모든 부서가 각 부처별로 나누어 추진키로 했다. 이 인구증가 억제대책의 장기 목표는 2050년에 6100만 명 선에서 인구성장을 정지시키되 1988년까지 합계출산율을 2.1명 수준으로 억제한다는 데 있었다.

한국 인구가 4000만 명을 돌파한 시점은 1983년 7월 29일 오후 8시 50분이었다. 경제기획원과 보건사회부는 이 시점을 크게 홍보해 부각시킴으로써 인구문제의 심각성과 가족계획 사업의 중요성을 다시금 환기시켰다. 국제적으로는 세계인구대회가 1984년 8월 멕시코시티에서 개최되어 인구문제가 세계적으로도 크게 부각된 바 있었다. 이즈음 신문·잡지·TV·라디오 등 모든 매스컴이 뒤질세라 가족계획 사업에 동조했다. '잘 키운 딸 하나 열 아들 안 부럽다', '여보, 우리도 하나만 낳읍시다', '하나씩만 낳아도 삼천리는 초만원', '무서운 핵 폭발, 더 무서운 인구 폭발' 등이 이 시기에 사용된 표어들로 인구증가율 1% 조기 달성에 초점이 맞추어져 있었다. '둘도 많다'는 개념이 확산되었다.

1982년부터는 불임수술이나 IUD 시술에 의료보험이 적용되었고, 두 자녀 이하이면서 불임수술 수용자에게는 주택자금이 우선 지원되기도 했다. 이 기간에 피임실천율이 70%를 넘어섰으며, 특히 도시와 농촌 사이의 피임실천율 격차가 거의 없어지고 있었다. 남아선호사상은 아직은 남아 있었지만 크게 문제가 될 정도는 아니었다. 반상회를 통해서도 홍보·계몽되었고, 예비군이나 낙도 주민에게도, 학교교육에서도 강조되었다. 사실상 온 국민이 가족계획 사업에 참여하고 있었던 것이다.

　노태우 민정당 대표의원의 직선제 개헌안 등 이른바 6·29 선언이 발표된 것은 1987년 6월 29일이었다. 이듬해 2월 25일 노태우가 제13대 대통령으로 취임하며 제6공화국이 출범했다. 1986년 제10회 아시안게임이 열렸던 서울에서 1988년에는 제24회 올림픽경기대회가 화려하게 개막했다. 정부는 1985년 11월 1일에 실시한 인구센서스 결과와 최근의 인구동태 신고자료 등을 기초로 추계한 결과를 1988년 11월에 발표했다. 이 발표에 따르면 한국의 인구증가율은 1986년에 이미 1% 수준에 도달했고, 1988년에는 0.97% 수준까지 낮아진 것으로 판명되었다. 그동안 실시한 가족계획 사업의 성과가 충분히 나타났던 것이다. 이 정부 발표를 분기점으로 사회 일각에서는 가족계획 사업 축소지향론과 인구감소 우려론까지 대두된다. 그 후 국회는 정부예산안에서 가족계획 사업 예산을 대폭 삭감했다.

　1980년대 초 이후, 정확하게는 1983년 이후에는 한국의 합계출산율이 인구 대체 수준 이하로 계속 떨어지고 있었다. 이 같은 현상은 1980년대 당시 대부분의 인구학자나 정책입안자가 전혀 예상하지 못한 결과였다. 이런 추계가 계속되면 2000년의 합계출산율은 1.47명까지 떨어질 것이었다. 이는 OECD 국가의 합계출산율인 1.58명보다 훨씬 낮은 수치였다.

　1996년 6월 4일, 이날은 역사적인 날이다. 1961년 이후 35년간이나 계속해오던 산아제한 위주의 인구정책이 폐지되고, 노령인구의 증가와 남녀 성비의 불균형 등 왜곡된 인구구조를 개선하는 '새 인구정책 추진 계획'이 마련되었다.

엄마, 저도 동생을 갖고 싶어요

한국의 인구현상을 좀 더 구체적으로 파악하기 위해 표 하나를 제시한다. 〈표 5〉는 1981년 이후 2014년까지 30년이 넘는 기간 동안 한국의 출생아 수와 합계출산율을 보여주는 자료이다.

한 나라의 인구현상을 보는 관점에는 여러 가지가 있을 것이다. 정상적인 나라라면 가임여성의 합계출산율이 적어도 2.1명 이상으로 유지되어야 한다고 생각한다. 2.1이란 수치는 바로 대체출산율을 유지하는 선이다. 그러나 한국의 경우 2.1명을 넘어선 경우는 1980년대 초 몇 년뿐이고, 그 후는 점점 낮아져 2006년에는 1.12까지 떨어지고 있다. 이와 같은 저출산 현상이 계속되면 한국의 총인구는 급속하게 줄어들 것이고, 마침내는 인구 3000만 명이니 2000만 명이니 하는 가공할 미래를 맞이할 것이다.

이런 저출산 현상에 이르게 된 경제적 요인으로는 양육비의 증가, 여성의 경제활동 참가율 증가, 고용불안에 따른 출산 기피 현상 등이 거론되고 있다. 사회인구학적 요인으로는 ① 결혼관의 변화, ② 자녀관의 변화, ③ 일과 가정의 양립의 어려움, ④ 초혼 연령의 상승, ⑤ 출산 연령의 상승 등이 거론되고 있다. 자녀를 많이 낳으면 양육비 부담이 커져 온 가족이 어렵게 된다는 사실은 가족계획 사업을 통해 전 국민에게 철저히 각인되었다. 그리고 그것을 뼈저리게 실감하는 사건이 일어난다. 1990

표 5 연도별 합계출산율 변화(1981~2014년)

연도	출생아 수(명)	합계출산율(명)
1981	867,409	2.57
1986	636,019	1.58
1991	709,275	1.71
1996	691,226	1.57
2001	554,895	1.29
2006	448,153	1.12
2011	471,265	1.24
2014	435,435	1.20

자료: 통계청 국가통계포털(http://kosis.kr/statHtml/statHtml.do?orgId=101&tblId=DT_1B8000F&conn_path=I3).

년대 후반기 한국 사회를 엄습한 소위 IMF 외환위기가 바로 그것이었다.

1996년에 아파트 기업인 우성(宇成)과 건영(建榮)이 도산하며 시작된 IMF 사태는 초기까지만 해도 대다수의 국민이 문제의 심각성을 충분히 인식하지 못했다. 하지만 1997년과 1998년을 겪으면서 한보철강·삼미그룹·진로그룹·대농그룹·삼립식품·한신공영·기아그룹·쌍방울그룹·해태그룹·뉴코아 등등이 연이어 도산했고, 마침내는 항공모함처럼 버텨오던 대우그룹마저 도산했다. 1998년 6월 29일에는 대동·동남·동화·경기·충청은행 등 5개 은행의 퇴출이 발표되었고, 수없이 많은 투자금융회사가 줄줄이 도산했다. 결국 국제통화기금(IMF)으로부터 대기성 자금 등 구제금융 약 195억 달러의 원조를 받아 사태가 종식되었다.

이 사태를 겪으며 한국인은 실로 엄청난 국민의식을 보여준다. 금 모으기 운동 등으로 일치단결하는 모습을 보여줘 온 세상을 놀라게 하는 한편, 무능한 정부는 냉정하게 단죄함으로써 정권까지 교체해버린다. 여하튼 IMF에 구제금융 195억 달러를 전부 상환한 것은 2001년 8월 23일이었다. 그와 같은 빠른 청산은 사상 유례가 없는 일이라서 국제사회가 크게 칭송한 바 있다. 이 사태를 겪으면서 한국 정부는 물론이거니와 국민 개개인도 큰 교훈을 얻었다. 남녀 가릴 것 없이 부지런하게 일해야 살아남는다는 사실, 공경제·사경제 할 것 없이 방만한 경영은 결코 용납되지 않는다는 사실 등이었다. 만혼화 경향, 다자녀 출산 억제 등 역시 IMF 외환위기를 겪으면서 뼈에 새겨진 교훈이었다.

그렇다고 해서 '딸, 아들 구별 말고 하나 낳아 잘 기르자'라는 식의 태도는 곤란하다고 생각한다. 부모 둘이서 만들고 둘이서 양육하는 것이니 '둘이서 둘'은 반드시 지켜줘야 하지 않겠는가. 다행히 21세기에 들어오면서 '아빠, 혼자는 싫어요. 엄마, 저도 동생을 갖고 싶어요', '자녀에게 물려줄 최고의 유산은 형제입니다'라고 표어도 바뀌고 있으니 다행한 일이 아닐 수 없다.

고령화가 계속될 미래사회

나의 어머니는 43세 되던 해에 결핵으로 사망하셨다. 1937년의 일이었다. 당시의 많은 남녀가 결핵으로 사망했다. 결핵·홍역·콜레라·장티푸스 등이 일제 강점기의 주된 사망원인이었고, 그 당시의 평균수명은 겨우 50세 정도였다. 하지만 제2차 세계대전을 치르면서 페니실린이니 마이신이니 하는 항생제가 발명되었다. 그런 신약의 탄생과 보급으로 전후(戰後)의 사망원인은 크게 바뀌었다.

1965년 당시의 사망원인은 폐렴·결핵·위염·장염·사고·독감 등의 순으로 높았다. 그것이 2000년에 와서는 악성신생물(암·종양)·뇌혈관질환·심장질환·운수사고·간질환·당뇨병·자살의 순으로 바뀌고 있다. 사망원인이 바뀌고 있는 데다가 평균 기대수명도 계속해서 늘어나고 있다. 1980년의 평균 기대수명은 남자 62.7세, 여자 69.1세였지만 2000년에는 남자

72.1세, 여자 79.5세로 지난 20년간 10년 정도 증가했다. 기대수명의 남녀 차이는 1985년에 8.3년으로 가장 크게 벌어졌으며 이후 조금씩 줄어들고 있다. 평균 기대수명의 연장에 따라 가장 연장된 생애시간이 노년기이다. 기대수명의 연장은 고령화 사회와 직결된 문제인 것이다.

급격한 저출산과 사망력 변화에 따라 인구의 연령 구조도 크게 변하고 있다. 전체 인구 중 0~14세 유소년 인구의 비율은 1980년의 33.8%에서 2000년에는 21%로 크게 감소했다. 반대로 65세 이상 인구의 비율은 1980년 3.8%에서 2000년에는 7.5%로 크게 증가했다. 이와 같은 연령 구조 변화의 주요 특성은 무엇보다 급속한 고령화에 있다. 한국은 1960년대 이후 급속하게 진행된 인구 변천의 결과로 고령화가 빠르게 진행되고 있다. 2010년 인구주택총조사에 따르면, 2010년 65세 이상 인구는 2005년 437만 명보다 24.3% 증가한 542만 명이었다. 이는 전체 인구의 11.3%에 해당하는 수준이다. 출산율과 사망률이 현 수준을 유지한다고 가정할 때 65세 이상 인구의 비율은 2018년에는 14%, 2026년에는 20% 이상으로 빠르게 증가할 것이다.

이는 우리보다 앞서 인구 변천을 완료한 선진국들과 비교해 가히 충격적인 속도라 하지 않을 수 없다. 65세 이상 인구 비율이 7%에서 14%로 2배가 되기까지 프랑스에서는 115년, 스웨덴에서는 85년, 미국에서는 75년이 걸렸다. 이와는 대조적으로 한국과 일본에서는 각각 22년과 24년이 걸렸다. 상대적으로 훨씬 더 짧은 시간에 같은 수준의 고령화가 이루어진 것이다. 고령화가 계속될 미래 사회에서는 과연 어떤 문제가 생겨날 것인가? 정부, 지방단체, 민간은 이에 대해 각각 어떤 태도로 어떻게 대처해야 할 것인가?

반쪽짜리 인구정책: 새로마지플랜 2010

1961년부터 1996년까지의 한국 사회에는 뚜렷한 목표가 있었다. 출산 억제였다. '아들, 딸 구별 말고 둘만 낳아 잘 기르자'라는 구호 아래 정부도 민간도 출산 억제라는 오직 한 가지 목표를 향해 줄달음쳐 왔던 것이다. 그 결과를 한 마디로 요약하면 '기대 이상의 효과를 달성했다'라고 할 수 있다. 우선 전문가들이 전혀 예상하지 못할 정도의 심각한 저출산 현상이 나타났다. 그 부작용으로 급격한 고령화 현상이 나타났다.

이에 정부는 그동안 범국민적으로 추진해오던 출산 억제 정책을 부랴부랴 중단했다. 1996년 6월 4일이었다. 당시의 대통령은 김영삼이었고 국무총리는 이수성, 부총리 겸 경제기획원 장관은 나웅배, 보건사회부 장관은 김양배였다. 그리고 그 후 2003년까지를 '인구자질 향상 정책기'라고 명명했지만, 사실상 아무런 정책도 쓰지 않은 시기였다. 인구자질 향상 정책기라는 명칭도 훗날에 그렇게 붙인 것이지, 당시에는 이렇다 할 시책도 방향도 없이 시간만 낭비한 것으로 볼 수밖에 없다. 그 기간에 IMF 외환위기를 겪었던 것이다.

'저출산, 고령화 문제를 그대로 방치할 수는 없다. 무엇인가 시책을 강구해야 한다'는 정부 안팎의 요구가 일어난 것은 2004년이 되어서였다. 그리고 장황한 토론의 시간을 거쳐 ① 정부 내의 주관 부서는 다년간 출산 억제 정책을 담당해왔던 보건사회부로 하고, ② 고령화 사회는 저출산의 결과이니 저출산·고령화를 묶어서 함께 다루도록 하며, ③ 저출산·고령화를 억제하는 정책들의 근간이 되는 법률을 만들어 앞으로 인구문제로 파생되는 모든 현상을 이 기본법 테두리 안에서 해석·정리하도록 결론지었다.

우선 기본 방향을 작성해 국회 심의에 회부, 역시 오랜 논의를 거듭한 끝에 공포했으니 2005년 5월 18일 자 법률 제7496호 '저출산·고령사회기본법'이다. 이 법률의 입법 이유로는 "자녀의 출산 및 양육이 원활하게 이루어지고 노인이 중요한 사회적 행위자로서 건강하고 활력 있는 사회생활을 할 수 있도록 국가의 책임을 정하고 저출산·고령화 정책의 기본 방향과 그 수립 및 추진체계에 관한 사항 등을 규정함으로써 국민의 질 향상과 국가의 지속적인 발전에 이바지하려는 것임"이 제시되었다.

'저출산·고령사회기본법'이 제정됨에 따라, 같은 해 9월 저출산·고령사회 정책에 관한 중요 사항을 심의하기 위해 대통령 직속 '저출산·고령사회위원회'가 발족했다. 위원장은 대통령이 되고 위원회는 위원장을 포함한 25명의 위원으로 구성되었다. ㉮ 저출산 및 인구 고령화에 대비한 중장기 인구구조 분석과 사회·경제적 변화 전망에 관한 사항, ㉯ 기본계획에 관한 사항, ㉰ 시행계획에 관한 사항, ㉱ 저출산·고령화 정책의 조정 및 평가에 관한 사항, ㉲ 그밖에 저출산·고령화에 관한 중요 안건으로서 간사위원이 부의한 사항 등을 심의한다. 이 위원회는 2008년 이명박 정부가 출범한 직후 대통령 직속에서 보건복지부 장관 소속으로 조정되었다.

'저출산·고령사회 기본법' 20조는 "① 정부는 저출산·고령사회 중·장기 정책 목표 및 방향을 설정하고, 이에 따른 저출산·고령사회 기본계획을 수립·추진해야 한다"라는 강제 규정을 두었으며, "② 보건복지가족부 장관은 관계 중앙행정기관의 장과 협의해 5년마다 기본계획안을 작성하고 저출산·고령사회위원회 및 국무회의의 심의를 거친 후 대통령의 승인을 얻어 이를 (기본계획으로) 확정한다"라고 명시했다. 이 법 20조의 규정에 따라 정부는 5년마다 '저출산·고령사회 기본계획'이라는 것을 작성해야 하고, 이 기본계획이 5년마다 우리가 지켜나갈 인구정책의 기본 틀이 된다는 뜻이다.

2006년부터 2010년까지 중앙정부 및 각급 지방자치단체 그리고 민간

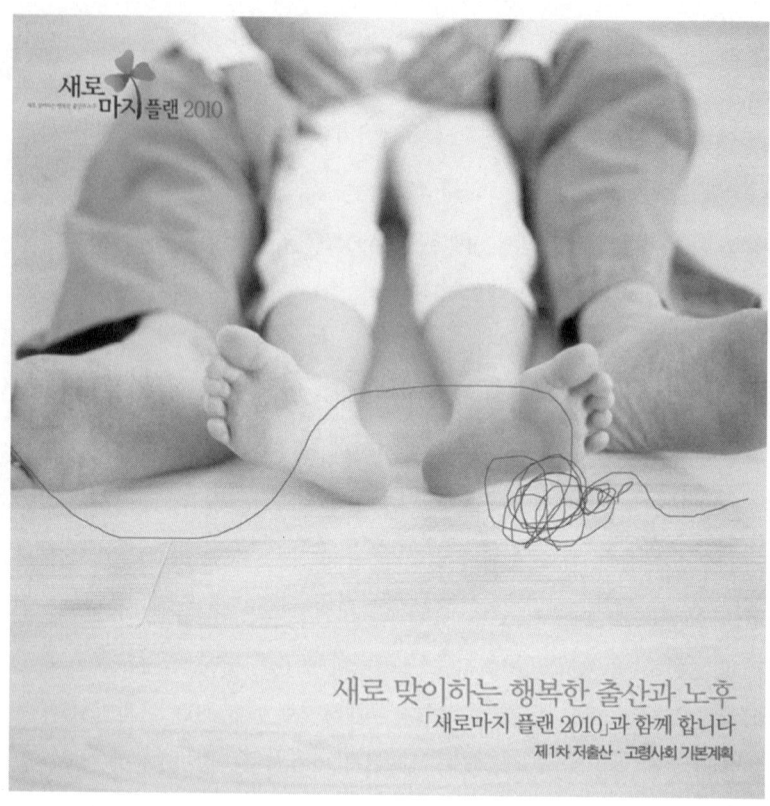

새로마지플랜 2010 홍보용 소책자 중 일부.
자료: 보건복지부 홈페이지(http://www.mw.go.kr/front_new/index.jsp).

에서 이행할 인구정책인 제1차 저출산·고령사회 기본계획에는 '새로마지플랜 2010'이라는 이름의 부제가 붙었다. '새로마지'란 '새롭고 희망찬 출산에서부터 노후생활의 마지막까지 아름답고 행복하게 사는 사회'라는 의미와 '희망찬 미래와 행복이 가득한 사회를 새로 맞이하겠다'는 의지를 포함하는 단어였다.

'새로마지플랜 2010'은 2005년 11월에 착수되어 2006년 1월을 마감으로 관계 부처 소관 분야별로 기본계획안이 작성·제출되었다. 2005년 12월부터 2006년 7월까지는 기본계획 수립을 위한 연구 용역이 실시되었는데, 당시 용역을 맡은 기관은 공개하지 않고 있으며 그 대신 18개 연구기관과 학계의 전문가 60여 명이 연구에 참여해 정책대안을 검토했다고만 밝히고 있다.

기본계획(안)에 대한 관계 부처 협의가 2006년 2월부터 동 6월까지 실시되었으며 첫 단계는 과장급, 다음 단계는 국장급, 최종 단계는 각 부처 1급들이 모여 회의를 했다고 한다. 이어 저출산·고령사회위원회의 민간위원들끼리만 모여 세 차례의 간담회를 가졌고, 지역순회간담회·시안발표·시안공청회(2006년 6월 12일)와 관련 단체 간담회(2006년 6월 16~20일)를 가졌다.

저출산·고령사회위원회에서 기본계획을 심의했는데, 아마 이 기본계획 심의는 두세 차례 정도 더 이루어졌을 것이고 국무회의를 거쳐 최종 성안·완료된 듯하다. 제1차 저출산·고령사회 기본계획이 '새로마지플랜 2010'이라는 부제를 달고 대한민국 정부의 이름으로 발간·홍보된 것은 2006년 8월 30일이었다.

내가 이 기본계획을 검토해보니 '두루뭉수리' 그 자체였다. 대단히 알뜰하고 상세하기는 했으나 앞으로 이 나라의 인구정책이 나아갈 기본 방향이 제시되어 있지 않았다. 그저 모든 측면에서 원만할 뿐이었다. 여러 부처의 각급 회의와 국무회의를 거치면서 문장 자체가 두루뭉술하게 되어버린 것임을 짐작할 수 있다. 이는 임기 5년의 대통령이 자신의 임기 내에 단 한 번밖에 발표하지 못하는 기본계획이 지녀야 할 태생적인 한계일 것이다. 따라서 앞으로 발간될 기본계획에서도 똑같은 지적이 되풀이될 것이다. 그리고 한국이 지닌 저출산·고령화 현상은 해를 거듭할수록 악화일로를 걸을 것 같다.

3부
정치의 작동

09

나는 어떻게 부정선거를 치렀나
3·15 부정선거 이야기

일약 '선거의 명수'가 되다

내가 경상북도 공보과장으로 있다가 예천군수로 부임해 간 것은 1957년 1월이었다. 그리고 만으로 2년 반이 지난 1959년 8월, 군수 자리에서 물러나 경상북도 지도과장으로 복귀했다. 군수로 나갈 때는 걱정이 태산 같았지만 도의 과장으로 돌아갔을 때는 사실상 개선장군이 된 기분이었다. 당시의 예천군은 인구수가 15만 명 정도 되는, 초임 군수의 발령지치고는 좀 규모가 큰 군이었다. 게다가 당시 나는 만으로 30세도 안 되는 젊은 나이여서 과연 무사히 군수직을 마칠 수 있을지 크게 염려해야만 했다.

그런데 결과적으로 2년 반이 지나서 도의 과장으로 돌아갔을 때 나는 도내에서도 손꼽힐 만한 매우 유능한 공무원으로 평가되고 있었다. 거기에는 다 이유가 있었다. 내가 군수로 부임한 지 1년 만에 전년도 행정실적 심사에서 경상북도 전체 2등을 차지해 도지사 표창을 받았다. 그것만으로도 큰소리를 칠 만한 위치에 있었지만, 또 하나 큰 공을 세운 것이 있었다. 그것은 '선거에서 이겼다'는 실적이었다.

자유당 시대에 소위 명군수가 되기 위해서는 두 가지 조건을 갖춰야 했다. 첫째는 1년에 한 번씩 있는 추곡 수집에서 좋은 성적을 거두는 일, 둘째는 2년에 한 번 정도 치르는 대통령 선거, 국회의원 선거에서 여당 표를 많이 모으거나 여당 입후보자를 당선시키는 일이었다.

식량 부족으로 국민의 대다수가 굶주리는 생활을 하고, 봄이 되면 절량농가(絕糧農家)니 보릿고개니 하며 해마다 식량난에 허덕이고 있던 시대였다. 가을 추수 때의 추곡 수집에서 좋은 성적을 올린다는 것은 시장·군수 등 당시의 위정자들에게는 그 직을 걸 만큼 큰일이었고, 그 성적이 나쁘면 경우에 따라서는 권고사직 처분이 내려질 정도로 중차대한 일이었다. 특히 예천군처럼 미곡 생산 위주의 군에서 추곡 수집이 점하는 행정상의 위치는 매우 큰 것이었다. 나는 해마다 있는 추곡 수집 때 솔선수범, 그 독려의 일선에 서서 군수가 할 수 있는 노력을 아끼지 않았던 탓으로 도내에서도 2, 3등 이내의 성적을 올릴 수 있었다.

당시 명군수가 되기 위해 갖추어야 할 또 한 가지 조건은 선거에서 여당 표를 많이 얻는 일이었다. 내가 부임한 경북 예천군에는 야당의 중진인 현석호(玄錫虎)가 현직 국회의원이었다. 그는 경성제국대학 재학 중인 1933년에 일제 고등문관시험에 합격, 1936년에 전남 화순군수, 1944년에 충남 광공부장을 역임했다. 광복 후에는 전력회사에 들어가 남선전기 부사장, ㈜경성전기 전무 등을 거쳐 향리인 경북 예천군에서 제3대 민의원 선거에 당선되어 민주당의 조직부장으로 있었다. 내가 예천군수로 부임해 갔을 때 그는 조재천(曺在千)과 더불어 민주당 신파의 가장 큰 실력자였다.

현석호 의원이 야당의 거물 정치인이었던 것에 비해 여당에서 입후보한 정재원(鄭載元)이라는 인물은 예천군 풍양면의 면장 출신으로, 당시의 재벌기업이었던 삼호방직주식회사의 소유주인 정재호와 사촌 관계였다. 이 인연으로 경상북도 의회 의장을 두 번 정도 경험해 경북 도내에서는 알려진 인물이었지만 중앙정계에서는 전혀 알려져 있지 않은, 말하자면 정치 신인이었다. 정재원이라는 정치 신인이 제1야당 조직부장인 현석호 의원과 맞서 이길 것이라는 것을 점치는 사람은 중앙정계에서 아무도 없었을 정도로 얼핏 보아 상대가 되지 않는 그런 후보였다.

제4대 국회의원 선거는 1958년 5월 2일에 실시되었다. 내가 군수로 부임한 지 1년 5개월 만의 일이었다. 선거 결과는 기가 막히는 것이었다. 제1야당 조직부장 현석호 의원이 낙선하고 중앙정계에 전혀 알려져 있지 않던 정치 신인 정재원이 당선된 것이다. 그것도 약 1만 5000표의 차이로 당당히 당선되었다. 게다가 현석호를 낙선시키고 정재원이라는 정치 신인을 당선시킨 군수는 아직 30세도 안 된 '아기 군수' 손정목이었다. 이 선거가 끝난 후 나는 전국의 군수 중에서 주목의 대상이 되었다. 공공연한 평은 아니었지만 암암리에는 '선거의 명수'라는 호칭으로 불렸다고 한다.

나는 이 선거에서 소위 '부정선거'라는 것은 하지 않았다. 당시의 부정선거라는 것은 3인조·9인조 투표나 개표 시의 표 바꾸기 등 투·개표 과정에서의 부정을 말했지, 시·군·읍·면 공무원과 통·반장이 여당을 지지한다든가 여당에 유리한 행동을 하는 것은 아예 부정선거의 범주에 넣지를 않았다. 시대가 그런 시대였다.

내가 이 선거에서 한 것은 각 읍·면 단위의 세포 조직이었다. 모든 읍·면마다 20개 정도의 세포를 만들었고, 각 세포 밑에 다시 20개 정도의 더 작은 세포를 만들었다. 과거 남로당(남조선노동당)에서 했던 세포 조직 이

론을 국회의원 선거에 응용한 것이었다. 한번은 경찰공무원 출신인 송관수 도지사가 선거 독려차 예천군에 왔을 때 내가 고안해서 실시 중이던 '세포 조직표'를 구경시켰다. 송 지사는 그 조직표가 면밀하고 조직적인 데 놀라 벌린 입을 다물지를 못했다. 그때부터 그는 내가 제언하는 것은 무엇이든지 들어주는 태도로 일관했다. 이 선거 후로 관내 경찰관들의 태도가 달라졌다. 자기네 직속상관인 경찰서장보다 오히려 군수인 내게 더 충성하는 태도를 취하는 경찰 간부들이 적지 않았다.

그렇게 국회의원 선거를 치르고 1년 3개월 후인 1959년 8월에 경상북도 지도과장으로 복귀했다. '지도과'란 각종 선거 업무와 병사 업무(징병검사·징집 등에 관한 모든 업무)를 담당하는 부서였다. 오늘날 각 도 선거관리위원회가 담당하는 업무를 도지사와 지도과가 나눠서 담당했던 것이다. 나를 지도과장으로 지명한 것은 1960년에 치를 정·부통령 선거 업무가 주목적이었고 병사 업무는 어디까지나 곁다리였다. 이리하여 나는 경상북도 선거 담당 과장으로서 속칭 '3·15 부정선거'를 책임지고 치르는 운명을 맞이하게 되었다. 당시의 경상북도 지사는 송관수가 떠나고 오임근(吳琳根)이 부임해 있었다. 오임근 지사는 일제시대에 보통고시를 합격한 후 다년간 재무부에서만 일관되게 공직생활을 한 인물이었다. 그가 나에게 지도과장을 맡긴 것은 자신은 선거에 관한 일은 전혀 알지 못하니 손 과장이 모든 책임을 지고 수행하라는 것이었다.

사사오입 개헌과 조봉암 처형

이승만(李承晩)은 한번 잡은 권력은 쉽게 내놓으려고 하지 않았다. 그는 초대 대통령에 취임한 후 경제적 혼란과 국회 내 다수 반대파의 등장,

거창양민학살 사건, 국민방위군 사건 등등으로 정치적으로 매우 불리한 입장에 처해 있었다. 종래와 같이 국회 내에서의 간접선거로는 자신의 재집권이 어렵게 되자 1951년 11월 30일 대통령직선제 개헌안을 국회에 제출했다. 국회에서 이 개헌안을 부결 처리하자 이승만은 '백골단', '땃벌떼' 등의 폭력조직을 동원하여 공포 분위기를 조성한 후 계엄령을 선포하고 야당 의원들을 헌병대로 연행했다. 이것이 소위 '5·26 부산정치파동'이다. 결국 이승만은 대통령직선제와 국회 양원제를 골자로 하는 이른바 '발췌개헌안'을 통과시켜 자신의 집권을 유지했다.

이렇게 해서 재집권에는 성공했지만 당시의 헌법은 대통령의 2차에 걸친 연임만 허용하고 있었다. 따라서 1956년에 예정된 대통령 선거에 이승만은 입후보할 수 없게 되어 있었다. 상황이 이러하자 이승만의 자유당은 1954년 9월 9일에 이기붕(李起鵬) 외 135명의 서명으로 '초대 대통령에 한해 3선 제한 철폐'를 골자로 하는 개헌안을 국회에 제출했다.

11월 27일, 그날은 토요일이었고 그것도 오후에 투표가 시작되었다. 헌법 개정에 필요한 의결정족수는 136표. 자유당은 그 136표를 간신히 확보하고 있었다. 그런데 예상치 못한 일이 일어났다. 자유당 136표 중 문맹자가 한 명 있었다고 한다. 가(可)냐 부(否)냐를 가르치며 '입구 자(口)'가 안에 들어갔으면 '가(可)', 밑으로 내려갔으면 '부(否)'라고 했다. 그런데 이 자가 투표장에 들어가서 너무나 긴장한 나머지 '안에 들어간 입구 자'와 '밑에 있는 입구 자'를 혼동해 밑에 있는 입구 자 쪽에 기표를 했다는 것이다. 즉, 개헌안 반대 쪽에 기표를 해버린 것이다. 부의장 최순주(崔淳周)를 비롯해 자유당 감표위원 전원이 우선은 놀라고 다음에는 개탄을 했지만 어떻게 할 도리가 없었다. 사회를 맡은 부의장이 맥없이 투표 결과를 발표했다. "투표 결과를 발표합니다. 재석 202인, 가에 135표, 부에 60표, 기권 7표로 개헌은 부결되었습니다." 야당 측에서는 만세 소리가, 자유당 측에서는 한숨 소리만 터져 나왔다.

그러나 곧 기상천외한 일이 벌어졌다. 국회에서 투표가 행해졌던 다음 날인 11월 28일, 자유당은 긴급 의원총회를 열어 다음과 같은 성명을 발표했다.

> 작일의 부결 선포는 의사과정의 잘못된 산출방법에 의해 착오로 선포한 것이고 재적의원 203명의 3분의 2의 정확한 수치는 135.333…인데, 자연인을 정수 아닌 소수점까지 나눌 수 없으므로 개헌안은 가결된 것이다.

한편 정부에서는 긴급 국무회의를 소집하고 갈홍기 공보처장을 통해 정부 담화문을 발표했다. "한국은 표결에서 그간 단수(소수점 이하의 숫자)를 계산하는 데 전례가 없었으나 단수는 계산에 넣지 말아야 할 것이며 따라서 개헌안은 통과되었다."

담화문 발표 다음 날인 11월 29일(그날은 월요일이었다) 오후, 막 개회를 선포한 최순주 부의장은 앞도 뒤도 보지 않고 무언가를 써준 대로 다급하게 읽어내려 갔다. "……지난 11월 27일 제90차 회의 중에 헌법개정안 통과 여부 표결 발표 시에 가 135표, 부 60표, 기권 7표로 부결을 발표했습니다. 그러나 이것은 정족수의 계산착오로서 이것을 취소합니다. ……재적 203명의 3분의 2는 135표로서 헌법개정안은 가결되었음을 통고합니다." 다음 순간 후다닥 달려온 야당 투사 이철승 의원에 의해 최 부의장은 멱살을 잡혔다. 정부는 그날 오후 3시 경무대에서 임시 국무회의를 열고 이승만 대통령 서명으로 개헌안을 공포했다. 이것이 우리 헌정사에서 이른바 '사사오입 개헌'이라 불리는 사건이다.

이렇게 해서 제3대 대통령 선거가 실시되었다. 하지만 이 선거에서 이승만은 어마어마한 정적을 만난다. 진보당 당수 조봉암(曺奉巖)이었다.

1956년 5월 3일 한강 백사장에 운집한 30만 군중(맨 위).
자료:『한국 도시 60년의 이야기 제1권』82쪽에서 재인용.

1956년 제3대 대통령 선거 당시의 후보 벽보(왼쪽 아래).
자료:『한국근현대사강의』338쪽에서 재인용.

국가보안법 위반 혐의로 체포된 조봉암(오른쪽 아래).
자료:『한국근현대사강의』339쪽에서 재인용.

원래 이 선거에서 이승만의 맞수는 민주당 당수 신익희(申翼熙)였다. 그는 1956년 5월 3일 한강 백사장에 운집한 30만 군중을 상대로 선거연설을 한 후 바로 호남지방 유세길에 올랐으나 5월 5일 새벽 5시 반경에 차 안에서 뇌출혈로 급사했다. 신익희의 급사로 이승만이 대통령에 당선되는 것이 당연시되었는데, 신익희 표의 일부와 조봉암의 진보당 표가 합쳐져 이승만을 따라붙었다. 강원·제주·충북 등에서의 약세는 있었지만 조봉암은 다른 도에서 골고루 표를 얻어 전국에서 30% 이상의 지지표를 얻었다.

조봉암이 제3대 대통령 선거에서 낙선하긴 했지만, 그를 그대로 방치해두면 1960년에 있을 제4대 대통령 선거에서 큰 적수로 대두할 것이 명백했다. 문제로 삼지도 않았던 조봉암이 이렇게 정치적 맞수로 떠오르자, 이승만은 조봉암을 국가보안법 위반 혐의로 체포해 사형을 선고했다. 사형이 집행된 것은 재심 청구가 기각된 다음 날인 1959년 7월 31일이었다.

여당의 사정: "인물이 없다"

당시의 여당인 자유당은 정·부통령 선거를 일찌감치 1960년 초에 치를 것을 결정하고 1959년부터 만반의 준비를 서두르고 있었다. 우선 1959년 6월 29일에 제9차 전당대회를 개최하고 그 전당대회에 1008인의 대의원이 참석한 가운데 대통령 후보에 현직인 이승만 총재를, 부통령 후보에 이기붕 전당대회 의장을 각각 지명했다. 야당이 아직 전열을 가다듬기도 전인 1959년 6월에 여당은 이미 이렇게 정·부통령 후보를 지명한 것은 모든 것을 타당에 앞서서 기선을 제압하겠다는 의도였다. 또 정·

부통령 후보를 앞세워 각부 장관과 지사, 경찰국장, 내무국장 등 일선 실무자들을 선정·임명할 필요가 있었기 때문이다.

1959년 3월 19일부터 선거를 치를 내무부 장관 등이 임명되기 시작했다. 내무부 장관에 최인규, 재무부 장관에 송인상, 부흥부 장관에 신현학, 농림부 장관에 이근직, 교통부 장관에 김일환 등이 임명되었다. 선거 주무 장관인 내무부 장관 최인규는 그의 수족인 서울특별시 경찰국장 이강학을 치안국장으로 기용해 선거 전반을 맡겼다.

정·부통령 선거에 여당인 자유당이 명운을 걸다시피 한 것에는 이유가 있었다. 1875년생인 이승만이 노령으로 언제 사망할지 모르기 때문이었다. 선거가 있을 1960년 현재로 86세였으니 당시의 평균연령인 60세보다도 25세나 더 많았다. 고집이 세고 치매 증상까지 보이고 있다는 것은 모두가 아는 비밀이었다. 게다가 부통령 후보인 이기붕은 민심을 얻지 못하고 있었다. 이런 민심의 동향은 1960년보다 4년 전에 치러진 1956년 선거 때의 득표수에서 뚜렷이 드러났다. 1956년 야당인 민주당이 '못 살겠다 갈아보자'라는 명쾌한 선거구호를 내걸고 치른 정·부통령 선거에서 자유당으로서는 다행스럽게 신익희가 급사함으로써 이승만은 제3대 대통령으로 당선되었다. 하지만 부통령 후보 이기붕은 야당에서 입후보한 장면(張勉)보다 21만 표나 밀리며 낙선하고 말았다. 이 1956년 선거 때 서울에서의 득표를 보면, 이기붕이 9만 5000표를 득표한 것에 비해 장면은 무려 45만 표를 득표해 약 5배의 차이가 났다.

설사 부통령은 낙선되더라도 대통령만 당선되면 정권에 변동이 생기지 않으니 문제 될 것이 없다는 논리는 통하지 않았다. 당시의 헌법 제52조에는 "대통령이 사고로 인하여 직무를 수행할 수 없을 때에는 부통령이 그 권한을 대행하고……"라고 규정되어 있다. 헌법 제52조에서 제55조까지의 규정에 의하면, 부통령은 대통령 유고 시의 직무 대행은 물론이고 대통령 궐위 시에는 그 지위도 계승하는 것으로 되어 있었다. 그러므로 만약에 고령인 이승만 대통령이 사망한다든지 하는 불상사가 발생한다면 자유당은 가만히 앉아서 정권이 넘어가는 것을 구경할 수밖에 없는 형국이었다. 생각해보면 실로 큰일이 아닐 수 없었다. 정계 일각에서는 일찍부터 정·부통령 동일 티켓제 개헌이라는 것이 논의되어왔었다. 대통령이 속한 정당에서 부통령도 선출되도록 미리 헌법을 개정하겠다는 것이었다. 대통령 유고 시 또는 궐위 시에 정권이 바뀌는 폐단을 없애자는 구상이었다. 그러나 사사오입 개헌에서 보았듯 개헌이라는 것이 결코 쉬운 일이 아니었다. 정·부통령 동일 티켓제 개헌 역시 한갓 논의의 대상이었을 뿐 그 이상의 진전은 없었다.

여당인 자유당이 일찍부터 부통령 후보로 지명해놓은 이기붕은 1896년 서울 출생이었고 본관은 전주 이씨로 이승만과 같은 양녕대군파였다. 1915년 서울의 보성학교를 졸업하고 연희전문학교에 입학했으나 가정형편으로 중퇴, 미국인 선교사 무스의 도움으로 미국에서 유학해 아이오와 주 데이버 대학 문과를 졸업했다. 뉴욕에서 허정(許政)과 함께 교민신문인 《삼일신보》 발간에 참여하다가 1934년에 귀국해 국일관 등 식당에서 일하며 호구지책을 강구했다고 한다.

광복 후 미군정청에 들어가 군정재판관의 통역 일을 맡은 것을 계기로, 군정청 민주의원 의장을 지낸 이승만의 신임을 받아 그의 비서가 되었다. 1948년 대한민국 정부 수립과 함께 대통령의 비서로서 정치적 기반을 굳혔다. 1949년 6월부터 서울시장을 역임했고 1951년 4월에는 국방부 장관에 임명되어 국민방위군 사건과 거창양민학살 사건을 처리하는 과정에서 수완을 발휘했다고 한다. 같은 해 12월, 대통령의 지시로 조선민족청년단을 창설한 족청계 이범석과 더불어 자유당을 창설해 발췌개헌안 통과에 일익을 담당했다. 1952년에 대한체육회 회장, 국제올림

픽위원회 위원이 되었고, 1954년 3월에 개최된 자유당 전당대회 때부터 사실상 자유당의 제2인자가 되어 사사오입 개헌 등을 지휘하는 자리에 올랐다. 1956년에 자유당 공천으로 부통령에 입후보했다가 낙선했고, 그해 제3대 민의원 의장에 선출되어 민의원 의장 겸 자유당 중앙위원회 의장의 자리에서 1960년 정·부통령 선거를 맞아 부통령으로 입후보하게 되었던 것이다.

그는 이화여자대학교 영문학과 교수인 박마리아와의 사이에 강석·강욱 두 아들을 두었는데, 장남 강석은 일찍부터 이승만 대통령의 양자로 입적되어 있었다. 박마리아가 강성이며 별로 평이 좋지 않았던 데 반해 이기붕은 연약한 편이며 대인관계도 좋았다고 한다. 하지만 그를 직접 대해본 사람은 너 나 할 것 없이 매우 실망했다고 한다. 말년의 그는 하지가 불편해 민의원 의장, 자유당 중앙위원회 의장의 자리에 있었지만 실제론 전혀 출근하지 않는 이름만의 의장이었다. 그가 아랫도리를 못 써서 사실상의 앉은뱅이였다는 것은 알 만한 사람은 다 알았다고 한다. 그런 사실을 모두가 알면서도 그밖에는 부통령으로 추대할 인물이 없었다는 데에 자유당의 약점이 있었다.

야당의 사정: "집안싸움은 예나 지금이나 똑같다"

그렇다면 야당인 민주당의 사정은 어떠했는가? 자유당이 정권을 뺏기지 않으려고 안간힘을 쓰는데 야당인 민주당이라고 가만히 있을 수만 없는 일이었다. 그러나 민주당은 민주당대로 말 못할 뿌리 깊은 고민이 있었으니 그것은 바로 신구파의 대립이었다. 민주당 내에서 신구파가 대립하게 된 계기는 너무나 명백하다. 즉, 한민당·민국당 계통의 인물은 구

민주당 의원들과 자유당 당원들 간의 격렬한 몸싸움.
자료: 『한국근현대사강의』 340쪽에서 재인용.

파, 사사오입 개헌 이후 입당한 인물은 신파였다.

한국민주당은 일제하 국내에 기반을 두고 독립운동을 전개한 사람들이 주로 김성수(金性洙)의 자금 지원으로 결속한 정치 세력인데, 8·15 광복 이후 김성수·송진우·장덕수를 중심으로 재빨리 결속하여 창당한 것이었다. 국내에 기반을 두었기 때문에 경우에 따라 친일도 했고, 따라서 그중 일부 인사들은 친일파로 낙인 찍혀 지탄받기도 한다. 광복 후 한민당이 한 일 중에서 가장 두드러진 몇 가지만 들면 반공운동, 반탁운동, 이승만 지지, 농지개혁 등이다. 그 과정에서 한민당은 소위 '부자정당'으로 규탄되었고 5·10 선거 승리, 이승만 초대 대통령 추대 등으로 그 사명을 완료했다.

한민당을 해체하고 그 대신에 들어선 것이 민주국민당(민국당)이었다. 한민당 세력에 한독당원이던 신익희의 세력, 대동청년단 이청천(李靑天)의 세력이 규합되었다. 신익희가 위원장으로 추대되었다. 그러나 어디까지나 그 모체는 한민당 출신들이었다. 여러 간부 이름에서 한민당 출신인 김도연·백남훈·조병옥·조한백·소선규 등의 이름을 볼 수 있다. 민국당이 한 일 중에서 가장 큰 일은 5·26 부산정치파동 당시 죽음을 무릅쓴 항거였다. 그리고 1951년 5월 11일 부통령 선거에서 김성수를 당선시키기도 했다. 그러나 민국당은 거기까지가 한계였다. 1954년 5월 20일 총선거에서 참패(자유당 114명, 민주국민당 15명)하면서 사실상 정당으로서의 기능을 상실했다.

1954년 11월 27일부터 시작해 29일까지 계속된 사사오입 개헌은, 개헌안이 통과되었다고 우긴 자유당의 억지 승리로 보였지만 사실상은 패배였고, 나아가 4·19 민주의거를 추동한 결정적 계기가 되었다고 보는 것이 옳을 것이다. 우선 이 개헌이 있은 후 처음부터 개헌에 반대했던 야당 세력은 '호헌동지회'라는 이름으로 단결한다. 그리고 과거에는 자유당에 적을 두고 있다가 사사오입 개헌을 하는 과정 일체를 지켜본 뒤 자유당을 탈당해버린 소장파도 있었다. 김영삼도 이때 탈당했고 현석호나 이태용 같은 인물도 이때 자유당을 떠난다. 이때 자유당을 박차고 나온 소장파 의원은 모두 14명이나 되었으니, 자유당으로서는 엄청난 손실이 아닐 수 없었다.

호헌동지회에 속한 인물들, 사사오입 개헌으로 자유당을 떠난 인물들, 이승만의 사람이었지만 독재와 아집에 염증을 느껴 그와 결별한 인물들(장면이 대표적이다)이 모여 민주당을 창당했다. 그것은 전 한민당 당수였고 부통령을 지냈던 김성수의 유언이기도 했다. 1955년 9월 18일 민주당이 창당했다. 이때 구 한민당·민국당 계통 인물은 구파가 되었고, 원래는 관료였으나 이승만을 떠난 인물, 사사오입 개헌 때 자유당을 탈당한 소장파 인물 등은 신파가 되었다.

민주당 창당 후 이들이 맨 먼저 한 일이 1956년의 정·부통령 선거였다. '못 살겠다 갈아보자'라는 선거구호가 바로 이때 등장한다. 서울의 총인구가 150만 명밖에 되지 않았던 때 민주당은 한강 백사장에 30만 명의 청중을 운집시키는 쾌거를 이룬다. 이 선거에서 민주당은 대통령 입후보자 신익희를 심장마비로 잃는 불행을 겪지만 부통령 후보였던 장면을 당선시키는 엄청난 승리를 거둔다. 그리고 1960년 선거가 민주당이 두 번째 맞이하는 정·부통령 선거였다.

민주당의 신·구파 대립이 쉽게 해결되지 않았던 이유는 신파·구파 중 어느 한 파의 세력이 상대 파를 압도하지 못하고 항상 백중지세였다는 점이다. 그 한 가지 예를 보자. 1960년 정·부통령 선거를 앞둔 1959년 11월 20일에 전당대회를 열어 정·부통령을 지명했는데, 중앙위원 총 투표자 966명 중 구파인 조병옥(趙炳玉)이 484표를 얻어 대통령 후보가 되었고 신파인 장면이 481표를 얻어 부통령 후보가 되었다. 기권이 1표였다. 484 대 481. 이것이 당시의 구파 대 신파의 세력 분포였고 사사건건 구파 대 신파로 싸웠으니 집안이 편안할 날이 없었던 것이다.

1960년 1월 29일, 민주당의 대통령 후보인 조병옥이 암에 걸려 부랴부랴 미국으로 건너갔다. 사태가 이에 이르자 민주당은 정·부통령 선거를 5월쯤으로 연기하자고 제안한다. 자기네 당 대통령 후보가 치료차 미국에 갔으니 돌아올 때까지 기다리자는 것이었다. 그러나 여당인 자유당으로서는 그럴수록 조기에 선거를 치르는 게 유리했다. 선거 연기론을 주장하는 야당의 주장은 완전히 무시되었다. 1960년 2월 3일, 정부는 국무원 공고 제75호로 정·부통령 선거 일자를 3월 15일로 공고했다.

조병옥이 미국 워싱턴의 월터 리드(Walter Read) 육군병원에서 급사한 것은 도미 후 2주일 남짓한 2월 15일이었다. 조병옥의 사망으로 이승만이 유일한 대통령 후보로 남았기 때문에 정·부통령 선거법 제64조의 규정에 따라 이승만은 총 유권자 수의 3분의 1 이상의 득표만으로 당선이 확정되게 되었다. 결국 대통령 선거는 하나 마나 한 것이 되었고 선거의 초점은 부통령 선거에 맞춰졌다.

법은 나중이니 우선 당선시켜라

한희석(韓熙錫)이란 인물이 있었다. 이승만·이기붕 다음가는 사실상의 3인자였다. 충남 천안 출생으로 충남도립사범학교를 나와 1936년에 일본 고등문관시험에 합격했다. 광복 후 1952년에 내무부 차관을 지냈으며 제3·4대 민의원, 이기붕이 민의원 의장일 때 부의장을 지냈다. 3·15 부정선거 당시 이승만 대통령의 선거사무장이었지만 막후에서 모든 것을 요리한 사실상의 실권자였다고 나는 생각하고 있다.

그는 오랜 공직생활을 통해 큰일을 하는 데는 반드시 큰돈이 든다는 것을 알고 있었다. 3·15 선거도 마찬가지였다. 자유당 총무위원장 박용익, 재무부 장관 송인상, 산업은행 총재 김영찬 등과 숙의해 그가 만든

표 6 **선거자금 배분 내역**

구분	배부처	규모	금액
경찰 관계	경찰국(*는 제외)	10개소	500만 환씩
	경상남·북도, 전라남도 경찰국*	3개소	600만 환씩
	제주도 경찰국*	1개소	200만 환씩
	경무대	1개소	330만 환씩
	경찰서	166개소	250만 환씩
	지서 및 파출소	1668개소	8만 환씩
	투표구 담당 경찰관	8108명	6만 환씩
공무원 관계	서울시 및 각 도 내무국장(*는 제외)	10명	200만 환씩
	제주도 내무국장*	1명	100만 환씩
	시장	26명	70만 환씩
	구청장	15명	100만 환씩
	군수(민의원 선거구 2구 이상)	30명	100만 환씩
	군수	110명	70만 환씩
	읍·면장	1492명	2만 환씩
	교육감	166명	30만 환씩

자료: 한국군사혁명사편찬위원회, 『한국군사혁명사 제1집』(한국군사혁명사편찬위원회, 1963), 100~101쪽.

돈의 총액은 약 70억 환이었다고 한다. 70억 환을 어떻게 썼는지 그 내역은 알지 못한다. 다만 그 70억 환 중 경찰과 각 군으로 배정된 금액은 어느 정도 짐작하고 있다. 그에 관한 기록이 남아 있어 〈표 6〉으로 정리해보았다.

경찰서장이나 시장·군수 들에게 이렇게 큰돈을 배부한 이유는 무엇이었을까? 그것은 투표·개표 감시원들, 주로 야당 감시원들의 회유용 비용이었다. 이 돈들은 대부분 착실히 활용된 것으로 알고 있다. 선거구·투표구에서 많은 야당 선거 감시원이 아침부터 술과 여자 접대에 취해 사실상 감시 기능을 못한 것으로 알고 있다. 그런데 예외이기는 하나 시장·군수 중 극히 일부는 이 돈을 부하들은 전혀 모르게 혼자 착복해버린 사례도 있었다고 한다. 4·19 이후에 검찰에서 부정선거 전모를 조사했을 때 경상북도의 모 군수가 이 자금을 전액 착복한 것이 드러나 담당 검사로부터 욕설과 함께 구타까지 당하는 것을 목격했다.

그렇다면 부정선거의 실체는 구체적으로 어떠했는가? 내무부 장관 최인규는 대통령 이승만으로부터 '선거장관'의 대명을 받은 그날부터 월별 계획표를 작성해 하나하나 실행에 옮겼다고 한다. 구체적으로 그는 1959년 11월 18일부터 12월 20일까지 내무부 차관 이성우, 치안국장 이강학, 지방국장 최성환 등과 함께 전국의 경찰국장·경찰서장·사찰과장·군수 등을 매일 개별적으로 10명 내지 20명씩 소환해 "어떠한 비합법적인 비상수단을 사용해서라도 이승만 박사와 이기붕 선생이 꼭 정·부통령에 당선되도록 하라. 선거사상 대통령 선거에 소송이 제기된 일이 있느냐, 법은 나중이니 우선 당선시켜놓고 보아야 한다. 콩밥을 먹어도 내가 먹고 징역을 가도 내가 간다. 국가 대업 수행을 위해 지시하는 것이니 군수나 서장들은 내가 시키는 대로 하라"는 망언을 늘어놓은 뒤, 자유당 기획위원회에서 짜놓은 정치 각본을 강요했다. 그 내용은 다음과 같았다.

① 4할 사전투표: '자연기권표', '유령유권자표', '매수기권표' 등의 유권자 4할에 해당하는 표를 투표개시 전에 무더기로 투함하게 할 것.
② 3인조 또는 9인조 공개투표: 자유당에 투표하기로 한 유권자들을 미리 3인조·9인조로 편성해, 조장이 조원의 기표 상황을 확인하고 기표한 투표지를 자유당 선거위원에 제시한 후 투표하도록 할 것.
③ 완장부대 활용: 자유당계 유권자에게 완장을 착용하게 해, 야당 측 유권자에게 심리적인 압박을 가해 자유당에 투표하게 할 것.
④ 야당 참관인 축출: 민주당 측 참관인의 매수가 여의치 못할 경우 변기를 투표소 내에 가지고 왔다는 등의 구실로 야당 참관인을 투표소 밖으로 축출할 것.

또한 최인규는 1960년 1월 30일에 치안국장 이강학을 시켜 내무부 치안국 회의실에서 각 시·도 경찰국장회의를 소집해 몇 가지 지지사항을 하달했다.

① 자유당 완장을 착용한 자 상당수를 투표소 100m 밖에 배치해 분위기를 자유당 일색으로 조성할 것.
② 투표함 수송 도중 환표할 것.
③ 개표 시에 혼표(混票) 또는 환표할 것.
④ 자유당 입후보자의 득표 목표는 5 대 1 즉 전체의 80% 이상으로 할 것.

이렇게 만반의 대비책을 강구했는데도 최인규·이성우·이강학 등은 관할 각 경찰관을 믿지 못해 기왕부터 있어온 소위 '105호'라는 선거독찰반을 동원했다. 치안국장 이강학은 별도로 '108호'라는 비밀조직을 가동해 경찰관들의 동태를 파악했다고 한다.*

최인규는 야당 당수인 신익희의 선거구인 경기도 광주에서 두 번이나 출마해 민의원 의원 선거를 치른 돈키호테 같은 인물이었다. 야당 당수에 대한 그의 공격성이 인정되어 외자청장, 교통부 장관, 내무부 장관 등 요직을 거치며 출세할 수 있었다.

나는 3·15 선거 전에 그를 두 번 만났다. 첫 번째는 최인규가 내무부 장관으로서 경상북도에 내려왔을 때 그의 요청에 의해 대구 공설운동장에 강연장을 마련해준 것이었다. 그가 그 강연에서 수만 명의 청중을 향해 자신을 '일인지하 만인지상(一人地下 萬人之上)'이라고 자찬하는 것을 보고 놀란 적이 있다. 이 말은 원래 조선시대의 으뜸 벼슬인 영의정을 지칭하는 말로서 국무총리라면 모르되 일개 내무부 장관이 자기를 표현하는 말은 결코 될 수 없는 것이었다.

두 번째로 최인규를 만난 것은 3·15 선거 약 20일 전이었다. 전국 지도과장들을 갑자기 내자동에 있던 경찰전문학교 강당에 모아놓고, 3·15 선거에 관해 알게 된 일체의 비밀을 지킬 것을 강조하면서 무시무시한 협박을 했다. "만약 비밀을 지키지 못하고 함부로 발설하면 기관총으로 달……해버리겠다"는 것이었다. '기관총으로 달……해버리겠다' 같은 표현은 그만이 할 수 있는 것이었다. 내가 만난 그는 내무부 장관이란 영직에 앉아 자신을 잃어버린 호남아라는 인상이었다. 아마 그는 조병옥이 급사하지 않았더라면 계엄령을 선포해놓고서라도 정·부통령 선거를 치렀을 것이다. 최인규는 그런 인물이었다.

• 한국군사혁명사편찬위원회, 『한국군사혁명사 제1집』(한국군사혁명사편찬위원회, 1963), 104~105쪽.

유권자 수의 두 배로 찍은 투표용지

앞에서 제시한 부정선거의 사례 중 '투표함 수송 도중 환표할 것'이라는 내용이 있다. 1960년 1월 30일 최인규가 이강학을 시켜 각 시·도 경찰국장회의를 소집하고서 지시한 사항 중 하나였다. 이 내용은 워낙 엄중하게 비밀이 지켜진 탓에 지금까지 3·15 부정선거를 다룬 숱한 자료가 있지만 어디에서도 언급된 적이 없는 것 같다. 그리고 당시 민주당이 폭로했다는 '자유당 부정선거 사례' 중에서도 거의 언급이 되지 않았던 내용이다. 이제 여기에서 처음으로 그 전모를 밝히고자 한다.

3·15 부정선거는 경찰을 앞세워 경찰 주도로 치러진 선거였다. 앞서 말했듯 3·15 부정선거의 막후 실권자는 한희석이었다. 일제 강점기에 창녕과 동래의 군수를 역임했고 광복 후에 내무부 차관까지 지낸 한희석은 결정적인 시점에 시장·군수는 믿을 수없는 존재가 된다는 것을 자신의 경험을 통해 알고 있었다. 그는 오로지 경찰만이 믿을 수 있는 조직이라고 생각했다. 하지만 한 가지만큼은 각 도 지도과장들을 이용했다. '처음부터 투표용지를 두 장씩 찍고 그중 한 장은 각 선거구별로 경찰서장에게 전달하라'는 명령이었다.

투표용지를 두 장씩 찍는다는 것은 대단히 어려운 일이었다. 예를 들면 경상북도의 경우 총 선거권자는 180만 명이었다. 정·부통령 각각 별도였으니 360만 장을 찍어야 되는데 그것을 두 장씩 찍으면 720만 장을 찍어야 한다. 투표용지 720만 장이면 트럭으로 30대분이 넘는다. 그런데 인쇄업자를 믿을 수가 없었다. 인쇄업자 중에 야당과 내통하는 자가 있어 투표용지를 두 장씩 찍는다는 것을 발설해버리면 선거는 처음부터 끝나버리는 것이었다. 이렇게 인쇄한 투표용지 중 정상적인 한 장은 각 시와 군에 보내고 나머지 한 장은 전국의 경찰서장들에게 보냈다. 실로 아슬아슬한 숨바꼭질이었다. 지금 생각해도 당시의 각 도 지도과장들은 실로 유능한(?) 인물들이었다.

이렇게 경찰서장 관사에 보내진 투표용지에도 각 선거관리위원장의 도장이 찍혔다. 이것을 투표함 수송 도중에 환표한다는 것이었으니 부정선거 중에서도 하이라이트였다. "투표용지를 두 배로 찍어 선거관리위원장 도장까지 찍어놓고 경찰서장 관사에서 가짜 표를 만들어 투표함 수송 도중에 환표해버린다." 그것이 누구의 아이디어였는지는 알 수 없는 일이지만, 아마 이 계획을 처음 들었을 때 각 시·도 내무국장들은 아연실색했을 것이다. 내가 재직한 경상북도의 경우 내무국장이나 도지사는 '모든 것을 손 과장에게 맡겼으니 알려고 하지 않겠다'는 식이었다.

어느 일요일 아침에 전라북도 내무국장 사택에서 전화가 왔다. 당시 전북 내무국장 허유(許楢)는 나와 동향인 대선배였지만 같이 근무한 일이 없어 전혀 알지 못하는 인물이었다. 공손히 전화를 받자 그가 물었다.

"우리 지도과장이 내무부 장관 지시라고 해서 투표용지를 두 배로 찍어야 한다고 말하는데, 그런 명령을 받은 건가요?"

"틀림없이 내무부 지시입니다. 처음부터 두 배어치를 찍는 예산도 배부되어 저희 도에서도 지금 준비 중에 있습니다."

"정말 큰 일 났구먼. 이렇게 해도 무사할까?"

"저희들이야 명령대로 할 수밖에 방법이 없지 않겠습니까?"

민주당 대통령 후보 조병옥의 국민장이 치러진 것은 1960년 2월 20일이었다. 바로 다음 날부터 선거전이 시작되었다. 전 국민은 자유당의 각본에 의해 춤추는 꼭두각시가 되는 수밖에 없었다. 모두 제정신이 아니었다. 솔직히 자유당이 불어주는 나팔 소리에 따라 춤을 추고 있었다.

2월 28일에 부통령 후보 장면이 대구에서 선거 연설을 했다. 각급 학교는 이날이 일요일이었는데도 시험, 등산, 영화 관람, 소풍 등을 이유로

학생들을 등교시키게 했다. 유세장에 가지 못하게 하려는 방편이었다. 오후 2시가 되자 경북고등학교의 학생 일부가 거리로 뛰쳐나왔다. '학생들을 정치에 이용하지 말라'는 것이 그들의 슬로건이었다. 훗날 4·19 혁명의 도화선이 되는 큰 사건이었다.

3월 4일, 광주에서 민주당의 선거 유세가 열렸다. 자유당은 이날 광주 시내의 모든 극장을 무료로 개방했고 방공청년단대회, 대한부인회대회, 통·반장회의 등을 이 유세 시간에 맞춰 개최했다. 그래도 유세장에 가는 시민이 있을까봐 공설운동장에 가는 길에 갑자기 '공사 중'이라는 표찰을 붙여놓았을 뿐 아니라 길거리 골목마다 카메라를 둘러멘 사복형사들을 배치했다. 폭력도 동원되었다. 3월 11일 여수에서는 민주당 선거운동원이 괴한들에게 구타당했고, 같은 날 광주에서도 괴한에 의한 살인 소동이 벌어졌다.

우여곡절은 있었지만 날은 흐르고 3월 15일 투표일이 다가왔다. 자유당이 꾸민 각본대로 4할 사전투표가 완료된 상태였고, 3인조·9인조에 의한 공개투표도 질서정연하게 이루어졌다. 대다수 민주당 참관인들은 아침부터 시작된 술판에 젖어 문자 그대로 주지육림에 빠져들었다. 그래도 굴복하지 않은 참관인이 있었지만 약간의 이의만 제기해도 경찰관과 반공청년단 그리고 자유당 졸도들의 주먹이 날아왔다. 견디다 못한 민주당은 이날 오후 4시 30분, 3·15 선거는 불법·무효임을 선언한다는 선언문과 함께 전국의 투표장에 있는 참관인들을 완전히 철수시켰다.

내가 투표를 하러 간 시각은 오후 4시경이었는데, 이미 누가 나 대신 투표를 한 상태였다. 4할 사전투표, 3인조·9인조 공개투표까지 했으니 이승만·이기붕을 찍은 표가 철철 넘칠 지경이었는데, 경찰은 그것도 모자라 투표함 바꿔치기까지 자행했다고 한다. 그리하여 개표를 해봤더니 자유당 표가 너무 많이 나와 처치 곤란한 지경이었다. 경상북도의 투표

결과는 저녁 8시경 맨 처음 영양군에서 올라왔으며, 그다음으로 의성군의 결과가 올라왔다. 그런데 이때 중앙에서 연락이 왔다. 지방국장 최병환이 직접 통화하겠다고 해서 전화를 받았다.

"대구는 대표적인 야당 도시로 알려져 있는데 거기서도 자유당 표 일색이라는 보고가 들어왔다. 자유당 표가 너무 많이 나오면 부정선거를 한 증거가 뚜렷하니 개표할 때 자유당 표를 크게 줄여서 발표하라. 야당 도시 대구에서 이기붕 표가 80%를 넘지 않도록 조작을 하라." 그것이 내가 상부로부터 받은 긴급지시였다. 결국 모든 선거구에 개표의 실제에서 자유당의 이승만·이기붕 표 98표 묶음을 만들고, 그 앞뒤로 민주당의 장면 표 한 표씩을 섞어 장면 표 100표라는 식으로 발표를 하도록 긴급지시를 내렸다. 그때부터 선거는 엉망진창이 되었다.

중앙선거관리위원회가 발간한 『대한민국선거사』에 수록된 「제4대 대통령 및 제5대 부통령 직접선거와 그 결과」를 보면 이날의 선거 결과가 다음과 같이 요약되어 있다.•

  유권자 1119만 6490명
  투표자 1055만 9432명
  이승만 951만 2793표 (대통령)
  이기붕 822만 587표 (부통령)
  장　면 184만 4257표
  김준연 24만 5526표
  임영신 9만 9090표

• 중앙선거관리위원회,『대한민국선거사』(중앙선거관리위원회, 1968), 568~572쪽.

4월 혁명 당시 이승만 대통령의 하야를 외치며 시위하는 고등학생들.
자료: 『한국근현대사강의』 341쪽에서 재인용.

그러나 이 숫자들은 모두 조작된 것으로 실제로 투표되고 개표되고 한 것이 아니다. 1960년 3월 15일 선거의 실제 투표수·득표수·개표수 등 모든 것은 그것이 '3·15 부정선거'라 불리는 것처럼 영원히 알 수 없는 숫자가 되어버리고 만 것이다.

평화로운 시위를 하기 위해 거리로 나갔다가 유진오 총장과 선배인 이철승 의원의 설득으로 귀로에 든 고려대 학생 3000여 명이 반공청년단원을 중심으로 한 정치깡패 100여 명의 습격을 받은 것은 4월 18일 늦은 저녁이었다. 깡패들은 미리 준비해 온 부삽·갈고리·몽둥이·벽돌 등으로 학생들을 마구 때렸다. 피를 쏟고 현장에서 쓰러진 학생, 경찰 백차에 실려 가는 학생, 머리와 앞가슴이 피투성이가 된 학생 등등. 급히 달려온 경찰들의 호위를 받으면서 그들 대다수가 학교로 돌아간 것은 밤 8시가 넘어서였다.

고려대 학생들의 평화적 시위가 정치깡패들의 습격을 받아 수많은 학생과 신문사 기자들이 부상을 당했다는 소문은 그날 밤 안으로 서울 장안에 퍼졌다. 이튿날인 4월 19일에는 아침 일찍부터 서울 시내의 대학생들은 물론 고등학생들까지 일제히 거리로 뛰쳐나왔다. 4·19 혁명이 시작된 것이다.

이 대통령 하야, 자유당의 종말

이승만 대통령이 개각을 단행해 허정을 외무부 장관으로, 이호를 내무부 장관으로, 권승렬을 법무부 장관으로 임명해 사태를 수습하려고 한 것은 4월 26일이었다. 그날 다시 10만 명의 군중이 참가한 대대적인 시위가 시작된 가운데 이승만 대통령은 오전 10시 20분에 ① 국민이 원한다면 대통령직을 사임하겠다, ② 정·부통령 선거를 다시 실시하겠다, ③ 이기붕을 모든 공직에서 물러나게 하겠다, ④ 국민이 원한다면 내각책임제 개헌을 하겠다는 요지의 중대결의를 발표했다.

이에 국회는 다음의 시국수습결의안을 만장일치로 가결했다.

① 이 대통령은 즉시 하야한다.
② 3·15 정·부통령 선거를 무효로 하고 재선거를 실시한다.
③ 과도기 내각하에 완전한 내각책임제 개헌을 단행한다.
④ 개헌 통과 이후 민의원을 해산하고 즉시 총선거를 실시한다.

국회의 결의를 존중해 이승만 대통령은 4월 27일 국회에 사임서를 제출함으로써 12년간의 장기 집권에 종지부를 찍었다. 이기붕 일가가 경무대 관사에서 자살한 것은 4월 28일이었다. 이로써 자유당 정권은 완전히 붕괴되었다.

3·15 부정선거 관련자들은 민주당 장면 정부에 의해 재판에 회부되었다. 하지만 원래가 무능한 정부였던 탓에 민주당 정부에서는 아무것도

해결하지 못한 채 5·16 군사 쿠데타를 맞이하게 된다. 이후 박정희 정권 하의 이른바 '혁명검찰', '혁명재판소'에 의해 여러 가지로 정리되었다.

우선 최인규를 위시한 이성우·이강학·최병환 등 내무부 고관들이 제일착으로 구속되었다. 그중 최인규가 전원을 대표해 사형에 처해졌고 그 외 관련자들은 징역을 살다가 4, 5년 후에 모두 석방되었다. 다른 관계 장관들도 모두 구속되었으나 역시 3, 4년 만에 전원 석방되었다. 각 도의 경우 도지사·내무국장·경찰국장·사찰과장까지 구속되었으나 이 역시 몇 년 지나지 않아 모두 석방되었다.

경무대 앞 발포 사건의 주범 경찰서장 곽영주도 사형이 되었다. 반공예술단 단장 임화수도 사형되었으나, 정치깡패 사건의 이정재는 사형을 면했다. 반공청년단 단장 신도환도 구속은 되었으나 역시 3, 4년 만에 석방되었고 한희석을 위시한 자유당 고위간부들 10여 명도 모두 3, 4년 만에 석방되었다.

최인규의 사형이 집행된 다음 유족들은 모두 브라질로 이민을 간 것으로 알고 있다. 1960년 당시의 브라질은 지금과 달리 정말 아득하고 먼 하늘 아래였다. 3·15 부정선거 관련자들과 그 가족들의 소식이 종종 들려오지만 유독 최인규의 유족들 소식은 전혀 들려오지 않는다.

내 방에서 젊은 군수들 몇몇이 모여 사표를 쓴 것은 5월 2일인가 3일이었던 것으로 기억하고 있다. 그들 모두 무사했고 개중에는 그 후 엄청나게 출세한 친구들도 있다. 유독 나만은 3·15 부정선거에 대한 책임으로 공민권제한 자동케이스에 해당되어 공직에서 추방되었다. 검찰에서 여러 번 조사를 받고 형무소 문 앞을 왔다 갔다 했으나 다행히 더 이상의 문책은 당하지 않았다. 그러나 공직에서의 출세는 그것으로 거의 끝이 났고, 그 후 전혀 다른 길을 걸어 오늘에 이르렀다.

대통령에서 물러난 뒤 미국으로 떠나는 이승만.
자료: 『20세기 아리랑』 191쪽에서 재인용.

3·15 부정선거에 관한 체험기는 선거 직후부터 써놓고 싶은 과제였다. 그때 썼더라면 분량도 배가 넘었을 것이고, 젊었던 당시였으니 정의에 입각한 선거관 같은 것도 피력했을 것이다. 그러나 차일피일하면서 반세기가 흘렀다. 30대 초반의 일이었는데 지금은 여든 살이 훨씬 넘어버렸다. 당시의 인물들은 모두 저세상으로 가고 겨우 나만 남은 것으로 알고 있다.

어떤 경우라도 그날의 부정선거를 정당화할 수는 없을 것이다. 나는 단 한 번도 그때 자신이 한 일을 정당하다고 생각한 적은 없다. 다만, 이 점을 밝혀두고 싶다. 대한민국이라는 나라의 선거는 제1대 국회의원 선거인 1948년 5·10 선거부터 이미 부정선거였다. 정말 슬픈 유산을 물려받았고 나 역시 그 유산을 이어 원흉의 자리에 있어야만 했다. 위에서 내려진 명령에 충실했다고 말하기에는 내 자신이 너무나 부끄럽다.

이제 훌훌 털고 저세상으로 갈 수 있겠다. 정말 기구한 운명이었고, 그랬기에 훨씬 더 심한 고생을 겪어야만 했다. 그저 지난 50여 년간 단 한 번도 변명을 하지 않았다는 것을 위안으로 삼는다. "일인지하 만인지상"이라고 외치던 최인규의 아들딸이 건재한지가 궁금할 뿐이다.

10

어제의 요시찰 인물이 오늘의 지배층으로
미군정기 중앙정부에 참여한 한국인들

아무런 준비 없이 상륙한 미지의 땅

　제2차 세계대전을 전개하고 있던 미국과 소련이 일본의 항복을 받고 한반도 내에서 무장을 해제하는 경계를 북위 38도선으로 한다는 것을 결정한 것은 1945년 8월 10일과 11일에 작성한 '일반명령 제1호'라는 것이었다. 그런데 그것이 최종 결정은 아니었으니, 아직 대통령의 결재가 나지 않았던 것이다. 트루먼(Harry Truman) 대통령의 최종 결재가 난 것은 8월 14일이었다. 북위 38도선 이남에는 미군이 진주한다는 내용은 8월 20일에 미군의 보잉29기가 서울 상공에 날아와 당시 주중(駐中) 미공군 사령관 웨더마이어(Albert C. Wedemeyer) 장군 서명의 삐라(전단)를 살포함으로써 알게 되었다.

　일본 도쿄 만 해상에 정박 중이던 군함 미주리호 위에서 일본의 항복문서 조인식이 거행된 것은 9월 2일 오전 9시였다. 그날 오후 주한 미군

열차 편으로 서울역에 도착해 시내로 행군하는 미군.
자료: 『한국근현대사강의』 315쪽에서 재인용.

사령관으로 임명되어 있던 하지(John R. Hodge) 중장 명의의 포고문이 서울·부산·인천 시내에 뿌려졌다. 남한에 미군정을 실시하기 위해 하지 중장이 인솔하는 미군 제24군단이 오키나와를 출발한 것은 9월 3일이었다. 그들이 예정한 서울 도착 일자는 9월 7일이었고, 따라서 태평양지구 미 육군 최고사령관 맥아더 대장 명의의 「한국 민중에게 고함(To the people of korea)」이라는 포고 제1·2호도 9월 7일 자로 되어 있었다.

그러나 하지 중장 일행이 실제로 입경한 것은 9월 9일 오전이었다. 총독부 제1회의실에서 38도선 이남에 대한 항복문서 조인식이 거행된 것은 9월 9일 오후 3시 45분이었고, 오후 4시를 기해 남한 전역에서 일본 국기를 다는 것이 금지되었다. 조선총독부 정문에 높이 걸려 있던 일본 국기가 내려지고 그 대신에 성조기가 올라간 것은 정확히 오후 4시 30분이었다. 이때부터 38도선 이남에서 미군정이 시작되었다. 한반도를 통치해온 일본이 통치 능력을 상실한 8월 15일부터 9월 9일 오후 4시까지 한반도 남반부는 사실상 무정부 상태에 있었다고 볼 수 있다.

미군정을 실시하면서 하지 중장은 9월 7일 자로 작성되어 있던 맥아더 대장 명의의 포고 제1호(군정 시행의 건), 제2호(범죄 및 법규 위반), 제3호(통화)를 발표하고, 이어서 각 신문사를 통해 「한국 동포에 고하는 성명서」라는 것을 발표했다. 꽤 긴 성명서였는데 그중 아래와 같은 내용이 있었다.

나는 한국인 여러분이 매우 길고 귀중한 역사를 지니고 있음을 알고 있다. 또 여러분이 지난 수십 년간 여러 가지 압박 아래 시달려왔다는 것도 알고 있으며 여러분이 강하게 바라는 것이 무엇인지도 알고 있다. 또한 여러분이 생활 상태의 개선을 간절히 바라고 있다는 것도 알고 있다. 그러나 이런 점에 관해서는 그때가 올 때까지 잠시 기다려주기를 바란다.

서울에 도착한 그날로 발표한 하지 중장의 성명서 중 앞의 글귀를 접하면 그들 군정 담당자들이 한반도에 관해 이미 적지 않게 연구하고 비교적 상세한 예비지식을 갖추고 있다는 착각을 하게 된다. 그러나 사실 그들은 한반도에 관해 거의 연구한 바가 없는 비전문가 집단이었다. 사전에 아무런 준비도 갖추지 않았으며 제대로 된 정보도 없이 무턱대고 한반도에 상륙했고 군사적으로 점령했다. 이 점에 관해 트루먼 대통령은 다음과 같이 회고하고 있다.

제2차 세계대전 전, 한국에 대해서 아시아의 동쪽 먼 끝에 위치한 이상한 나라라는 정도 이상의 지식이나 관심을 가졌던 미국인은 거의 없었을 것이다. 극소수의 선교사를 제외하고는 1945년 늦여름, 미국 점령군이 상륙할 때까지 미국인에게는 이 '조용한 아침의 나라'를 알 수 있는 기회가 드물었다.ˊ

• 해리 트루먼, 『트루먼회고록』, 심상필 옮김(한림출판사, 1972).

한국인은 미개하다?

하지 중장이 주한 미군 사령관으로 결정된 것은 남한 상륙을 불과 10여 일 앞둔 8월 27일이었다고 한다. 일본의 항복이 예상외로 빨라진 상황에서 미국은 처음에 스틸웰(Joseph W. Stilwell) 장군과 그가 거느린 미군 제10군단을 한반도에 보내기로 내정했으나 중국 장제스(蔣介石)의 강력한 반대가 있어 그 결정을 바꿀 수밖에 없었다고 한다. 종전 직전 제10군단을 이끌고 중국 전선에 참가했던 스틸웰은 국공합작 추진 과정에서의 중국 공산당에 대한 태도 등으로 장제스가 그를 몹시 마땅찮게 생각했다고 한다. 스틸웰을 공산주의에 우호적이라고 생각했던 것 같다.

스틸웰 다음으로 후보에 오른 인물은 주중 미군 사령관으로서 상하이 임시정부의 광복군 훈련에도 큰 도움을 준 적이 있는 웨더마이어 장군이었다. 8월 20일 서울에는 웨더마이어 장군 서명의 삐라가 살포되기까지 했다. 그러나 얼마 뒤 중국 내부사정이 나빠져 중국통인 웨더마이어를 빼낼 수 없는 형편이 되었다. 이런 가운데 하지 중장이 주한 미군 사령관으로 낙점이 된 것은 그가 이끄는 미군 제24군단이 당시 한반도에서 가장 가까운 오키나와에 주둔하고 있었기 때문이다.

하지 중장은 미 육군 내에서 참모학의 권위자로 알려졌고 필리핀 전투와 오키나와 전투에서 혁혁한 전공을 세운 전쟁 영웅이었다고 한다. 하지만 한반도 사정에는 어두웠고 정치나 행정의 경험은 전혀 없는 인물이었다. 그의 지휘하에서 한반도에 들어온 제24군단(제6·7·40사단으로 구성) 장병들도 마찬가지였다. 한국에 들어오기 전에 그들이 생각한 한국인은 인도네시아나 필리핀 등지에서 본 남양의 토인(土人)들, 야자 잎으로 국부만 겨우 가리고 발가숭이로 생활하는 사람들과 별반 다르지 않으리라는 것이었다. 그런 미개인들이었기 때문에 일제의 식민지 생활을 수십

년 동안이나 했을 것이라는 선입견이었다.

더욱더 어이없는 것은 그들이 데리고 온 통역의 대다수가 일본인 2세들이었고 따라서 영어와 일본어에는 능통했으나 한국어는 전혀 할 수 없는 인물들이었다는 사실이다. 그들이 한국의 사정에 얼마나 무지했는지는 한반도 진주 초기 일본의 총독정치를 그대로 계속하게 하고 그들은 뒤에서 관리·감독만 할 생각이었던 점(이 계획은 한국인의 강력한 반발로 결국 집행되지 않았다), 엔도 류사쿠(遠藤柳作) 정무총감에게 고문으로 남아 있어 달라고 요청했다가 거절당한 점 등을 통해서 충분히 알 수 있다.

이런 '무지'에 대한 우려는 미군 제24군단 내 고급장교들 간에도 있었음은 물론이다. 한반도 진주가 결정되자 부랴부랴 미 육군부대 안을 뒤져 한반도 사정에 밝은 군인을 찾았다. 그러나 육군에서는 겨우 윌리엄스 소령(G. A. Williams)을 찾을 수 있었다. 해군에서는 윔스(G. Z. Weems) 소령을 찾아 미 육군 제7사단에 합류시켰다.

윌리엄스 소령의 아버지는 미국 감리교 선교사로 1906년에 한국에 와서 1940년까지 34년간 충청남도 공주에서 선교활동을 전개한 인물이었다. 공주에 영명학교를 설립해 선교 교육에도 공헌해 '우리암(禹利岩)'이라는 한국명으로도 널리 알려졌다. 윌리엄스 소령은 공주에서 태어나 영명학교에서 초·중등 과정을 마치고 도미해, 미국에서 대학을 나와 제2차 세계대전 종전 후 육군에 입대해 소령으로 근무하고 있었다.

해군 소령 윔스 역시 1908년 내한해 경기도 개성에서 선교활동을 하고 송도고등보통학교를 경영한 감리교 선교사의 아들로서 비교적 한국 사정에 밝은 인물이었다. 그의 아버지 역시 한국명 '위임세(魏任世)'로 불렸다.

한반도 사정을 잘 안다는 고급장교 두 명을 합류시켰음에도 불구하고 서울에 진주하게 된 미군 제7사단 장병들의 한반도 인식은 여전히 '미개

미군의 방문을 환영하는 건국준비위원회.
자료: 『한국근현대사강의』 315쪽에서 재인용.

한 사회' 그것이었다고 한다. 그러나 그들의 생각은 9월 8~9일의 인천 상륙 후 장갑차와 지프차로 경인가도를 달리며 크게 바뀌었다. 우선 인도를 오가는 한국인들의 옷차림이었다. 그 누구도 발가숭이로 다니지 않았다. 남자들은 거의 다 양복을 입고 있었고 간혹 넥타이도 매고 있었다. 필리핀, 말레이시아의 토인들을 보아온 미군의 눈에 그것은 오히려 신기한 모습이었다.

Welcome Heroes Liberation!

'한국인은 미개하다'는 그들의 생각을 결정적으로 바꾼 사건이 있었다. 가까운 시일 안에 미군의 한반도 진주가 이루어진다는 소식이 들리자, 당시 연희전문학교 교수로 있던 이묘묵(李卯默)이 선배 교수인 백낙준(白樂濬)·하경덕(河敬德) 등과 상의해 1945년 9월 5일 자로 ≪코리아 타임스≫라는 4면짜리 타블로이드 판형의 신문을 만들어 배포했다. 미군 장병들이 숙소인 조선호텔에 들어섰을 때 그곳에 배포된 이 ≪코리아 타임스≫ 창간호가 눈에 띄었던 것이다. 그 창간호 머리에는 "Welcome Heroes Liberation!"이라는 제호의 유창한 영문으로 된 연합군 환영사가 실려 있었다.

하버드 대학 정규 과정을 졸업한 최초의 한국인 하경덕이 초안한 것으로 알려진 그 환영사에서는 언어적 오류를 거의 찾아볼 수가 없어 미군 장병들이 탄복하기에 충분했다. 그것을 읽은 누군가가 "이 문장 대단히 훌륭한데. 조선인이 결코 미개인이 아니야"라고 말하자 한 고급장교가 이렇게 대답했다고 한다. "윌리엄스 소령의 말에 의하면 조선인들은 결코 미개인이 아닐 뿐만 아니라 미국의 일류 대학을 나온 지식인들이 적지 않게 있다고 한다. 그 친구들을 불러서 한번 만나보자. 쓸 만한 사람들이면 미군정에 도움이 되지 않겠나?"

미군 제7사단장 아널드(Archibald V. Arnold) 소장과 그 휘하 막료의 의견이 일치되자 바로 서울 시내에 공지 사항이 돌았다. "미군 사령부에서 미국·영국 등에 가서 유학하고 돌아온 사람들을 찾고 있으니 해당자는 내일 점심시간을 지나 조선호텔로 나오십시오"라는 것이었다. 전화가 있는 집은 전화로, 전화가 없는 집은 사람을 시켜 공지 사항을 전했다.

9월 10일 오후 1시가 지나자 한 사람씩 한 사람씩 모여들었다. 모닝코트 차림도 있었고 평복 차림도 있었는데 모두가 긴장된 얼굴이었다. 오정수·오천석·지용근·이동재·이대위·황인식·이훈구·조병옥·최희송·김영희·이춘호 등 50여 명이 모였다. 모두 구미 각국에서 유학하고 돌아온 탓에 친영파·친미파 인물로 지목되어 항상 일본 경찰의 감시를 받았고, 사찰의 대상이 되어 한시도 편한 날이 없었다. '예비검속(혐의자를 미리 잡아놓는 일)'이란 명분으로 자칫하면 구속·수감이 되었던, 지긋지긋한 나날을 보내온 인물들이었다. 이제 일제가 패망하자 들어온 미군에게 영어를 잘한다는 이유로 이렇게 초청되었으니 실로 꿈만 같은 일이었다.

1943년 9월 10일 하오의 회동이 열린 조선호텔의 일제 강점기 때의 모습.
자료: 『서울 도시계획 이야기 제2권』 209쪽에서 재인용.

아널드 소장과 군정관 해리스(Charles S. Harris), 헌병대장 스튜어트 준장 등 고급장교 5명이 들어와 그들과 만난 시간은 오후 1시 반경이었다. 훗날 '조선인유지 초청간담회'라는 이름으로 불리게 되는 이날 모임에서는 일본인 재산 접수, 한반도 치안대책 등과 같은 과제가 논의되었다고 ≪매일신보≫는 매우 딱딱하게 보도하고 있다. 하지만 실제로는 별로 내용이 없는, 한·미 상호 간의 자기소개 시간이었다고 보는 것이 맞을 것이다. 아무런 사전 준비 없이 한반도에 상륙한 미군이 군정을 실시하기에 앞서 자신들과 함께 업무를 수행할 파트너를 찾기 위한, 말하자면 '면접시험' 바로 그것이었다. 서울신문사에서 1979년에 발간한 『주한미군 30년』은 당시를 이렇게 소개하고 있다.

간담회에서 참석자들의 학력과 경력을 묻던 아널드 소장은 이대위(李大偉)

가 "예일 대학에서 노동문제를 전공했다"라고 말하자, 이 씨의 손을 덥석 잡고는 자신도 예일 대학에서 ROTC 교관 생활을 한 일이 있다며 '노동문제는 닥터 리가 책임져 달라'고 부탁했다. 이어 MIT 출신인 오정수(吳禎洙)에게는 동창생 언더우드(Horace H. Underwood) 대령이 담당한 광공국을, 윌리엄스 중령과 공주 영명학교에서 함께 공부한 조병옥에게는 경무국 일을 보아 달라고 간청했다.*

이런 식으로 그날의 간담회에서 아널드 소장이 한국 인사들에게 일일이 앞으로의 담당 부서까지 정해서 군정 참여를 간청했다고 되어 있다. 하지만 실제로 간담회가 있었던 10일 오후에는 아직 아널드 소장의 군정 장관 취임도 결정되지 않았을 뿐 아니라 언더우드 대령이 광공국을 담당한다는 등의 결정도 내려지지 않았다. 그러므로 군정청이 한국인 유지들에게 제안한 부서 같은 것이 논의되지는 않았을 것이다. 다만 이날 모인 인물들의 학력·경력·영어회화 수준 등 인적 사항만은 미군정 지도부에게 확실히 입력되었을 것이고, 앞으로 미군정이 제대로 발족하게 되면 모두가 미군의 동반자로서 적극 협조해달라는 등의 요청은 있었을 것이다.

이묘묵의 등장

하지 중장의 기자회견이 열린 것은 다음 날인 9월 11일 오후 2시 40분부터였다. 한반도 남반부를 통치하게 될 인물과 한국인 간의 첫 번째 공식적인 만남이었다. 아널드 소장, 헤이워드 중령이 배석했으며 ≪매일신

---

* 서울신문사, 『주한미군 30년』(호림출판사, 1979).

보》의 김영삼, 중앙방송의 문제안, 《코리아 타임스》의 이묘묵을 포함해 50명 정도의 국내외 기자들이 모였다. 파이프 담배를 붙여 문 하지는 미리 준비해온 수첩을 펴놓고 매우 진지한 태도로 미·소 양국이 한반도를 점령하게 된 경위, 미군정의 정책 방향 등을 설명했다. 서울을 미·소가 공동으로 관리하는 것인가에 대한 기자들의 질문에도 착실하게 대답했다.

당시 보도에 의하면 이날 기자회견은 두 시간 반 이상이나 계속되었다고 한다. 그런데 이 기자회견에서 두드러졌던 것은 이묘묵의 영어회화 실력이었다. 그의 유창한 영어는 미국인들조차 탄복할 정도였다. 거의 모든 질문을 그가 독차지하다시피 했으며 다른 기자들은 그와 하지 중장 사이의 질의응답을 청취하고 있는 것이나 다름이 없었다고 한다.

회견이 끝나자 하지는 이묘묵을 따로 불러 자신의 방에서 만난다. 시러큐스 대학에서 역사학으로 박사학위를 받았고 현재는 연희전문학교 교수로서 서양사와 영어를 강의하고 있다는 이묘묵의 경력을 들은 하지는 그에게 자신의 고문 겸 통역이 되어줄 것을 간청한다. 그때부터 이묘묵은 하지의 입인 동시에 귀가 되었으며, 많은 경우 눈이 되기도 했다. 이묘묵은 바로 하지의 두뇌였던 것이다. 이묘묵을 만난 하지는 비로소 군정에 대한 자신감을 얻었다. 이묘묵을 만나기 전까지만 해도 하지는 한반도 통치에 자신이 없어 일본의 총독정치를 그대로 연장하고 그 뒤에서 통제하고 결재할 생각이었다. 하지만 9월 10일 아널드가 호텔에서 만났다는 다수의 구미 유학 경험자들과 자신의 고문 겸 통역이 된 이묘묵의 도움을 받으면 총독정치를 해체하고 미군정의 독자적 통치를 수행할 수 있을 것이라는 자신감이 생긴 것이다.

다음 날, 즉 9월 12일 아침이 되자 이묘묵은 하지의 집무실로 출근했다. 이묘묵의 출근에 맞춰 하지가 한 첫 번째 일은 조선총독 아베 노부유키(阿部信行)와 총독부 경무국장 니시히로 다다오(西廣忠行)의 해임 조치였다. 그리고 미군 제7사단장 아널드를 군정장관에, 헌병사령관 시크(L. E. Shich) 준장을 경무국장 겸임으로 발령했다.

하지 중장은 같은 날 오후 2시 중구 태평로 소재의 경성 부민관에 각 정치사회단체 대표 700여 명을 초청해 군정 실시에 관한 소신을 피력한다. "나는 평민이요, 농민의 아들입니다. 나와 연합군은 귀국에 독립을 주려고 진주해왔으며 그 뜻을 전하려 이 자리에 섰습니다." 이묘묵의 통역으로 진행된 이날 하지의 연설은 그 한마디 한마디가 끝날 때마다 우레 같은 박수가 터져 나왔으며, 1시간 이상 계속된 연설이 끝나자 조병옥과 임영신(任永信)이 나와서 영어로 인사를 했다.

이틀 뒤인 9월 14일, 그때까지 사실상 통치 행위를 계속해온 엔도 정무총감 이하 총독부의 모든 일본인 국장·과장이 해임되었고 그 업무는 미군 측에 인계되었다. 미군들이 업무를 인계받는 과정에서 구체적으로 미군 중 누가 어떤 업무를 인계받을 것인가, 인계를 받을 사람은 미군 장교 중 한 사람인가 아니면 복수의 사람인가, 한국인 중에 미군의 파트너가 되어 업무를 인계받을 인물이 있는가 등이 논의되었다. 그 논의의 중심에 있는 것은 하지와 아널드였고 하지의 옆에는 언제나 이묘묵이 있었다. 논의를 거듭하면서 미국인 국장, 한국인 파트너가 하나둘 정해졌다.

미군 국장들의 임명과 한국인 파트너의 인선

미군정청의 기구는 조선총독부의 기구를 거의 그대로 답습했다. 종전 당시의 조선총독부는 총독·정무총감 아래 8개의 국(局)과 관방 3과로 구성되어 있었다. 즉, 재무·농상·광공·학무·법무·경무·교통·체신의 8개의 국

표 7 **미군정기 조직 개편 현황**

개정 전	개정 후	개정 전	개정 후
농무국	농무부	공보국	공보부
상무국	상무부	교통국	운수부
체신국	체신부	회계과	회계처
학무국	문교부	외무과	외무처
재무국	재무부	총무과	총무처
법무국	사법부	인사과	인사행정처
국방사령부	국방부	지방과	지방행정처
경무국	경무부	기획과	기획처
보건위생국	보건위생부	재산관리과	관재처

자료: 1946년 3월 29일 자 군정법령 제64호(정부 각 부처의 명칭).

과 인사·회계·지방의 관방 3과가 그것이었다. 미군정청에도 같은 이름의 국을 두었다. 오늘날에도 각 부에 해당하는 기구였고 국장은 오늘날의 장관과 같은 것이었다.

첫째, '군정장관(Military Governor)'은 총독과 같은 위치였다. 그런데 미군정에서는 군정장관 아래 '부총독'이라는 직책을 두었다. 한국식 표현으로는 '군정장관 대리', 영어 표현으로는 'Deputy Military Governor'라는 것이었다. 둘째, 종전 경무국 소속이었던 위생과를 승격시켜 '위생국'으로 했다가 '보건위생국'으로 이름을 바꿨다. 전염병 대책 같은 일에 역점을 둘 생각이었다. 셋째, 지방과를 폐하고 기획과에 합치는 등 인사·회계·지방으로 이루어진 관방 3과에 변동이 생겼다. 외사과(外事課)와 정보과(情報課)도 생겼다. 인사과의 비중이 커진 것은 당연한 일이었다.

기구의 변경은 그 후에도 여러 번 있었다. 그때마다의 필요에 따라 자주 바뀌었으니 관방의 과를 늘리거나 국·과의 명칭을 변경하는 등의 조치가 자주 이루어졌다. 광공국은 상무국으로, 농상국은 농무국으로 바꾸었고 관방정보과를 공보과로 바꾸었다가 국으로 승격했다. 중앙정부 기구의 잦은 변경은 1946년 3월 29일 자 군정법령 제64호(정부 각 부처의 명칭)으로 일단락되었다. 그 변경 내용은 종전까지의 '국'은 '부'로, 관방의 '과'를 다른 부서의 과와 구별하기 위해 '처'로 바꾼 것이었다(〈표 7〉참조).

"미 육군 중령 맥도널드(Glenm W. McDonald)를 위생국장으로 발령한다"라는 미군정 임명사령 제1호가 발령된 것은 1945년 9월 24일이었고, 이어 9월 28일에 제2호(경남지사), 9월 29일에 제3호(군정청 주요 간부)가 발령되었지만 실제 발령은 그보다 훨씬 빠른 9월 17일쯤에 있었던 것 같다. 전시하의 많은 명령이 구두로 이루어졌듯이 초기의 군정청 인사발령도 우선은 구두발령이었던 것이다. 임명사령 제1호와 제3호에 의해 발표된 최초의 미군정 간부는 군정장관 대리 쉬츠(J. R. Sheetz) 준장, 민정장관 프레스코트(Brainard F. Prescott) 대령, 재무국장 고든(Charles J. Gordon) 중령, 광공국장 언더우드 대령, 농상국장 마틴(James Martin) 중령, 법무국장 우달(Emery J. Woodall) 소령, 학무국장 록카드(Earl N. Lockard) 대위, 위생국장 맥도널드 중령, 교통국장 해밀턴(Ward L. Hamilton) 중령, 체신국장 헐리(William J. Herlihy) 중령 등이었다.

하지 중장은 군정을 맡은 미군 장교 대다수가 한국의 사정에 어두워 앞으로의 행정 운영에 많은 난관이 있을 것을 예상하고 있었던 것 같다. 그는 군정 요직을 맡을 미국인 간부들을 발표하기에 앞서 1945년 9월 17일, 국내의 각 정당 대표들에게 일주일에 한 번 정도씩 정례 면담을 가질 것을 제안한다. 이 면담에 참석할 의사가 있는 각 정당 대표는 정당의 명칭·조직·정견·정강과 더불어 각기 정당원 중에서 군정청 주요 부서의 장(국장)과 경기지사·경성부윤·고양군수 등의 자리를 미군 측 군정관과 함께 맡을 수 있는 자격자의 명단도 제출해달라고 요청한다.

미 육군 군인들로만 구성된 미군정이 함께 일할 한국인들을 처음으로 맞이한 것은 10월 5일이었다. 김성수(교육자)·전용순(실업인)·김동원(실업인)·이용설(의사)·오영수(은행가)·송진우(정치가)·김용무(변호사)·강병순(변호사)·윤기익(광산업자)·여운형(정치가)·조만식(애국운동가) 등 11명을 군정장관 고문으로 위촉했다. 이 11명의 인선을 누가 했는지는 알 수가 없다. 아마 이묘묵의 진언과 한국민주당 중진으로 군정청 출입이 잦았던 장덕수(張德秀) 등의 추천이 있었을 것이다.

위 11명 중 조만식과 여운형은 처음부터 불참하고 9명만 참석했는데, 그중 김성수를 의장으로 임명했다. 이 9명 고문들의 회의는 자주 열리지는 않았고, 회의에서도 군정청의 인사 문제 같은 것은 거론조차 되지 않았다. 이들이 주로 논의한 것은 식량문제 같은 것이었다고 한다. 또 이 9명 중 이용설은 보건위생국장으로, 김용무는 대법원장으로 기용되는 등 인원이 줄어 몇 달 안 가서 사실상 폐지된 것으로 추측된다. 왜냐하면 이 고문회의에 관한 기록을 거의 찾을 수가 없기 때문이다. 미국인 국장·과장을 발령할 때 그 파트너가 될 한국인이 내정되어 있는 경우도 있었지만 아닌 경우가 대부분이었다. 군정청의 입장에서는 한국인 파트너 없이 미국인 국장·과장 단독으로 업무를 수행하는 것은 매우 어려운 일이었으므로 서둘러 한국인 국·과장의 인선에 들어갔다.

그렇게 선발된 한국인 국·과장은 정식 발령의 유무에 관계없이 미국인 국·과장과 같은 방에서 직무를 수행했다. 그리고 이 한국인 국장의 명칭도 처음부터 'Director of the Bureau(국장)'가 아니었다. 'Adviser(고문)'라고도 하고 'Supporter(보조자)'라고도 부르다가 점차 'Assistant Director of Bureau(국장 대리)'라는 호칭으로 통일되었다. 'Assistant' 즉 대리라는 직함은 아마도 해가 바뀌는 1946년에 들면서 사실상 없어지고 바로 국장 또는 과장으로 바뀌었고, 이때부터 비로소 명실을 갖춘 한·미 양 국장제가 실시된 것으로 추측한다. 그렇게 추측하는 이유는, 1946년 1월 31일 자 임명사령 제64호부터는 약간의 예외가 있기는 하나 '대리'라는 호칭 대신

'한국인 국장'으로 바로 발령이 되었기 때문이다.

그런데 국장 또는 국장 대리로 발령되는 과정도 일률적이지가 않았다. 처음에는 복수 고문 중 한 명으로 위촉되었다가 다른 고문들이 참석하지 않자 단독 고문이 된 뒤에 국장 대리로 발령된 경우도 있었다. 농산국장 대리로 발령된 이훈구(李勳求)가 이런 경우였다. 그는 우선 1945년 10월 4일에 윤보선 등과 더불어 농산국 복수 고문으로 위촉되었고, 한 달여가 지난 11월 26일 자 임명사령 제25호에 의해 농산국장 대리가 되었다.

또 바로 고문 또는 국장 대리로 발령하지 않고 우선 국내 주무과장, 예를 들어 체신국 총무과장이나 경무국 경무과장으로 발령했다가 얼마 안 가서 국장 대리로 발령한 경우도 있었다. 길원봉(吉元鳳)은 1945년 10월 17일 자 임명사령 제17호로 체신국 총무과장으로 발령되었다가 얼마 안 가서 국장 대리로 승격 발령을 받았다. 경무국장 대리가 되는 조병옥 역시 1945년 10월 20일 자 임명사령 제22호에 의해 우선 경무과장으로 임명되었다가 약 40일이 지난 1946년 1월 1일 자 임명사령 제 64호에 의해 한국인 국장에 임명되었다.

한국인 고관 인선에 관여한 사람들

그렇다면 한국인 국·과장은 어떻게 선정된 것인가? 오정수의 경우처럼 매우 쉽게 결정된 경우도 있었을 것이다. 오정수는 미국인 광공국장 언더우드 대령과 매사추세츠 공대(MIT) 동기생이었다. 아널드를 비롯한 미국인 고급장교와 미국 유학 경험이 있는 한국인 간에 이루어진 9월 10일의 조선호텔 회합 때 오정수를 발견한 언더우드 대령은 그를 자기 파트너로 할 것을 강하게 희망했다. 오정수의 발령 일자는 다른 한국인 국장들보다 훨씬 더 빠른 9월 25일이었을 뿐 아니라 그에게는 처음부터 대리(Assistant)라는 꼬리표가 붙지 않았다. 이대위도 비슷한 경우였다. 9월 10일 하오의 조선호텔 회합 때 아널드 소장은 이대위의 학력을 알고 나서 그에게 노동문제를 책임져 달라고 부탁한 바 있다. 훗날 이대위가 미군정 한국인 노동부장을 맡게 된 것은 바로 이때의 약속이 결정적 요인이었다.

그러나 오정수와 이대위의 경우는 극히 드문 일이었다. 당시 중앙과 지방을 가릴 것 없이 군정청에 근무하는 한국인에 관해서는 칭찬하는 여론보다도 비난하는 여론 쪽이 훨씬 더 강했다. 그와 같은 여론의 대표적인 것이 1945년 10월 13일 자 《매일신보》 사설 "통역생에게"와 그로부터 5일이 지난 10월 18일 자의 같은 신문 사설 "인재등용의 공정"이었다. 뒤의 사설에서 강조된 것은 '결코 한 개 당파에 치우친 인재등용은 하지 마라', '어학이라는 기준 하나만으로 사람을 고르지 마라'는 것이었고, 나아가 애국의 열성과 불타는 정의감을 가진 인재, 학식과 역량이 풍부한 유현(遺賢)을 골라 쓰라는 것이었다.

《매일신보》 사설에서 말한 '한 개 당파에 치우친 인재등용'이라는 것은 당시 가장 강력한 반공정당이었던 한민당을 가리키는 것이었다. 당시 미국은 반공의 입장에 섰기 때문에 미군정 역시 반공 체제일 수밖에 없었다. 게다가 영·미 유학 경험자 대부분은 한민당 당원이거나, 당원은 아니더라도 심정적으로 한민당에 가까운 인물들이었다. 1945년 9~10월 당시 《매일신보》의 주된 세력은 좌익에 가까운 이른바 자치위(自治委)로 그들의 이념이 반영된 사설이 대단한 무게를 지니는 것은 아니었지만, 당시의 《매일신보》는 가장 발행부수가 많은 신문이었으니 국민 여론의 강한 일면을 대변하고 있었음은 부인할 수가 없다.

《매일신보》가 그 사설에서 어학의 능숙, 즉 영어회화 실력만으로 사람을 고르지 말라고 하고 있지만, 미군정 입장에서는 군정청 고관을 채용할 때 언어 능력을 첫째 조건으로 세우지 않을 수 없었다. 그다음으로 업무집행 능력과 공평무사한 인격도 지녀야 했다. 그러므로 미군정 국·과장 자리는 인물 선정에서부터 신중한 검색이 이루어졌고 되풀이된 회의의 결과로 하나씩 하나씩 채워져 갔다고 보아야 할 것이다. 그렇다면 군정청의 국장과 관방의 과장을 추천하고 결정하는 데 깊이 관여한 사람은 과연 어떤 인물이었을까?

첫째, 초대 군정장관이 된 미군 제7사단장 아널드 소장과 해리스 준장 등이다. 1945년 9월 10일 오후 조선호텔에서 미국인 고급장교들이 한국인을 접견할 때 참석한 사람들이 누구누구였으며 그 수가 얼마나 되는지 정확히 알 수는 없으나, 이때 참석했던 많은 한국인이 군정청의 국장·차장, 관방의 과장 또는 도지사로 임명되었다. 오정수·오천석·이훈구·조병옥·지용원·황인식·최희송 등이 그들이다.

둘째, 일제 강점기에 조선에서 활약한 미국인 선교사의 자제들이다. 윌리엄스 소령과 웜스 소령이 대표적이다. 앞서 소개했듯 윌리엄스 소령은 초등 교육은 물론 중등 교육까지도 한국에서 마쳤으며, 독실한 감리교 신자였을 뿐 아니라 철저한 반공주의자였다고 한다. 조병옥은 윌리엄스와 영명학교의 동창생이며 조병옥을 경무국장 후보로 천거한 사람 역시 윌리엄스였다. 다만 윌리엄스와 웜스의 나이 등은 알 수가 없다. 윌리엄스가 조병옥과 영명학교의 동창 관계인 것은 분명하나 몇 년 간격의 선후배인가를 알 길이 없는 것은 유감이다. 또 도미하기 전에 영명학교에서 교사 생활을 한 이묘묵과의 관계도 알 길이 없다.

셋째, 하지 중장의 고문 겸 통역이었던 이묘묵이다. 미군정하의 주요 인사를 최종적으로 결정한 것은 주한 미군 사령관 하지 중장이었다. 그리고 하지가 가장 신임한 한국인이 이묘묵이었으니 군정청 한국인 국·과장의 인선에서도 이묘묵의 발언권이 가장 강했던 것으로 보아야 한다. 미군정 3년간, 이묘묵의 권한은 실로 대단한 것이었다. 그 점에 관해 당시 조선중앙방송 군정청 출입 기자였던 문제안은 '미군정 당시 이묘묵의 위치는 남조선 땅덩어리의 반쯤은 될 만한 막강한 것'이었다고 술회하고 있다.

그렇다면 과연 이묘묵이란 어떤 인물이었던가. 이묘묵은 1902년 12월 9일, 황해도 수안군 읍내리에서 출생했다. 부친 이수형(李秀洞)은 독실한 개신교(감리교) 신자였으나 가계는 별로 넉넉하지 못했던 것 같다. 어릴 적부터 뛰어나게 영리해서 교회 관계 여러 친지들의 도움을 받아 교육을 마칠 수 있었다. 초등 교육은 평안남도 중화군에 있는 상원보통학교(4년제)와 수안군 연암면에 있는 경신학교(3년제)를 거쳤고, 중등 교육은 평양 시내의 광성학교(5년제)에 편입해 3년 만에 마쳤다. 1917년에 광성학교를 마친 후 상경해 연희전문학교 문과에 입학, 5년 만에 졸업했다. 당시 3년제였던 전문학교를 5년 동안 다닌 것은 아마도 학교에서 선교와 관련한 일을 맡았기 때문인 것 같고 그 대가로 보조금을 받았다.

1922년 3월에 연희전문학교를 졸업한 이묘묵은 바로 충남 공주의 영명학교 교사로 부임했다가 얼마 안 가서 미국 유학길에 올랐다. 현재 연세대에 비치되어 있는 이묘묵의(연희전문학교 당시) 학적부에 의하면 당시 관례에 따라 그도 정·부 두 사람의 보증인을 두었는데 모두 감리교 성직자였다. 특히 정 보증인은 감리교 관서 지방(평남과 황해) 총책임자인 동시에 광성학교와 정의여학교의 설립자 겸 이사장이었던 미국인 무어(John Z. Moore, 한국명 문요한(文約翰))였다. 이로 미루어 볼 때 이묘묵은 당시의 미국 북감리회에서 장래의 교세 확장을 위해 특별히 선정한 한국인 인재 중 한 사람이었던 것임을 알 수가 있다. 아마 미국 유학 비용도 감리회에서 지원했을 것이다.

미국에 건너간 그는 오하이오 주 마운트유니언(Mount Union) 대학, 뉴욕 시러큐스(Syracuse) 대학, 하버드 대학 등에서 도서관학·역사학·철학 등을 차례로 공부했고, 1931년 보스턴 대학에서 철학박사 학위를 받았다. 그 후에도 미국에 머무르며 시러큐스 대학에서 역사학을 강의하던 그가 귀국한 것은 1935년경이었다. 모교인 연희전문학교의 교수로 영어와 서양사를 강의하는 한편 1944년에는 도서관장과 학감을 겸임했다고 한다.

미군정 3년간 군정청 내에서 가장 발언권이 강했던 한국인 하나를 꼽으라면 단연코 이묘묵이다. 그러므로 한국인 국장·도지사 등 미군정 간부들 인선에서도 강한 발언권을 행사했음은 의심할 여지가 없다.

무능·무책·부조리의 미군정 통역정치의 정점에 이묘묵이 존재한다는 좌·우익 양측의 비난에도 불구하고 그는 한국 정부 수립 후 하지 중장이 한국을 떠날 때까지 통역 겸 고문의 자리를 지켰다. 1948년 정부 수립 후에는 흥한재단 전무, UN 한국협회 이사장 등을 역임했고, 1951년 5월 8일 (대사관으로 승격되기 이전의) 특명전권 주영 공사로 임명되어 7년간 한 번도 귀국하지 않고 괄목할 만한 외교적 성과를 거둔 것으로 알려져 있다. 1957년 1월 26일 아내와 함께 그의 관할이었던 덴마크 코펜하겐을 여행하던 중 교통사고를 당해 한 달 후인 2월 27일 상오 런던의 병원에서 사망했다. 향년 55세였으니 실로 애석한 죽음이었다.

넷째, 한국인 인사과장 대리 정일형(鄭一亨)이다. 연희전문학교를 나온 후 미국 드루 대학에서 철학박사 학위를 받고 돌아와 모교의 교수로 있던 정일형이 부과장 격인 심천과 함께 미군정 한국인 인사과장 대리로 임명된 것은 1945년 10월 18일 자 임명사령 제19호에 의해서였다. 당시 인사과에는 모두 7명의 한국인이 근무하고 있었다고 한다. 1945년 10월 18일이라면 한국인 공무원치고는 비교적 빠른 시기의 임명이었다. 그러므로 그 후에 발령된 군정청 본청 및 각 도 간부 인선·임명에 정일형도 깊숙이 관여했을 것이다.

그렇다면 정일형을 인사과장 대리로 천거한 사람은 누구였는가? 당사자인 정일형은, 하지는 (부임해 올 때) 이미 한반도에서 협조를 받을 수 있는 한국인들의 명단을 가지고 있었으며 그와 같은 정보에는 진주군 중 한국을 잘 아는 윌리엄스, 윔스 등의 조언이 크게 반영되었다고 술회했다.

그러나 나는 여기서도 하지에 대한 이묘묵의 진언이 매우 큰 비중을 차지했을 것이라고 생각한다. 정일형은 이묘묵보다 2년 뒤인 1904년에 이묘묵과 같은 황해도에서 출생했고, 이묘묵이 다녔던 광성학교·연희전문학교 문과를 나왔으며, 감리교의 후원으로 미국에 건너가 대학에서 신학 공부를 하고 돌아온 감리교 목사였다. 이묘묵이 연희전문학교 교수로 있었듯이 정일형도 연희전문학교와 숭실전문학교·감리교신학교의 교수를 지냈다. 말하자면 이묘묵·정일형은 감리교가 길러낸 양대 엘리트였던 것이다.

나는 하지와 아널드 역시 감리교 신자였을 것이라고 생각한다. 적어도 감리교나 장로교 중 하나였을 것이다. 하지 중장이 한국에 오기 전부터 이묘묵과 자신을 이미 잘 알고 있었다고 정일형이 강조한 것이 그 점을 암시한다는 생각이 든다.

다섯째, 언더우드·윌리엄스(Frank E. C. Williams)·에몬스(Arthur B. Emmons) 등이다. 한반도에 장로교를 전파하고 새문안교회, 경신학교, 연희전문학교를 세운 언더우드(Horace G. Underwood)의 아들로 서울 정동에서 출생해 줄곧 한국에서 선교 및 육영 사업에 종사한 언더우드(한국명 원한경), 공주에서 다년간 선교 활동에 종사한 윌리엄스 등이 미군정에 초빙되어 급거 한국에 오기로 결정된 것은 1945년 10월 15일경이었다. 특히 10월 26일에 서울에 도착한 언더우드는 즉시 하지 중장과 아널드 군정장관의 고문관이 되어 미군정 운영에 깊숙이 관여한다. 또 태평양전쟁이 일어날 때까지 경성 주재 미국영사관 부영사로 재직했던 에몬스도 하지의 고문 자격으로 한국에 온다. 1945년 10월 18일이었다.

군정청 관방 인사과 부설기관으로 인사문제조사위원회가 설치된 것은 1945년 11월 18일, 정일형이 한국인 인사과장이 된 지 만 1개월 후의 일이었다. 설치의 목적은 군정청에 재직 중이거나 취직을 희망하는 한국인 중에서 친일파나 이적행위자를 가려내는 것이었는데, 이때의 이적행위자란 바로 공산주의자를 의미하는 것 같다. 그 위원장은 인사과장 블레드소(H. H. Bledsoe) 중령, 위원은 에몬스, 언더우드 등 모두 미국인으로 구성되었다. 이 가운데 에몬스나 언더우드 등이 미군정청 본청의 국장과 주요 과장, 각 도지사 임명에 깊이 관여했을 것이다.

    위원장 블레드소 중령(인사과장)
    위   원 에몬스(전 경성주재 미국영사관 부영사)
               언더우드(전 연희전문학교 교장)
               아리크(주한 미 실업가 대표)
               윌리엄스 소령(감리교 선교사)
               강윤식 대위(한국인 2세 미군장교)
               크라마 대위(미국인 법률가)

앞에서도 언급했지만 미군정 초기, 군정청의 국장은 오늘날의 각부 장관에 해당하는 자리였다. 관방의 과장이라는 것은 오늘날의 처장·청장과 같은 자리였으니 그 임용에 관한 사항은 당연히 관보에 게재되어야 했다. 그러나 아직 모든 것이 제대로 정비되어 있지 않은 시대였다. 임명·면직 등의 상황이 관보 취급 부서에 자동적으로 송부되고, 송부된 자료는 자동적으로 정리·인쇄되는, 그런 시대가 아니었던 것이다. 그러므

표 8 **미군정 초기 한국인 국·과장 임명 사령(1946년 3월 현재)**

직책	성명	발령일자	관보게재일	사령호수
광공국장	오정수	1945.9.25	1946.1.3	제64호
인사과장	정일형	1945.10.18	1945.10.18	제19호
농상국장	이훈구	1945.10.26	1945.10.26	제25호
학무국장	유억겸	1945.12.1	1945.12.14	제54호
외무과장	문장욱	1945.12.1	1946.1.11	제66호
서무과장	이종학	1945.12.15	1946.1.16	제67호
공보과장	이철원	1945.12.20	1946.1.16	제67호
경무국장	조병옥	1946.1.1	1946.1.3	제64호

자료: 원주문화사, 『미군정청관보 제1·2·3·4권』(원주문화사, 1991).

로 당시의 관보를 통해서 고급관리의 임명 사항의 전모를 파악하기란 거의 불가능했다. 지금 대체로 알려진 바로는 1946년 3월 29일 자 군정법령 제64호 국·과장의 명칭이 부·처장으로 변경될 당시까지의 모든 국·과장의 임명은 사실상 끝이 나 있었고, 이들은 미국인 국장과 같은 방에서 집무를 하고 있었다는 것이다. 그리고 당시의 관보철을 통해 찾을 수 있는 것은 전체 국·과장 수의 절반 정도밖에 안 되는 〈표 8〉의 8명에 관한 사항뿐이다.

관보에 게재되지 않았지만 분명히 임명되었음을 알려주는 자료로 당시 신문기사와 각 부처 소장 자료가 있다. 예컨대 ≪매일신보≫에 1945년 10월 9일 자로 보도된 "군정청 위생국과 경무국에 조선인이 임명되었다고 발표하다"라는 기사는 위생국에 9명의 한국인이 임명되었다는 소식을 전했는데 이용설(李容卨)이라는 이름이 그 우두머리에 있었다. 이용설은 세브란스의학전문학교의 간판 교수로서 한반도를 대표하는 도규계(刀圭界)의 거두였다. 관보에는 누락되어 있었지만 이용설이 위생국장에 임명된 것은 1945년 10월 9일이었고, 이용설 임명 후 얼마 안 가서 위생국의 이름이 보건후생국으로 바뀌었다.

일제하에서 오랫동안 철도국에 근무해 교통국 산하에서는 조선인 최고의 경력자였던 김진태(金鎭兌)가 1945년 12월 1일 자로 초대 한국인 교통국장에 임명되었음은 한국 철도 역사를 정리한 여러 연표에 소개되어 있으니 틀림없는 사실일 것이다. 그러나 그는 미군 국장과의 의사소통이 잘 이루어지지 않아 얼마 안 가서 사임하고, 그 자리는 꽤 오랫동안 공석으로 남은 것 같다.

체신부 총무과장으로 근무하던 길원봉(吉元鳳)이 체신국장이 된 것은 1946년 1월 1일이었다는 것은 체신연혁에 기록되어 있다. 원래 문서의 분석·정리에는 뛰어난 전통을 지닌 체신 사이트의 자료이기 때문에 틀림없는 사실이라고 생각한다.

국·과가 부·처로 개편되는 1946년 3월 말까지 미국인 국장만 있고 한국인 국장은 공석이었던 국은 법무국, 재무국, 운수국 그리고 국방사령부(통위부) 등 4개였다.

첫째가 '사바사바'이고 둘째가 '빽'이었다

통감부 설치 후 40년 동안 한반도를 지배해온 일제가 패망하고 조선총독부가 물러났으며, 조선총독부를 가득 메웠던 일본인 관리들이 모두 떠나가고 그 대신에 한국인들이 채용되어 그 자리들을 메꾼다는 것은 실로 엄청난 일이었다. 일제 강점기 조선총독부 내에 조선인 관리들이 전혀 없었던 것은 아니지만 그 수는 극히 소수였고, 일부 예외를 제외하고는 그 계급도 최말단을 벗어나지 못했다.

누구를 어떻게 채용해서 그 많은 자리를 채울 것인가? 공개채용시험 같은 것을 치를 시간이 있었던 것도 아니다. 설령 그럴 시간이 있었다고 해도 어떤 내용을 어떤 기준으로 치러야 하는가도 문제였을 것이다. 보통의 경우에는 그 사람의 경력, 특히 그 업무에 얼마나 오랫동안 종사했느냐가 중요한 기준이 된다. 그러나 미군정의 관리 채용에서 경력이라는 것은 오히려 마이너스 요소였다. 조선총독부나 그 휘하 기관에서 오랜 경력을 쌓았다는 것은 그만큼 친일의 정도가 높다는 뜻으로 미군정 관리 채용에서 가장 멀리해야 할 기준이었다.

그 많은 자리를 모두 걱정해야 할 처지가 아니었다. 우선은 우두머리에 누구를 앉히느냐 하는 것이 문제였다. 첫 번째 기준은 명백했다. 미국인 국·과장과의 의사소통 능력, 즉 능숙한 영어회화 실력이었다. 1945년 당시의 상황에서 영어회화에 능숙해지기 위해서는 우선 미국·영국 등 영어를 상용어로 하는 나라에서 유학하는 것이 첫 번째 조건이었다. 일제강점기의 한국인이 미·영 양국에 유학하기란 대단히 어려운 일이었다. 그러나 그것을 가능하게 한 좁은 길이 있었으니 장로교·감리교 등 개신교 선교사와의 연줄이었다. 미·영 양국, 그중에서도 미국 유학 경험자들이 다수를 차지한 것은 바로 그 때문이었다.

두 번째 기준은 부정(不正)을 저지르지 않는다는 것이었다. 8·15 광복은 자유와 민주주의를 가져왔지만 동시에 혼란과 부정도 가져왔다. 8·15 광복 후 한국 민중이 가장 놀란 것은 쌀·밀가루·광목 등 통제물자의 범람이었다. 돈만 있으면 무엇이든지 구입할 수가 있었다. 1945년에서 1960년까지의 15년 동안 가장 유행했던 말을 든다면 첫째가 '사바사바'이고 둘째가 '빽'이었다. 사바사바라는 말의 어원이 무엇인지는 알 수가 없다. 한국어도 일본어도 아니며 영어도 아닌 것 같다. '돈과 권력을 이용해 슬쩍 부정을 저지른다'는 뜻을 가진 은어(隱語)였는데 삽시간에 유행어가 되어버린 것이다. 혼란기일수록 사바사바가 판을 쳤으니 미군정기는 바로 사바사바의 시대였다. 그러한 시대에 고급공무원에게 요구된 자질은 사바사바를 하지 않는 것, 즉 부정과는 거리가 먼 공정과 정직이었다.

이묘묵·정일형·윌리엄스·언더우드 등 고급공무원의 임명 추천에 관여했던 인물들의 입장에서는 무엇보다도 먼저 믿을 수 있는 사람이어야 했다. 그들에게 믿을 수 있는 사람의 기준은 같은 개신교 신자일 것이 첫 번째였고, 그다음이 고향이 같아서 어릴 적부터 그 사람됨을 잘 알거나 같은 학교를 다녔거나 같은 직장에서 근무했거나 현재 같은 교회를 다니고 있거나 등의 조건을 갖추는 것이었다. 구체적으로 돈독한 개신교 신자일 것, 공주의 영명학교, 평양의 광성학교나 숭실전문학교, 서울의 연희전문학교나 세브란스의학전문학교의 학생·교사·교수 경력자들이었다.

여기에 영어회화 능력과 인간적 신뢰성 등 두 가지 조건을 갖춘 인물들을 고르다보니 자연히 충청남도와 평안남도 출신들이 많아질 수밖에 없었다. 상무부장 오정수, 후생부장 이용설, 체신부장 길원봉, 인사처장 정일형, 식량처장 지용은 등이 평안남도 출신이었다(유억겸 사망 후 문교부장이 되는 오천석도 평안남도 출신이었다). 공보부장 이철원, 농무부장 이훈구, 경무부장 조병옥, 재무부장 윤호병, 외무처장 문장욱 등은 충청남도 출신이었다.

이상의 직책들은 굳이 전문지식을 갖추지 않더라도 건전한 상식만 갖추면 업무 수행에 별로 지장이 없는 자리였다. 그러나 고위 공무원 중에서도 반드시 전문지식이나 경력 또는 자격증이 필요한 자리가 있었다. 우선, 법무국(사법부)의 장 자리가 그러했다. 변호사 자격과 같은 자격증 소지도 문제였지만 선후배라는 관계도 따져야 하는 자리였다. 미군정은 우선 영어회화 능력과 자격증을 갖춘 김영희(金永羲)를 법무국장(대리)으로 발령했다. 1945년 12월 11일 자 임명사령 제56호에서였다. 그리고 7일이 지난 12월 18일에 '앞으로 법무국의 전 업무를 조선인 판·검사와 직원들에게 일임한다'고 발표했다. 대륙법에 의존해온 조선의 법률체계와 영미법에 속하는 미국의 법률체계가 달랐기 때문이다.

그러나 김영희는 얼마 안 가서 스스로 강등 의사를 밝혔고, 그 후 그 자리(법무국장, 후에 사법부장으로 변경)는 당분간 공석을 유지한 듯하다. 김영희가 스스로 강등을 희망한 것은 변호사 및 판·검사 중에 선배들이 너무 많아 업무 수행에 지장을 초래한 때문인 것 같다. 자격은 물론이고 경력과 신망까지 갖춘 김병로(金炳魯)가 새 사법부장에 임명된 것은 1946년 7월 12일이었다.

김병로의 임명보다 약간 앞선 1946년 6월 12일에 군정청 내 새 기구로 통위부(統衛部)가 설치되고 초대 한국인 부장에 유동열(柳東說)이 임명되었다. 유동열은 구한말에 일본 육군사관학교를 졸업하고 한국군 장교로 있다가 1907년 군대 해산 후부터 독립운동에 참가했으며, 1919년 3·1 운동 후에는 임시정부에서 군무총장, 광복군 참모총장 등을 지낸 인물이었다.

국도·공도·교량 등 공용시설의 신설 및 유지·관리, 하천 등 천연자원의 보관·이용 및 정화 등의 기능을 집중관리하고 일원화하기 위한 부서로 토목부가 설치된 것은 1946년 8월 7일 자 군정법령 제104호에서였다. 그리고 바로 그날 토목계의 1인자로 알려진 최경열(崔景烈)을 토목부장에 임명했다. 일본 교토 제국대학 토목과를 나와 조선총독부 토목부 기사로 있던 최경열은 한강 인도교를 비롯해 이 나라 안 주요 도시의 도로와 교량의 설계·시공에 관여한 인물이었다.

초대 한국인 민정장관의 임명

아널드의 후임으로 1946년 1월 8일부터 군정장관이 된 러치(Archer L. Lerch) 소장이 미군정의 행정사무 일체를 조선인 직원에게 이양하겠다고 발표한 것은 1946년 9월 11일 오전에 개최된 한·미 양측 합동 부·처장 회의 석상에서였다. 미군의 한국 주둔과 미군정 실시는 한국 정부 수립 때까지의 잠정적 조치에 불과하며, 결국은 한국인에게 행정권 전반을 이양하고 떠나야 할 미군의 입장에서 이제 떠날 준비를 할 시기가 되었다는 것이 첫 번째 이유였다. 그리고 그동안의 훈련 결과 한국인들에게도 자치 능력이 있음을 충분히 알 수 있었다는 것이 두 번째 이유였다.

≪서울신문≫ 1946년 9월 15일 자 기사는 얼마 안 가서 있을 한국인 민정장관 임명과 행정권 이양에 앞서 그때까지 공석으로 있는 재무·운수의 양 부장과 물가행정처장 등의 자리를 빨리 메우라는 내시(內示)가 있었음을 보도하고 있다. 아마 하지 중장, 러치 군정장관 등으로부터의 지시가 있었으리라고 생각한다.

이 내시가 있은 지 20일 정도가 지난 1946년 10월 8일 자로 재무부장 자리가 메워졌다. 조선상업은행 행장 윤호병(尹皥炳)이 영입된 것이다. 윤호병은 일본 도쿄 상과대학의 전신인 도쿄고상(東京高商)을 졸업하고 조선상업은행에 입사해, 일제 말기에는 용도과장 자리에 있었으며 8·15 광복 후 초대 행장에 취임했다.

안재홍(安在鴻)이 남조선과도입법의원의 인준을 받는다는 조건하에 미군정 민정장관에 임명된 것은 1947년 2월 5일 자 임명사령 제116호에서였다. 1891년 경기도 평택에서 태어난 안재홍은 1914년 일본 와세다대학 정경과를 졸업한 후 1916년 중국 상하이로 망명해 이회영(李會榮)·신채호(申采浩) 등이 조직한 동재사에 가입했다. 그 후 귀국해 중앙고보 교감, 기독교 교육부 간사를 역임했으며, 1923년에 ≪시대일보≫를 창간해 이사와 논설위원을 지내고 ≪조선일보≫의 사장과 주필로 10년간 재직하는 한편 조선물산장려회 이사로 국산품 장려운동을 주도했다. 1925년에 신간회 총무가 되었으나 일본 관헌에 체포되어 8개월간 복역했고,

1936년에는 상하이 임시정부와 내통한 것이 발각되어 2년간 복역했으며, 1942년 조선어학회 사건으로 다시 투옥되어 1년간 수감되었다.

1945년 8·15 광복 후에는 여운형(呂運亨)과 더불어 건국준비위원회를 조직하고 부위원장이 되었으나 위원회가 좌익 편으로 기울어지자 얼마 안 가서 탈당했다. 그 성품이 강직해 한국민주당과도 취향이 맞지 않아 스스로 국민당을 만들어 당수로 있었다. 좌익인 조선인민공화국 및 조선공산당과 거리를 두었으며 이승만의 독립촉성회, 김구·김규식의 임시정부계, 한민당(한국민주당) 등 우익 보수 정당과는 비교적 등거리를 유지해 중립적이라는 평가를 받고 있던 그가 미군정의 요청으로 한국의 초대 민정장관이 된 것이었다.

안재홍이 미군정 한국인 최고위인 민정장관에 임명된 지 10일이 지난 2월 15일 자 임명사령 제118호로 새 민정장관 체제하의 각 부·처장과 도지사들이 임명되었다. 그 내용 중 중앙 부·처의 장은 〈표 9〉와 같다.

〈표 9〉의 인물들 중 안재홍 민정장관 취임일 이후에 임명이 결정된 사람은 운수부장 민희식과 물가행정처장 최태욱 둘뿐이며 그 밖에는 모두가 안재홍 취임 전부터 부·처장으로 재직해온 인물들이었다. 또 미군정이 끝난 1948년 8월 14일까지 명단 중 변동이 있었던 것은 문교부장 유억겸이 오천석으로, 인사행정처장 정일형이 기구개혁위원장이 되면서 부처장이었던 심천에게 그 자리를 넘겨준 것뿐이었다.

그렇게 군정 말기까지 인사 면에 거의 변동이 없었던 데는 민정장관 안재홍에게 사실상 별로 권한이 없었던 점에도 이유가 있었지만, 그보다도 더 큰 원인은 1947년 3월 15일 자 군정법령 제135호 제1조 (나)항에서와 같이 부·처장급 인사를 불가능에 가까울 정도로 까다롭게 규정했기 때문이었다. 이 규정으로 안재홍 민정장관에 의한 인사파동 같은 것이 일어나게 된다.

표 9 **미군정기 각 부처장의 인적 사항(1947년 2월 현재)**

직책	이름	생년	고향	유학 내용	소속 정당	일제하 주요 경력
서무처장	이종학	1900	경북	미국 시카고	-	조선서적회사
농무부장	이훈구	1906	충남	미국 위스콘신 대학 농대	한민	숭실전문학교 교수, 조선일보 주필
상무부장	오정수	1899	평남	미국 매사추세츠 대학 공대	한민	숭실전문학교 교수, 조선곡물 사장
체신부장	길원봉	1905	평남	일본 교토 제국대학	-	총독부 체신국 사무관
문교부장	유억겸	1895	서울	일본 도쿄 제국대학, 미국 2년	-	연희전문학교 교수
재무부장	윤호병	1891	충남	일본 도쿄 대학 상대	-	상업은행 과장
외무처장	문장욱	1903	충남	미국 컬럼비아 대학 신학과	-	감리교신학교 교수
통위부장	유동열	1877	평북	일본 육군사관학교	-	독립운동가
사법부장	김병로	1887	전북	일본 메이지 대학, 니혼 대학	한민	경성법학전문학교 교수, 변호사
인사행정처장	정일형	1904	평남	미국 드루 대학 철학박사	-	연희전문학교, 감리교신학교 교수
노동부장	이대위	1896	서울	미국 컬럼비아 대학 교육학과	-	기독교청년회 간사
식량행정처장	지용은	1896	평남	미국 노스웨스턴 대학	-	광성중학교 교장
물가행정처장	최태욱	1890	경북	일본 와세다 대학	-	금융조합·금융연합회
경무부장	조병옥	1894	충남	미국 컬럼비아 대학 철학과	한민	수양동우회 사건 등으로 여러 차례 투옥
보건후생부장	이용설	1899	평남	미국 노스웨스턴 대학 의대	한민	세브란스의학전문학교 교수
공보부장	이철원	1900	충남	미국 컬럼비아 대학 신문과	-	통신사 근무
토목부장	최경열	1905	함남	일본 교토 제국대학 토목과	-	총독부 기사
운수부장	민희식	1895	서울	미국 네바다 주립대학 경제학과	-	재미

자료: 대한민국공훈사발간위원회, 『대한민국역대삼부요인총감』(광복출판사, 1987); 동아신보사, 『한국신사록』(동아신보사, 1961); 합동통신사, 『현대한국인명사전』(합동통신사, 1969); 조선문우회, 『한국근현대사인명록』(여강출판사, 1987); 서울신문사, 『서울연감』(서울신문사, 1960).

문교부장 후속 인사

문교부장 유억겸(兪億兼)은 유길준(兪吉濬)의 둘째 아들이었다. 1856년 (철종 7)생인 유길준은 1881년(고종 12)에 일본에 건너가 게이오의숙(慶應義塾)에서 배웠고, 1885년에 유럽 각국을 시찰하고 돌아와 『서유견문(西遊見聞)』을 집필하기 시작해 1895년에 탈고했으며, 갑오개혁 후 김홍집 내각의 내각총서·내무협판 등의 요직을 지냈다. 아관파천 후 일본에 망명해 1907년 순종 황제의 특사령으로 귀국한 후에는 친일 단체인 한성부민회 회장 등을 지냈다. 일제가 조선을 강점한 후 그 공로자로 남작(男爵) 작위를 주었으나 받지 않고 일본 천황이 내린 은사금(恩賜金)이라는 것만 받았다. 말하자면 유길준은 구한국, 일제 강점기를 통해 친일·반일의 한계 지점에 위치한 인물이었다.

유길준은 두 아들을 두었다. 큰아들 만겸(萬兼)은 도쿄 제국대학 경제학과를 나온 후 조선총독부에 들어가 친일 관료의 길을 걸어 충북지사, 중추원참의 등을 지냈다. 둘째 아들 억겸도 형과 같은 도쿄 제국대학 법학부를 나왔으나 교육자의 길을 걸어 연희전문학교 교수를 지냈다. 1934년에는 흥업구락부 사건으로 서대문경찰서에 감금되기도 했다. 1937년에 변호사 개업, 1941년에 연희전문학교 부교장을 거쳐 1945년에 교장이 되었으며 미군정하에서 문교부장이 되었다. 유만겸·유억겸 형제는 일제 강점기에 다수 조선인이 생활의 지혜로 생각했던 친일·반일 이중생활의 대표적 인물이었다.

유억겸 문교부장이 뇌출혈로 사망한 것은 1947년 11월 8일 밤이었다. 그 후속 인사는 같은 부 차장으로 있으며 유억겸과 짝을 이루어 문교 행정을 이끌어온 철학박사 오천석(吳天錫)의 승진이었다. 1901년 평남 강서군에서 태어난 오천석은 미국으로 간 후 1925년에 코넬(Cornell) 대학을 졸업하고, 1927년에는 노스웨스턴(Northwestern) 대학 석사, 1931년에는 컬럼비아(Columbia) 대학에서 철학박사 학위를 받았다. 귀국 후 1932년 보성전문학교 교수로 있다가 미군정이 실시되자 문교부 차장이 되었으며, 대한민국 정부 수립 후에도 1960~1961년 문교부 장관을 역임했다.

어제의 요시찰 인물이 오늘의 지배층으로

비록 3년이라는 짧은 기간이었지만 문화도 언어도 생활습관도 다른 나라의 군대가 군사상 점령한 지역(나라)에 정부를 세워서 그것을 유지하고 통치 행위를 한다는 것은 결코 쉬운 일이 아니었다. 남·북한을 통해 점령군에 의한 군정이 실시될 때 조선총독부 산하 각 관공서에 근무하고 있던 일본인 관공리는 남조선이 5만 4920명, 북조선이 3만 4846명으로 합계 8만 9766명이었다고 한다. 남조선의 경우 5만 5000명 가까운 그들 대다수가 1945년 9월 말까지 그 직장에서 물러났으며, 11월 말까지는 모두 조선 땅에서 철수했다. 그 뒷자리가 조선인들에 의해 대단히 빠른 시일 안에 메워져야 했다. 장기간에 걸친 통치 행위의 공백이 허용되지 않았기 때문이다.

일본인들이 차지했던 5만 4920명 중 촉탁·고원·용인 등 밑바닥 자리는 1만 4079명으로 25.6%밖에 되지 않았다. 판임관 및 판임관 대우 이상, 오늘날의 직급으로 따지면 6급 주사 이상은 4만 841명으로 74%를 넘었다. 8·15 광복 때까지 일본인들이 차지했던 최고위 직급에서 6급 판임관까지의 자리를 모두 조선인으로 교체 임명한다는 것은 실로 엄청난 작업이었다. 전쟁이 끝났으니 전쟁 수행을 위한 업무는 끝이 났으나 또다시 광복과 국토 분단이 있었으니 광복 전에는 미처 상상도 하지 못했던 새로운 업무도 생겨났다. 일본인들이 버리고 간 토지·가옥(귀속재산)의 처분 업무 같은 것이 그것이었다.

빈자리, 새로 생긴 자리마다 열심히 사람을 채워나갔다. 부·처장이 아닌 자리까지 모두 영어회화 능력이 요구되지는 않았으나, 판임관(6급) 이상의 자리는 최소한 영문을 읽고 작성할 수 있는 능력이 요구되었다. 당시의 관보가 영문·한글 두 가지로 되어 있었으니(초기의 것은 일본어까지) 적어도 군정청 본청의 경우는 모든 공문서도 한·영 두 가지로 되어 있었을 것이기 때문이다.

8·15 광복 당시 조선총독부 본청에 근무했던 한국인의 총수는 200~300명 정도에 불과했을 것이고, 그것도 말단 직급이 대부분이었을 것이다. 서기관급이나 사무관급에도 전혀 없진 않았겠지만 거의 없는 것이 상례였다. 그런데 1945년 9월 9일에 미군정이 시작된 지 겨우 1년 남짓이 지난 1946년 10월 15일 현재로 미군정 본청의 한국인 근무자가 7684명이고, 그 밖에 각 도의 직원까지 합하면 4만 8949명에 달한다고 발표되었다. 자격시험이나 채용시험이 있었던 것도 아니었다. 군정청 본청의 경우는 순전히 알음알음으로 채용된 인원이었으니 실로 놀라운 숫자라 하지 않을 수 없었다. 이 숫자에는 각급 교사나 경찰과 군인(국방경비대)은 포함되지 않았으며 그것까지 포함하면 모두 25만 명에 달했다. 그 인건비 부담의 과중으로 도저히 군정을 유지해나갈 수 없게 되자, 우선 행정직을 대상으로 30% 정도 감원할 계획을 수립해 발표했다.

무릇 모든 통치 행위에는 통치에 종사하는 양적·질적 인재의 충원이 선행되어야 한다. 미군정의 인적 충원은 상급자일수록 언어적 요인, 청렴성 등 인격적 요인, 그리고 반공이라는 이념적 요인이 요구되었다. 그 과정에서 새로운 지배층이 형성된 것은 당연한 일이었다. 그렇게 형성된 새 지배층의 특징은 다음과 같다.

첫째, 조선시대에 시작해 일제 말기까지 계속된 사대부(士大夫) 계층에서의 탈피였다. 조선시대의 지배 계층은 과거시험에서의 문과(文科) 급제자로 대표되는 사대부 계층이었다. 지방별로 보면 서울이 가장 많고 경기도·충청도·경상도 각 도에 분포되어 있었으며, 평안도·함경도에는 거의 존재하지 않았다. 그들 사대부 계층은 일제 강점기에도 자식들을 일본 본토와 조선 내의 유명 대학·전문학교에서 수학케 해 친일·반일의 이중적 성격을 유지하면서 지배 계층의 지위를 적절히 유지할 수 있었다.

피상적인 견해라는 비판을 받을지 모르나 한반도에 들어온 초기의 기독교는 사대부 계층이 거의 존재하지 않거나 존재하더라도 그 층이 두텁지 않는 지방, 예컨대 평안도·황해도 등지에서 쉽게 포교될 수 있었고, 사대부 계층이 아닐수록 신자의 수가 훨씬 더 많았다. 사대부 계층은 유교적 윤리관과 생활습관에서 쉽게 벗어날 수 없었기 때문이다.

일제 강점기 말까지 기독교 신자들이 주로 수학한 곳은 조선 각지에 흩어져 있던 20개 정도의 미션스쿨이었으며, 그 정점에 연희전문학교, 숭실전문학교, 이화여자전문학교, 세브란스의학전문학교가 있었다. 그리고 미션스쿨에서 수학한 사람들 중에서도 가장 엘리트에 속하는 일부가 미국인 선교사와 미국 내 선교본부의 지원을 받아 미국에 유학할 수 있었다. 물론 기독교 신자가 아니고 사대부 계층에 속하는 인물들 중에도 영·미 각국에 유학한 사례가 전혀 없었던 것은 아니다. 그러나 그 숫자는 극히 적어서 겨우 몇 손가락에 꼽을 정도였으며 영·미 유학생의 대종은 기독교·미션스쿨 수학자들이었다.

그러나 일제 강점기에는 그들 영·미 유학생들을 관공리로 채용하지 않았다. 그뿐 아니라 요시찰 인물로 자칫하면 예비검속이란 이름으로 수십 일에서 수개월에 걸쳐 경찰서 유치장에 수감되었다. 태평양전쟁 중에는 이른바 적성국가(敵性國家) 유학생이라는 것 때문에 숨도 제대로 못 쉬며

숨어서 지내야 했다. 이묘묵의 이력서가 연세대학교 교무과에 비치되어 있지 않은 것도 일제 강점기에 그가 교내에 숨어 살았기 때문일 것이다.

8·15 광복은 모든 한국인을 식민의 질곡에서 해방시켰지만 그중에서도 영·미 유학 경험자들이 느낀 해방감은 특별한 것이었다. 우선 예비검속의 두려움에서 해방될 수 있었을 뿐 아니라 그들과 가장 친숙한 미국인을 만날 수 있게 되었다. 한국을 점령해 군정을 실시하게 된 미군들은 언어가 통할 뿐 아니라 종교도 같았고 익숙한 생활문화를 가진 집단이었다. 이묘묵·정일형·조병옥·이훈구·오정수·오천석·김형민(이상 서울), 구자옥(경기)·윤하영(충북)·황인식(충남)·정일사(전북)·최영욱(전남)·최희송(경북) 등이 군정청 본청의 부·처장, 각 도 도지사의 자리를 차지해 이 나라 안 최고의 지배층을 형성하게 된다. 그러나 그들 영·미 유학 그룹은 숫자도 적고 또 모든 분야를 망라할 수도 없어, 사법·재무·체신·토목 등 전문성이 요구되는 분야는 부득이 일본에 유학하고 돌아와 국내에서 경력을 쌓은 인물들을 기용할 수밖에 없었다.

여하튼 미군정의 최상급 부분을 형성한 인물들은 당시로 봐서는 최고의 엘리트 집단이었다. 그러므로 한국 정부 수립 후에도 그들은 당연히 제일류의 인물들이었고 행정 각부의 장관, 국회의원, 대법원장 등의 자리를 차지해 두드러진 활동을 전개했다. 군정이 끝나기 전에 작고한 유억겸을 제외하면 미군정기 군정청 본청에서 부·처장을 담당한 인물은 모두 18명이었다. 그 18명 중 1948년 대한민국 정부 수립 후의 경력이 추적되지 않는 인물은 서무처장 이종학, 체신부장 길원봉, 통위부장 유동열(6·25 때 납북), 물가행정처장 최태욱 등 4명뿐이다. 나머지 14명은 모두 대한민국 정부하의 대법원장, 행정부의 장·차관, 국회의원, 국영 또는 정부 관리 기업체의 장 등을 역임했다. 새 정부 수립 후의 경력을 요약하면 다음과 같다.

이훈구: 제헌국회의원, 성균관대학교 총장, 참의원 의원
오정수: 체신부 장관, 상공부 장관
오천석: 문교부 장관, 대한교육연합회 회장
윤호병: 서울은행장, 재무부 장관
문장욱: 초대 문교부 차관, 1949년 도미 후 미국 내 여러 대학의 교수
김병로: 초대 대법원장
정일형: 유엔총회 한국 대표, 제2~9대 국회의원, 제2공화국 외무부 장관
이대위: 삼척탄광 이사장, 건국대학교 교수
지용은: ㈜한국무역진흥 상무취체역(간부)
조병옥: 대통령 특명대사, 내무부 장관, 국회의원, 야당(민국당) 당수, 1960년대 대통령 후보
이용설: 세브란스의학전문학교 학장, 제2대 민의원, 연세대학교 재단 이사장 등
이철원: 국회 사무총장, 공보처장
최경열: 수리조합연합회 회장, 서울시 부시장
민희식: 초대 교통부 장관, 샌프란시스코 총영사

11

이 나라의 진짜 주인은 누구인가
미군정기 지방정부가 형성되는 과정

지방에 스며든 미군정: 미국인 군정장관의 임명

8·15 광복을 맞자 각 지방 도·부·군마다 일단 '치안유지회'(지방에 따라 그 명칭도 통일되지 않았다)라는 것이 구성되었고, 그것은 얼마 안 가서 거의 좌익 세력의 주도하에 들어갔으며 이어 조선건국준비위원회·인민위원회로 발전되어갔다. 그러나 미군이 진주하고 각 지방에 미군정이 실시될 때까지 지방마다의 치안은 크게 흔들리지 않았다. 그때까지는 무장을 갖춘 일본 군대와 조선총독부의 경찰조직이 그대로 유지되고 있었기 때문이다.

광복 당시 38도선 이남의 각 도 조선인 지사는 강원(손영목)·전북(정연기)·충남(박재홍)·충북(정교원)·경북(김대우)의 5명이었고, 일본인 지사가 있던 경기·전남·경남의 3개 도에는 명목상으로만 부지사 격인 조선인 참여관(參與官)이 임명되어 있었다. 내가 조사한 바에 의하면 전북의 참여관은 광공부장 윤종희(尹宗曦), 전남의 참여관은 광공부장 김창영(金昌永),

경남의 참여관은 농상부장 김덕기(金悳基)였다.

이들 조선인 지사와 참여관도 경북의 김대우를 제외하고는 거의 관사에 들어앉아 나오지 않았으며, 각 도청마다 조선인 직원들로 조직된 임시행정위원회 같은 것이 생겨났지만 별로 할 일이 없어서 삼삼오오로 모여서 소일만 하고 있었다. 각 도의 조선인 지사와 참여관이 이렇게 맥을 추지 못했던 것은 그들의 신변 안전에 자신이 없기 때문이었다. 실제로 충남지사 박재홍은 광복 직후에 전 도청 직원들의 면전에서 산업과의 일개 고원에게 구타를 당했고, 전북의 참여관 겸 광공부장이었던 윤종희는 9월 9일 밤에 관사에서 몇몇 청년들에게 습격을 당했다.

미군의 진주와 군정의 시작은 지방마다 달랐다. 9월 13일 개성, 16일 부산, 17일 청주, 20일 춘천, 9월 하순 대구, 29일 전주, 그리고 10월 5일에는 광주, 10월 초순(정식 진주는 10월 21일)에는 대전에 미군이 진주했다. 당시 한반도에 진주한 미군은 서울에 있던 제24군단 사령부 휘하의 3개 사단이었으며, 제7사단이 서울에 들어와 경기·강원·충남을 나누어 분담했다. 제40사단이 9월 16일 부산에 상륙해 경상남·북도를, 제6사단이 전라남·북도를 분담했다.

주한 미 육군 총사령관은 제24군단 사령관인 동시에 미군정청의 총책

표 10 **최초의 각 도 미군인 지사**

지역	미군인 지사	계급	임명사령(사령일)
경남	C. S. 해리스(Charles S. Harris)	육군 준장	임명사령 제2호(1945.9.28)
경기	W. B. 마이어스(William B. Myers)	육군 소령	임명사령 제5호(1945.10.2)
강원	M. L. 물리닉스(Marl L. Mullinix)	육군 중령	임명사령 제10호(1945.10.9)
충남	W. A. 카프(William A. Karp)	육군 중령	임명사령 제10호(1945.10.9)
경북	E. A. 헨(Edwin A. Henn)	육군 대령	임명사령 제27호(1945.11.3)
충북	R. C. 시넷(Ray C. Senate)	육군 중령	임명사령 제29호(1945.11.8)
전남	J. M. 브로키(John M. Brockie)	육군 중령	임명사령 제34호(1945.11.16)

자료: 원주문화사, 『미군정청관보 제1·2·3·4권』(원주문화사, 1991).

임자였으나 조직상으로는 주한 미 육군 총사령관 휘하에 있는 제24군단(군사)과 미군정청(통치)이 양립하고 있었다. 따라서 부산에 진주한 제40사단장이 곧 경남지사가 된 것이 아니고, 제40사단 소속의 군정관이 중앙에 있던 군정청 관방을 통해 지사로 임명되는 형식을 취했다. 내가 당시의 군정청 관방을 통해 조사한 바에 의하면 최초의 각 도 미군인 지사는 〈표 10〉과 같다.

이렇게 미국인 지사들이 임명되면서 일제 말기의 조선인 지사들, 즉 경북의 김대우, 충남의 박재홍, 강원의 손영목, 충북의 정교원, 전북의 정연기 등은 10월 17일경에 일본인 관리들과 더불어 파면되었다.

〈표 10〉의 군정청 임명사령 일자와 실제 지사로 부임해 집무를 시작한 일자는 다르다. 부임해서 업무를 본 것은 훨씬 더 빨랐으며, 그 사실이 군정청에 보고된 후 임명사령은 후속 조처로 내려진 데 불과했기 때문이다. 전북지사의 임명사령은 찾을 수가 없었는데, 8·15 광복 당시의 전라북도 경찰부 경무과장으로서 종전 후의 전라북도 사무인계 당무자 중 아마기 이사오(天城勳)의 증언 기록에는 "9월 29일에 전남·북을 총괄하는 미군 부대가 전주에 주둔했다. 아라메다 대령이 총지휘관이었다. 이날 전주 군정부가 수립되었다. 투리 풀 소령이 장관이었다"라고 적혀 있다. 추측건대 투리 풀 소령이 전라북도 임시지사 겸 전주 부윤 격이었던 것 같다.

그런데 이렇게 임명된 경기지사 마이어스(W. B. Myers) 소령은 11월 22일 자로 해임되고 11월 23일 자로 루트워크(Maurice Lutwack) 중령이 임명되었으며(군정청 임명사령 제40호), 다시 불과 10일도 안 되어 루트워크 중령이 경기지사에 임명되었다고 보도되었다.* 이어 1946년 4월 25일에는

---

* ≪자유신문≫, 1945년 12월 2일 자.

표 11 **미군인 지사회의 출석 도지사**

지역	미군인 지사	계급	조선인 유학생 배치
경기	S. E. 그림	중령	-
충북	R. C. 시넷	중령	-
충남	W. A. 카프	중령	이문상, 곽정선
전북	R. F. 갤로글	중령	김진홍, 배민수
전남	J. M. 브럭키	중령	홍윤식, 전최선
경북	R. A. 자노우스키	중령	선우천복, 명신홍
경남	C. S. 해리스	중령	한영교, 정기원
강원	M. L. 물리닉스	중령	김성득, 현피득

자료: 원주문화사, 『미군정청관보 제1·2·3·4권』(원주문화사, 1991).

앤더슨(Charles Augustus Anderson) 중령이 경기지사로 임명되었다(군정청 임명사령 제91호).

또 강원도의 경우를 보면 1945년 10월 9일 자로 물리닉스(M. L. Mullinix) 중령이 임명되었는데, 11월 26일 자로 저만(Carl H. Zwermann) 중령으로 바뀌고(군정청 임명사령 제41호) 다시 1주일도 채 안 되어 스밸만 중령이 강원지사로 임명되었다는 보도가 있었다.* 그러고는 다시 1946년 7월 1일 자로 가먼(James P. Gammon) 대령이 강원지사로 임명되었다(군정청 임명사령 제103호.).

1945년 11월 27일 오전 9시부터 군정청 민정장관 프레스코트 대령 방에서 미군인 지사회의가 개최되었는데, 이날 출석한 각 도지사는 〈표 11〉과 같다. 특히 이 자리에는 일전에 미국으로부터 귀국한 조선인 유학생 대표 10여 명도 참석해 각 도의 군정을 돕기 위해서 배치되었다.

〈표 11〉에서 단순히 미군인 지사 또는 미국인 지사라고 표현했지만 많은 자료에 지사라는 표현 대신 '군정장관(軍政長官)'이라고 표현된 경우

---

* 같은 신문.

가 많았다. 지사라고 불린 것은 그들의 대다수가 도청 지사실에서 근무했고 영문 표기도 'Military Governor'였기 때문이었다. 하지만 사실은 일반적 개념의 지사보다 훨씬 강력한 권한을 가졌으므로 각 도 도정장관이라고 표현하는 편이 더 옳다. 그 지방의 법원·검찰청에 배치되어 있던 군정관도 그들 'Military Governor'의 지휘하에 있었으며 사실상 일반 행정의 범위를 넘는 내용의 군정 명령도 빈번히 발하고 있었기 때문이다.

당시 각 도 미 군정장관의 권한을 알려주는 한 가지 예가 있다. 1946년 2월, 전라남도 군정장관 프라이스가 광주지방법원검사국의 여철현(呂喆鉉) 검사장을 군정명령 위반으로 구속했다. 전남 군정장관의 명에 의해 전남 경찰국에서 전남도 인민위원장 박준규와 부위원장 국기렬을 미군정 포고령 제2호 위반으로 구속·송치한 데 대해 광주지방법원검사국에서 피의자의 '혐의 사실이 막연하다'는 이유로 기소유에 처분을 내렸다. 이 보고를 받은 프라이스 군정장관은 화가 치밀어 즉각 미군 헌병을 시켜 여 검사장을 체포하고 광주재판소에 수감했으며, 며칠 후 미군정 재판에 회부해 '징역 1년, 벌금 20만 원'을 언도했다. 이 사건이 일어나자 광주 법조계에서는 급거 진정단을 상경시켰고 여 검사장은 구속 17일 만에 석방되었지만 검사장 직에서는 파면되고 말았다.

조선인 지사 및 서울특별시장의 임명 *

각 도 미국인 군정장관의 임명은 그렇게 어려운 일이 아니었다. 각 지

---

* 각 도 지사에 관한 기술은 내가 각 도 총무과에 가서 직접 조사했다. 이에 관한 자세한 기록은 다음 자료에 실려 있으며 자세한 각주도 달려 있으니 참고하기 바란다. 손정목, 「미군정기 지방정부가 형성되는 과정」, ≪도시역사문화≫, 제2호(2004), 103~130쪽.

방에 진주한 미군 부대의 최고위급 장교 한두 명 중에서 통치 쪽에 더 능한 자를 선택해서 임명하면 되는 일이었다. 문제는 조선인 지사의 임명이었다. 이것은 정말 여러 가지 경로가 있고 그 인선도 각각 달라서 미군정사를 통틀어 가장 흥미로운 부분이다. 다음은 내가 백방으로 조사한 바를 요약한 것이다.

경기도: 구자옥

구자옥(具滋玉)이 경기지사로 임명된 것은 1946년 2월 15일이었고, 군정청에서 직접 임명했다. 여기서 직접 임명했다는 것은 도 고문회의 등에서의 추천 절차를 거치지 않았다는 뜻이다.

구자옥은 1890년에 서울의 청진동에서 출생해 일찍이 한성외국어학교 영어과 4년을 졸업한 후 일본에 건너가, 당시 영어교육으로는 이름이 있던 도쿄정칙학교(東京正則學校) 야간부에서 수학했다. 귀국해 협성신학교(현재의 감리교신학대학교)를 다니면서 조선총독부 임시토지조사국 기술원양성소 측량과를 다녔고, 1914년까지 토지조사국 측량과 기수로 있었다. 1914년 2월에 다시 일본에 가서 도쿄 아오야마학원(靑山學院) 신학부 본과에 들어갔으나 신병으로 중퇴하고, 1917년에 귀국 후에는 기독교청년회(YMCA)에서 일했다.

1921년 미국으로 유학, 시카고의 조지 윌리엄스 대학에서 수학했다. 1923년에 귀국해 YMCA 총무로 선출되었으며, 1929년 5월에 다시 미국으로 건너가 매사추세츠 주 스프링호일드 시 국제기독청년회전문학교에서 수학, 1931년에 졸업하면서 이학사(BS) 학위를 받았다. 1940년에서 1945년까지 사립 영창학교 교장도 맡았다.

구자옥이 일약 유명해진 것은 1938년 2월에서 3월에 걸쳐 일어난 흥업구락부(興業俱樂部) 사건의 중심인물이었기 때문이다. 그의 집이 가택

수색을 당하면서 54명의 명단이 밝혀졌고, 그는 신흥우·유억겸·이갑성 등 동지 54명과 함께 경찰에 검거됐다. 총독부 경찰의 혹독한 고문을 받고 동지들과 함께 옥중에서 총독부 시책에 호응하겠다고 서약한 그는 6개월여가 지난 그해 9월에 기소유예로 풀려났다. 그 후 YMCA의 일본화, 신사참배 등에 앞장설 수밖에 없었고 조선군사후원연맹, 국민정신총동원연맹 조선지부 등 일제 말기의 각종 친일단체에 그의 이름은 빠짐없이 오르게 되었다.

당연히 구자옥은 광복 후 열렬한 군정 지지자가 되었다. 1945년 10월 10일 아널드 군정장관이 '군 정부 이외 어떤 정부도 존재할 수 없다'는 강한 표현으로 좌익계가 주도하는 조선인민공화국 인민위원회의 해체를 요구하는 담화를 발표하자 사회 각층의 대표자가 찬반의사를 신문지상에 발표했다. 이때 구자옥은 YMCA를 대표해 군정장관의 성명을 적극적으로 지지·옹호하는 발언을 했다.

당시의 경기도는 그 산하에 경성부가 속해 있었으니 다른 도와는 구별되었다. 그러므로 경기지사는 거물이 앉아야 했다. 이묘묵·정일형 등의 입장에서는 처음부터 구자옥을 제1후보자로 생각했을 것이다. 감리교 신자였고 감리교의 지원으로 일본 유학과 미국 유학을 한 인물이기 때문이었다. 다만 1945년을 보내고 1946년이 되어서야 임명한 것은 친일파 단죄 등의 여론이 있었고, 어떤 명목에서도 '그는 친일파가 아니다'라고 할 수 없었던 그런 환경이었기 때문이다.

충남이나 전남의 경우 이미 1945년 10월에 조선인 지사가 임명된 것에 비하면 중앙청 건물 바로 앞에 위치했던 경기도청의 지사가 1946년 2월에 임명되었다는 것은 좀 늦은 감이 없지 않다. 그러나 타 지사들이 6개월이나 8개월 만에 사임하고 후임이 임명된 것에 비해 구자옥만은 미군정이 끝날 때까지 굳건히 그 자리를 지켰다. 그뿐만이 아니라 대한민국 정부가 수립되면서 10~11월에 걸쳐 타 도지사는 모두 바뀌었지만 구자옥 지사만은 유임했다. 그가 주동이 된 흥업구락부 사건이 미국에 있는 이승만과의 접선이 문제된 사건이었던 데다가 그와 이승만이 모두 감리교인으로 같은 정동교회의 교우였다는 점에서 그는 이승만 박사와 가장 가까운 인물이었기 때문이다.

구자옥은 1950년 10월 16일까지 재임한 것으로 되어 있으나 사실은 그 전에 북한으로 납치되어 9월 하순에는 이미 서울에 있지 않았다. 만약에 이때 납북되지 않았다면 자유당 시대에 여러 요직을 거쳤을 그런 인물이다. 여하튼 그는 군정시대와 신정부 수립 후를 통해 최장수 지사의 기록을 지니고 있다.

강원도: 박건원

박건원(朴乾源)이 강원지사가 된 것은 1945년 12월이었고, 1946년 1월 1일 자로 발령되었다(군정청 임명사령 제73호). 1930년에 경성제국대학 의학부를 나와 강릉에서 외과병원을 경영하던 그는 광복이 되자 강릉자치위원장으로 추천되었고, 아마도 도 고문회의의 추천에 의해 지사가 된 듯하다. 뒤에서 설명되듯이 1947년 10월 전남지사로 전임되었고, 1948년 정부 수립 후에는 공군 준장이 되어 초대 공군의무감이 되었다고 한다. 1902년경에 출생한 듯하다.

충청북도: 윤하영

도지사는 원칙적으로 그 도 출신자가 맡아야 할 것인데, 그 도 출신자 중 적임자가 없으면 부득이 다른 도 출신자를 영입해올 수밖에 없다. 미군정청 여론조사과장으로 있던 윤하영(尹河英)이 충북지사로 임명된 것은 1946년 2월 18일이었다(군정청 임명사령 제81호). 오늘날 당시의 도지사

중에 그의 자필 이력서만이 도청 총무과에 원형으로 남아 있다.

1990년에 내가 확인한 그 이력서에 의하면, 그는 1889년 8월 6일 평북 의주군 광평면 상광동에서 태어났다. 1916년 평양신학교에 입학, 재학 중에 3·1 운동에 가담해 1년간 만주에 피신했다가 복학했다. 1920년 평양신학교 졸업 후 일본 경찰에 체포되어 1년 6개월 동안 형무소 생활을 했다. 1923년 2월부터 1924년 4월까지 용천군 광화교회 목사로 활동한 후, 1924년 4월~1925년 8월 중국에 체류하면서 도미 수속을 밟아 1925년 10월 미국으로 건너가 뉴저지 주 프린스턴 신학교에서 수학했다. 1929년 8월 귀국 후 신의주 장로회 제1교회 목사가 되어 기독교 관계 여러 학교의 강사·이사·이사장 등과 조선예수교장로회의 여러 직분을 맡은 끝에 장로회 총회장까지 역임했다. 태평양전쟁이 일어나자 일본 정부 정책 불협력자로 체포되어 5개월간 형무소 생활을 한 후 은퇴해 해방될 때까지 농업에 종사했다. 1945년 8월 16일, 신의주자치회를 조직하고 부회장이 되었다가 소련군이 진주하자 월남했으며, 1945년 10월부터 1946년 2월까지 군정청 여론조사과장으로 있던 중 충북지사에 임명되었다.

이상과 같은 이력은 당시 이 땅 안의 이력서 중에서는 최고급이었고, 물론 미군정 당국도 쌍수를 들어 환영할 만한 경력이었다. 그러므로 윤하영도 또한 장수 지사였고, 신정부 수립 다음 해인 1949년 1월 28일에 면직되었다.

충청남도: 황인식

황인식(黃仁植)이 충남지사로 임명된 것은 1945년 10월로 조선인 지사로는 가장 빨리 임명되었다(1945년 11월 3일 자 임명사령 제27호). 타 도의 지사 임명에 비해 그렇게 빨리 결정된 것은 공주에서 다년간 목회자 생활을 한 군정장관 고문 윌리엄스의 천거가 있었기 때문이다.

1889년 충남 공주군 계룡면에서 태어난 황인식은 바로 윌리엄스가 교장이었던 공주 영명학교(당시 2년제) 제1회 졸업생이었고, 평양 숭실중학에 편입해 졸업한 후 모교에서 교편생활을 하다가 1921년에 도미했다. 미국에서 콜로라도 주 덴더 대학을 장학금으로 졸업한 후 뉴욕의 컬럼비아 대학 대학원에서 교육학으로 석사를 받고 1926년 7월에 귀국해 바로 모교인 영명학교에서 교편을 잡았다. 1940년에 교장이던 윌리엄스가 본국으로 추방되자 1941년에 신사참배 거부로 폐교될 때까지 영명학교의 교장으로 있었다. 영명학교 교사 시절인 1930년, 광주학생 사건으로 전국의 각급 학교가 동맹휴학을 할 때 학생을 선동했다는 죄목으로 구속되었고 그 죄목으로 2년간 교사직에서 추방되기도 했다.

이렇게 윌리엄스가 키운 애제자요 충실한 신도이기도 했던 황인식은 윌리엄스를 통해 군정청의 옹호를 받았음직도 한데, 어떤 이유에서인지 9개월밖에 재직하지 못하고 1946년 6월 말에 사임했다. 그 후임으로는 영명학교의 후배 교사인 박종만(朴鐘萬)이 부임했다(1946년 7월 31일 자 임명 사령 제103호, 실제 임명일은 7월 1일).

박종만은 1897년 충남 천안에서 태어나 공주 영명학교를 졸업한 후에 도미했다. 미국에서 뉴욕의 라이마 대학 예과를 거쳐 1932년에 매사추세츠 주 보스턴 대학을 졸업하고 귀국해 공주 영명여학교 교사로 있었다. 8·15 광복 직후인 1945년 10월에 군정청 체신국장 대리, 1946년 2월 9일에 공보국장 대리로 자리를 옮겼다가 1946년 7월 1일에 충남지사가 되었고 1947년 7월에 전북지사로 전임했다.

전라북도: 정일사

제주도가 전라남도의 행정 구역에서 분리되기 전, 8개 도지사 중에서 전북지사 인선이 가장 늦어졌다. 도내 출신자 중에 영·미 유학 경험자,

기독교 신자, 지방적 신망자 등 세 가지 조건을 갖춘 인물이 없었던 데다가 지방적 자존심이 강해 타 도 출신자를 쉽게 받아들이지도 않았던 것이다. 결국 힘든 진통 끝에 도내 출신자가 아닌 정일사(鄭一史)가 전북지사로 임명된 것은 1946년 4월 3일이었고 4월 5일경에 부임했다.

정일사의 경력은 정말 특이했다. 그의 부임에 앞서 ≪동아일보≫가 소개한 바에 의하면 그는 당시 55세(1890년생)였고, 일찍이 미국에 유학해 워싱턴에 있는 육군대학을 나온 후 제1차 세계대전에 미군 장교로 종군했으며, 23년간의 미국 생활을 마치고 1924년경에 귀국했다. 귀국 후에는 세브란스의학전문학교에서 다년간 방사선과 과장으로 있었으며, 1931년에는 동교 이사, 1943년에는 전임강사가 되었으나 의사 자격이 없었기 때문에 끝내 교수는 될 수 없었다. 그의 이력서를 백방으로 구했으나 결국은 입수하지 못하고 신문지상에서의 소개와 『연세대학교백년사 제1권』*을 통해서 이와 같은 사실을 알 수 있었을 뿐이다.

전라남도: 최영욱

8·15 광복 당시 전남지사였던 야기 노부오(八木信雄)가 1961년에 기록한 바에 의하면, 1945년 10월 20일에 미국 하버드 대학 출신이며 일본 도쿄 대학에서도 약 반년 동안 수학한 바 있는 리스 소령이 찾아와서 "전남의 장래 계획과 인사에 관한 질문이 있었고", 22일에는 그가 데리고 온 펩키 대령으로부터 조선인 지사 후보를 추천해달라는 요청이 있었다고 한다. 그러나 "자기 혼자로는 잘 알지 못해 임문석(林文碩) 재무부장과 상의해 현준호(玄俊鎬)·정상호(鄭尙好)·송화식(宋和植)·최영욱 그리고 그 밖의 1명 등 5명을 추천하고 그 5명의 자산·신용 등을 쓴 것을 제출했다.

---

* 연세대학교백년사편찬위원회, 『연세대학교백년사 제1권』(연세대학교출판부, 1985).

결국 최 박사가 지사가 되었다. 최 박사 부부가 모두 미국에 유학한 사람이다"라고 술회하고 있다.

아무리 인망이 있었다 할지라도 광복 당시 중추원 참의였던 현준호라든가 변호사로서 광주부회 의원이었던 송화식 등이 거론되고 있는 것을 보면, 당시만 하더라도 친일파에 대한 감각이 매우 둔했음을 알 수가 있다. 하기야 미군 지사가 임명되자 임문석 같은 친일파가 재무부장에서 바로 내무부장으로 옮겨 앉았으니 군정기란 그렇게 관대한 시대였다.

라이트너 중령이 전남 군정장관(전남지사)이 된 것은 1945년 10월 25일이었으니 최영욱이 조선인 도지사가 된 것은 그로부터 얼마 안 가서의 일일 것이다(군정청 임명사령 제43호). 이 점에 관해 1979년에 간행된 『광주시사 제1·2·3권 합본』*는 다음과 같이 기술하고 있다.

> 미군정 실시와 동시에 피그 군정장관은 일본 관리들로부터 일부 행정권을 인수받아 자치활동을 하고 있던 도 인민위원회 및 각 시군 인민위원회와 치안대를 해산시켰다. 그리고 조선인 도지사로 최영욱을 발령했다. 당시 광주 황금동에서 서석병원을 개업 중이던 최영욱은 기독교 신자로 일찍이 미국에 유학을 다녀온 의학박사여서 영어에 능통했기 때문에 미군이 광주에 진주하면서부터 그들과 가까이 접촉하다가 지사로 기용되었던 것이다.
>
> 피그 군정지사와 최영욱 조선인 지사는 지사실에 테이블 2개를 'ㄱ'자 형으로 놓고 도정을 꾸려나가기 시작했다. 또 최가 지사로 발령이 난 후부터 그의 처 김필례(金弼禮)도 지사실로 출근해 일본어로 된 서류를 영어로 번역하는 일을 맡았다. 일제 때 일본과 미국 유학을 마치고 돌아온, 전국에서도 개화 여성으로 널리 알려진 그녀의 영어 실력이 특출해 도정의 제반 서류가 그녀의

---

* 광주시사편찬위원회, 『광주시사 제1·2·3권 합본』(광주시, 1982).

손을 거쳐서 최영욱 지사의 결재를 받은 다음 피그 지사에게로 넘어갔다.

최영욱은 1891년 광주에서 태어났으며 세브란스의학전문학교를 수석으로 졸업한 후 도미했다. 미국에서 켄터키 주립대학교 의대를 수료한 후 토란트 대학교 대학원에서 생리학 석사, 1926년 모리 대학교에서 박사 학위를 받고 귀국한 후 2년간 광주 제중원 원장을 지냈으며 1930년부터 서석병원 원장으로 있었다. 6·25 전쟁 때 현준호와 함께 인민군에게 사살되었다.

최영욱의 아내 김필례에 대해서도 언급해야 하겠다. 그녀는 1891년 황해도 장연에서 태어나 일본 도쿄 에이와(英和) 음악전문학교을 졸업한 후 도미해 에네스칼 여자대학과 컬럼비아 대학 대학원을 수료했다. 일제 강점기에는 광주 수피아여학교와 서울 정신여학교 교감, 광복 후에는 광주 수피아여중 교장, 최영욱이 죽은 후 상경해 서울 정신여중·고 교장, 동교 이사장을 지내다가 1983년 작고했다. 독립운동가 김규식의 처제이고 김마리아의 고모였으며, 『교육의 길, 신앙의 길』이라는 전기가 출판되어 있다.

의사였던 최영욱이 본직으로 돌아가고 광주부윤이었던 서민호(徐珉濠)가 전남지사로 임명된 것은 1946년 10월 16일이었다. 1904년 고흥군 동강면 만석 갑부의 아들로 태어난 서민호는 일본 와세다 대학 정경학부와 미국 컬럼비아 대학 정치사회학부를 나왔다. 그는 지나치게 호탕한 성품 때문에 불과 8개월밖에 재직하지 못하고 강원지사로 전임되나 결국 부임하지 않는데 그 경위는 뒤에서 설명하겠다. 여하튼 1952년에 유명한 서민호 사건의 주역이었고, 1967년 제6대 대통령 선거에 입후보했다가 사퇴하고 그해 제7대 국회의원에 당선될 때까지 그의 일생은 문자 그대로 파란의 연속이었다.

경상북도: 김의균

초대 경북지사인 김의균(金宜均)은 도 고문회의 추천에 의해 1945년 12월 23일에 취임해 약 1년간 재직했다. 김의균은 일제하 대구에서 다년간 변호사로 있으면서 비교적 일제와 타협을 하지 않고 의롭게 청빈을 지켜왔다. 그러나 영어에 능통하지 못해 미국인 지사인 지노우스키 중령이나 헤론(Gordon J. F. Herron) 대령과의 사이가 원만하지 못했는지 1946년 12월 5일에 사표를 냈다.

군정장관실 비서처장으로 있던 최희송(崔熙松)이 경북지사가 된 것은 1946년 12월 7일이었다. 1894년 평남 안주에서 태어나 미국의 매사추세츠 공대를 나온 최희송은 1948년 5월 23일까지 1년 6개월간 재임했다.

경상남도: 김병규

1945년 9월 20일에 경남지사가 된 해리스 준장은 여러 층의 의견을 들어 자기를 보좌할 도 내무부장에 일제시대 때 도의회 의원을 지낸 김병규(金秉圭)를 기용했다. 1883년 동래에서 태어난 김병규는 사립 동래개양학교(현 동래고등학교 전신)를 나온 학력이 전부였다. 그러나 부유한 가정에다 성격이 강직해 일찍이 동래산업조합장을 지냈고, 경상남도평의원이었을 때는 도의 보통교육 정책에 항거해 크게 문제를 일으킨 주동 인물로서 도 내외에 널리 그 이름을 떨쳤다. 고문회에서 있었던 도지사 인선 과정에서도 도내에 이만한 인물이 없다는 천거로 지사로 추천된 듯하고, 1946년 1월 23일 자로 초대 지사가 되었다(군정청 임명사령 제73호).

그러나 영어에 능통하지 못했을 뿐 아니라 매사에 보수적이었던 탓인지 끝내 미국인 지사와 타협을 보지 못해 1년도 안 된 1946년 12월 20일에 사임하고, 1947년 1월 7일 자로 김철수(金喆壽)가 경남지사로 임명된다(1947년 3월 29일 자 군정청 임명사령 제118호). 1896년에 양산에서 태어난 김철수는 일본 게이오 대학 이재과를 나온 도내 최고급의 인텔리였으며, 광복 후에는 이승만 계통의 대한독립촉성국민회 경상남도 지부장, 부산 자유민보 사장, 남조선과도입법의원 경상남도 대표대의원으로도 선출된 도내 우익 세력을 대표하는 인물이었다. 게이오 대학 이재과를 나왔으니 영어도 어느 정도는 구사했을 것이다.

제주도: 박경훈

제주가 전라남도에서 독립해 도로 승격된 것은 1946년 8월 1일이었고, 이 날짜로 조선인 박경훈(朴景勳)과 미국인 스타우트(Thurman A. Staut) 소령이 도지사로 임명되었다. 박경훈은 1909년 제주에서 태어나 1935년 경성제국대학 법문학부를 졸업하고 1937년부터 호남은행(후에 조흥은행에 흡수 통합)에서 근무했다. 광복이 된 다음 해인 1946년 2월에 제주도사(島司)로 부임해 근무하다가 8월 1일 자로 제주도가 도로 승격하자 초대 도지사가 된 것이다. 그가 지사가 되었을 때의 나이가 37세였으니 아마 가장 나이 어린 도지사였을 것이다. 그러나 그는 불과 8개월이 지난 1947년 4월 9일에 사임하고 유해진이 후임 지사로 발령되었다. 박경훈의 그 후 이력은 추적할 수가 없었다.

경성(서울특별시): 이범승

미군이 서울에 진주하면서 아직 군정·민정장관이나 각 국장(부장)들도 결정·발표하기 전인 9월 10일경에 킬로프 소령이 경성부의 군정 책임자(부윤)로 부임해, 일본인 부윤 쓰지 게이고(辻桂五)를 비롯한 일본인 관리 전원을 축출하고 부 행정을 시작했다. 킬로프 소령이 사임하고 그 후임으로 윌슨 중령이 부임한 것은 아마도 1945년 10월 말 또는 11월 초인 것 같다.

킬로프 소령은 부윤으로 집무를 시작하면서 당시 부청에 근무하고 있던 고위직 조선인 직원으로 하여금 전형위원회를 구성토록 하고 그들에게 부청 간부를 천거하게 했다. 조선인 직원들은 차마 조선인 부윤은 천거할 수가 없어서 부부윤 이하 각부 부장과 구청장만 전형·천거했다. 훗날(4·19 이후) 민주당 국회(참의원) 부의장이 되는 소선규(蘇宣圭)가 동대문구(청)장으로, 유명한 형법학자이면서 훗날 문교·법무부 장관 등을 역임한 황산덕이 성동구(청)장으로 천거·임명되었다(군정청 임명사령 제13·25호).

이때 엉뚱하게도 1급 친일파인 김창영이 부부윤에 천거·발령되었다. 김창영은 광복 당시 전라남도 광공부장 겸 참여관(부지사급)이었다. 광복 후 이미 그 기능을 상실한 조선총독부가 미군이 진주해 오기 이전의 행정 공백기에 해괴하게도 일부의 지방 인사이동을 단행했는데, 이때 김창영도 포함되어 무보직 상태로 경성부 근무로 발령되었다고 한다. 아마 일제가 패망하지 않았으면 수년 내에 도지사가 되었을 정도의 친일 인물이었으나, 당시의 경성부 소속 조선인 직원 중에서는 최고참인 동시에 최고급 관료였다. 그러나 이렇게 엉뚱하게 부부윤이 되었으나 두 달 후인 11월 9일에 부부윤 제도가 폐지되어 물러났다. 친일 인사를 잘못 임명한 것을 알게 되어 축출해버리는 방법으로 부분윤 제도를 폐지한 것으로 보인다.

그런데 문제는 한국인 부윤을 누구로 하느냐였다. 앞서 언급한 전형위원회가 합의해서 부윤 추천위원회를 구성했다. 교육계 대표로 동덕여고 교장 조동식, 금융계 대표로 조흥은행 영업부장 장우식, 상공회의소 소장 이동선, 변호사 이종성, 의사회장 임명재 등이 부윤 추천위원으로 위촉되었다. 이들 추천위원들이 모여 숙의한 결과 우선 경성부윤이 될 자격으로 세 가지 기준을 세웠다. 첫째, 친일을 하지 않은 인물, 둘째, 아무런 정당·정파에 속하지 않은 인물, 셋째, 학식과 덕망이 높은 인물이라

광복 후 초대 서울시장을 지낸 이범승.
자료: 『한국 도시 60년의 이야기 제1권』 15쪽에서 재인용.

는 것이었다. 이 세 가지 기준을 놓고 검토를 하다가 이범승(李範昇)이라는 인물로 낙착을 보았다.

이범승은 1885년 서울에서 태어나 일본 교토 제국대학 법학과를 1916년에 졸업하고 동 대학원에서 법제사를 연구하다가 귀국해 자비로 종로도서관을 설립·운영했다. 지금의 탑골공원 서쪽 담벼락에 단층의 한옥 건물이 붙어 있었다. 구한말에 한국군 군악대가 창설되어 독일인 음악가 에케르트(F. Eckert)를 초빙해 처음으로 서양음악을 전수받던 건물이었다. 이범승은 그 건물을 수리·개조해 종로도서관을 설립·운영하는 한편으로 보성전문학교(현 고려대학교)에도 출강했다. 1926년에 조선총독부 식산국에 들어가서 황해도 산업과장, 경상북도 이사관 등을 역임한 후 1940년에 퇴관했다. 그 후는 거처를 의정부로 옮긴 것 같다. 이른바 낙향을 한 것이었다. 광복이 되자 그곳 자치위원장이 되었고, 그 인연으로 군정청에서 양주경찰서장으로 임명되어 재직하고 있었다.

조선왕조 양반의 후손으로 원래 성품이 강직했던 이범승은 고집이 세고 자기 생각대로만 일을 처리했다. 그 때문에 미국인 부윤 윌슨 중령과 사이가 좋지 않았음은 당연한 일이니, 재임하고 반년 남짓 후인 1946년 5월 9일에 사임해버렸다.

약 50일간의 공백이 있은 후 전혀 하마평에도 없던 (따라서 거의 무명 인사인) 김형민이 제2대 부윤이 된 것은 1946년 6월 20일이었다. 김형민은 1902년 전북 익산에서 백부가 목사였을 정도로 독실한 기독교 집안에서 태어나 향리에서 미션계 중학을 마치고 미국인 선교사의 주선으로 도미했다. 하와이에서 고등학교를 마친 후 오하이오 주 웨슬리언 대학을 졸업했으며, 1933년 미시간 대학에서 교육행정학으로 석사를 받고 귀국했다. 귀국 후 잠시 도쿄 주재 터키 대사관에 근무하다가 1935년 5월부터 1941년 12월까지 개성의 송도보통학교에서 영어교사로 있었다. 일제 말기 이른바 요시찰 인물로 지목받아 2년 정도 투옥되었다가 석방된 후로는 고향에서 농사일에 종사했다.

김형민은 광복 후에 상경해 삼일사라는 석유 대리점을 경영했고, 석유 배급을 받기 위해 경성부청과 군정청을 드나들다가 군정청 간부들을 알게 되었고 부윤 임명·교섭을 받았다는 것이다.

그의 "취임식은 부청 회의실에서 제2대 군정장관 러치 소장, 경기도의 한국인 지사 구자옥, 미국인 지사 앤더슨 중령 등을 비롯한 한·미 귀빈 다수가 참석해 다채롭게 거행되었다. 먼저 윌슨 경성부윤의 새 부윤 소개가 있은 후 김 부윤은 처음은 유창한 영어로, 다음은 한국어로 취임사를 했다. 이에 대해 러치 군정장관과 경기도지사의 축사가 있었다"고 한다.

김형민은 1946년 9월 28일부터 경성부가 서울특별시가 되면서 초대 서울특별시장이 되었고, 정부 수립 후 윤보선이 서울특별시장으로 임명되는 1948년 12월 15일까지 그 자리를 지켰다.

행정 경험을 가진 자가 한 사람도 없었다

　미군정은 1946년 1월 23일부터 군정청 제1회의실에서 조선인 도지사 회의를 소집해 식량문제를 비롯한 당면 문제를 논의했다. 이때는 아직 임명이 안 된 전북지사를 제외한 나머지 지사들은 모두 참석했을 것이다. 앞에서 미군정 전기, 즉 1945년 9월 9일부터 1947년 3월 말까지 1년 7개월간의 경성부-서울특별시와 9개 도에 걸쳐 모두 15명의 한국인 지사(경성부윤—서울특별시장 포함)가 임명된 것을 살펴보았다. 당시의 도지사급 인사 임명에서 다음과 같은 사실을 알 수 있었다.

　첫째, 총 15명 중 미국 유학 경험자가 9명(구자옥·윤하영·황인식·박종만·정일사·최영욱·서민호·최희송·김형민)으로서 전체의 60%였다.

　둘째, 나머지 6명 중 5명도 일본의 교토 국제대학(이범승), 경성제국대학(박건원·박경훈), 게이오 대학 이재과(김철수), 조선변호사시험 합격(김의균) 등으로 학력상으로는 당시 최고 수준의 인물들이었다.

　셋째, 이렇게 미국 유학 또는 일류 대학 출신자들이라 거의가 영어에 능통했을 것이며, 영어회화의 능통성 여부가 바로 미군정 당국자와의 친교 또는 신임과 비례 관계에 있었다.

　넷째, 구자옥·윤하영·황인식·박종만·정일사·최영욱 등의 예에서 알 수 있듯이 거의 모두가 개신교 신자였다. 이 점이 미군정의 성격을 뚜렷이 부각하고 있다. 개신교 신자이면서 도미 유학 경험자 중에서도 단명으로 끝난 자가 없지는 않았으나(황인식·최영욱), 개신교 신자도 아니고 영어에도 능통하지 않았으면 틀림없이 단명했다(김의균·이범승).

　다섯째, 15명의 도지사·특별시장 중에서 도 고문회 또는 지방 유지의 추천 등이 있었던 자는 전체의 3분의 1인 5명(박건원·김의균·김병규·김철수·이범승)뿐이었고, 나머지 10명 중 8명은 군정청 본부의 일방적 임명(구자옥·

윤하영·황인식·박종만·정일사·최희송·박경훈·김형민), 나머지 2명(최영욱·서민호)은 도 군정장관의 천거에 의한 임명이었다.

여섯째, 도지사가 되기 이전에 행정 경험을 가진 자는 단 한 사람도 없었다. 굳이 있다고 하면 은행원이었다가 제주도사로 등용되어 약 반년 동안 도사를 경험한 박경훈뿐이었고, 그 밖의 누구도 지방 행정은 물론 행정 경험이라는 것은 전혀 없는 인물들이었다. 이 점은 파트너로서 같이 일을 한 각도 군정장관이 군인이었을 뿐이지 일반 행정에 종사한 경험이 없었던 점, 그리고 군정 중앙 부서의 장들 역시 행정을 경험한 자가 거의 없었던 점과 같은 현상으로 보아야 한다. 다만 다행이었던 것은 미군정 3년간의 한국의 상황이 식량 배급 문제를 제외하고는 행정적인 일이 별로 없었다는 점이다. 굳이 따진다면 콜레라의 만연에 의한 방역 행정도 있었고 철도노조의 파업에 의한 노동 행정도 있었지만, 그것들도 결코 세세한 행정 지식이나 경험이 요구되는 사안은 아니었다. 만약 미군정 3년 중에 사라호 태풍과 같은 것이 불었거나 했다면 어떻게 대처했을 것인가? 생각할수록 아찔하다.

인사파동과 안재홍의 몰락

미군정 3년간을 전·후기로 나누는 것이 옳은 것인지, 또 만약에 나눈다면 그 시기를 언제로 하는 것이 옳은 것인지, 그리고 학계의 일반적인 경향은 어떤 것인지는 모르겠다. 다만 나는 안재홍이 민정장관에 임명된 1947년 2월 5일을 기점으로 그 이전을 군정 전기, 그 이후를 군정 후기라고 하는 것이 옳을 것 같다고 생각한다. 그러므로 여기에서 미군정 후기라고 하는 것은 1947년 2월 5일 이후를 말하는 것이다.

안재홍이 민정장관이 된 지 10일 뒤인 1947년 2월 15일에 미군정장관은 군정청 내 조선인 부·처장과 각 도 조선인 지사를 다시 임명하는 형식을 취하고 있다(1947년 2월 15일 자 임명사령 제118호). 2월 15일에 발표는 되었으나 관보에 게재되기는 1947년 3월 29일이었다. 이 중 도지사에 관한 부분만 옮기면 다음과 같다.

2. 아래의 각인을 별기의 부서에 임명함.

성 명 임 명
구자옥 경기지사
박건원 강원지사
윤하영 충북지사
박종만 충남지사
정일사 전북지사
서민호 전남지사
최희송 경북지사
김철수 경남지사
박경훈 제주지사
김형민 서울특별시장

1947년 3월 29일
조선군정장관 미국 육군소장 아처·엘·러치

이미 발령이 나서 잘 근무하고 있는 사람들을 상대로 또 한 번 임명사령을 발한 것은 새로 부임한 조선인 민정장관 아래에서 심기일전해 조선인 통치에 한층 더 노력하라는 취지의 인사 발령이었을 것이다.

그런데 안재홍이 민정장관으로 취임하고 보니 군정청 본청 내의 모든 실권은 미국 유학을 경험한 기독교 신자들이 장악하고 있었고, 그 중심에 주한 미 육군 사령관 하지 중장의 고문 겸 통역인 이묘묵과 그의 후배이면서 형제처럼 친하게 지내는 인사행정처장 정일형이 있었다. 지방 각 도의 사정도 비슷해 영어회화 능력을 갖춘 자와 개신교 신자들이 득세를 하고 있었다. 특히 그중에서도 전라남도(서민호 지사)의 경우는 도지사가 한민당을 업고 심한 독재를 하고 있는가 하면, 충남(박종만 지사)·강원(박건원 지사) 같은 경우는 도지사와 도내의 보수 세력들이 깊이 유착되어 민정장관인 자신은 중앙과 지방을 통틀어 허울만은 최고위였으나 실권은 아무것도 없는 빈껍데기인 것을 실감했던 것이다.

게다가 그 당시 군정·민정장관과 부·처장으로 이루어진 정무의회의 요인들과 각 도 지사는 숭실전문학교·연희전문학교 또는 세브란스의학전문학교의 동창들, 심지어는 공주 영명학교의 동창(조병옥·박종만)에다가 거의가 도미 유학파로 구성되어 있었다. 사정이 이러하니 개신교 신자도 아니고 미국 유학의 경험도 없는 안재홍 장관으로서는 대단한 고독감과 무력감에 시달렸을 것이다.

전남의 경우 한민당 지지자가 아니면 모두 좌익계로 몰아붙이고 언론인을 구타하는가 하면 신문사를 폐간 처분하는 등 서민호 지사가 편파적 독재를 하고 있었다. 이에 시달리다 못한 한독당계 인사와 변호사·언론인 등이 모여 '지사 교체 11인 위원회'를 구성해 서울에 올라와 안재홍 민정장관에게 운동을 전개했다. 이를 알아차린 서민호 지사가 40여 명의 깡패를 동원해 서울시청 앞에서 이들에게 백주의 테러를 가한 일이 ≪동아일보≫·≪조선일보≫ 등 신문에 대서특필되기도 했다. 이와 같은 지사 교체 운동은 다른 지방에서도 있었을 것이다. 예컨대 충남에서도 황인식·박종만으로 이어진 공주 기독교 신자들의 득세가 대전을 중심으로 한 비기독교인들에게 염증을 느끼게 했을 것으로 추측된다.

이와 같은 사태를 타개하기 위한 방안은 우선 인사쇄신밖에 없다고 판단한 안재홍 장관은 제1단계의 조치를 취했다. 인사행정처장 정일형을 충남지사로, 충남지사 박종만을 전북지사로, 강원지사 박건원을 전남지사로, 전남지사 서민호를 강원지사로, 전북지사 정일사는 해면하는 내용이 그것이었다. 이와 같은 내용의 1처장 4도지사의 인사이동이 단행된 것은 1947년 6월 25일이었고 6월 28~29일의 신문지상에 일제히 보도되었다.

그러나 이 인사는 즉시 실시되지 못했다. 당사자들의 반발이 너무나 컸고 정일형, 정일사를 지지하는 조선민주당, 정일형과 서민호를 지지하는 한민당 등에서 일제히 비난하고 나섰던 것이다. 그러자 헬믹(G. C. Helmick) 군정장관 대리가 이 인사를 남조선과도입법의원의 인준에 회부하는 한편 정일형 인사행정처장에게 그 집무를 계속 담당하라고 요청했다.

7월 8~9일에 개최된 남조선과도입법의원 제104·105차 회의는 격론 끝에 이 인사이동 인준안은 신규 임명이 아니고 단순한 이동에 불과하기 때문에 남조선과도입법의원의 인준 대상이 되지 않는다는 취지로 각하했다. 즉, 군정법령 제118호 남조선과도입법의원의 창설 제5조 제2항의 "동 의원은 또한 과거 군정청에서 임명한 인사행정 중 신분 4등급 이상의 모든 관직 임명을 재조사할 권한이 있으며 또 그러한 미래의 모든 임명을 추인하고 동의하는 권한이 있음"이라는 규정에서 '미래의 모든 임명을 추인하고 동의하는 권한'은 신규 임명에 한한다고 해석한 것이다. 안재홍 민정장관과 한민당·조선민주당이 지원하는 정일형 인사행정처장의 싸움에 남조선과도입법의원이 개입하지 않겠다는 결정이었다.

그런데 이 문제에 관해 안재홍 민정장관에게도 다음과 같은 큰 약점이 있었다. 1947년 3월 15일에 발포된 군정법령 제135호 관공리임명 제1조

(나)항은 "각 부처장, 도지사 및 서울특별시장은 민정장관의 추천에 의하여 군정장관이 이를 임명함. (다만) 민정장관은 조선인 부처장 과반수의 추천을 얻어 (이를) 상정함. 민정장관은 부처장 과반수의 추천에 관해 찬부 여하를 그 이유와 함께 진술함"이라고 규정되어 있었다. 이 규정에 의하면 민정장관이 부처장이나 도지사의 임명을 추천하고자 할 때에는 사전에 조선인 부처장 과반수의 동의(추천)를 얻어야 했다. 그리고 안재홍 장관은 실제로 서면을 돌려 이 동의를 받았다. 그런데 이 동의를 받는 과정에서 '정 인사행정처장의 충남지사 임명은 본인과 사전 협의가 되었다'는 허위 기재를 했던 것이다.

안재홍 장관이 이런 허위 기재를 함으로써 부처장 과반수의 동의를 얻었다는 것이 판명되자 7월 10일의 정무회의(군정장관·민정장관 및 각 부처장 회의로서 오늘날의 국무회의와 같음)에서 정일형 인사행정처장의 유임을 결정해버렸다. 정일형 처장을 거세하려던 안재홍 장관의 시도는 정일형 처장의 완승, 안재홍 장관의 참패로 끝나고 말았다. 정일형 처장은 그 후에도 계속 유임하면서 기구개혁위원회 위원장 등의 요직을 겸하다가 1948년 1월 하순에 부임 이래로 줄곧 그의 밑에서 차장으로 있던 심천에게 인사행정처장 자리를 넘겨주고 기구개혁위원회 전임이 되었다.

결국 안재홍 민정장관 재임 1년 5개월 동안에 그가 할 수 있었던 인사는 지난날 그의 국민당 창당에 참가했고 그와 함께 한독당원이기도 했던 유해진(柳海辰)을 1947년 4월 10일 자로 제주지사로 임명한 정도뿐이었으니 문자 그대로 종이호랑이였다. 문제는 앞서 발표한 4개 도지사 이동 발령의 처였다. 정일형 인사행정처장은 유임되었고, 강원지사로 발령된 전남지사 서민호는 "나는 죽어도 전남의 흙이 되겠다"라는 성명을 발표하고 새 임지로의 부임을 거부했으며, 서민호 전남지사와 정일사 전북지사의 유임운동도 전개되고 있었다.

난처해진 것은 군정청이었고 안재홍 민정장관의 체면은 말이 아니게 되었다. 결국 1947년 7월 12일 자로 일단 부임을 승낙한 박종만을 전북지사에, 박건원을 전남지사에 임명·발령했다. 남조선과도정부 임명사령 제1호였다. 그리고 이들이 떠나간 뒷자리, 즉 충남·강원 두 도지사는 2개월 이상이나 공석으로 있다가 10월 11일에서야 서덕순(충남)·이정규(강원)로 메워졌다. 서덕순은 충남 내무국장에서, 이정규는 충남 상공국장에서 승진한 것이었다. 서덕순은 일본 와세다 대학과 중국의 베이징 대학에서 수학한 후 황인식과 더불어 다년간 공주 영명학교에서 교편을 잡았으며, 8·15 광복 후에는 황인식이 충남지사가 될 때 동시에 내무부장에 취임함으로써 황·박 양대 지사를 보필한 인사였다. 강원지사로 발탁된 이정규의 인적 사항은 끝내 조사할 수가 없었다.

안재홍 민정장관, 정일형 인사행정처장의 인사 주도권 싸움의 후유증이 워낙 컸던 탓도 있고 또 특별히 사람을 바꾸어야 할 필요도 없었던지, 그 후에는 군정청 본부의 부처장급, 각 도지사, 주요 부의 부윤급에 이렇다 할 두드러진 인사이동은 별로 없었다. 그렇다 할지라도 주요 간부급에 전혀 인사가 없었던 것은 아니다. 그리고 이런 간부급의 인사에서도 군정 초기와 동일하게 ① 영·미 유학과 영어회화 능력, ② 기독교 신자, ③ 친보수정당(특히 한민당계) 등의 원칙은 그대로 지켜졌다. 군정청 정무회의를 구성하는 부처장들의 성분이 그러했고 미국인 군정장관의 취향이 그러했으니 어쩔 수 없는 일이었다. 다만, 제헌국회의원의 선거도 끝나고 신정부 수립이 임박한 1948년 5월 하순에 경북·제주 양 도의 지사를 갑자기 바꾼 것은 실로 뜻밖의 일이었다.

박경훈 제주지사가 사임한 것은 1947년 4월 9일이었다. 자진사퇴였는지 군정청 본청에서의 권고사퇴였는지는 알 수가 없다. 다만 추측할 수 있는 것은 그가 사임할 당시 이미 제주도의 사태가 심상치 않았던 것이 아닌가 하는 점이다. 그리고 더욱 답답한 것은 도지사 사퇴 후의 그의 동정을 파악할 길이 막막하다는 점이다.

박경훈의 후임으로 유해진이 임명되어 부임했다. 박경훈이 사임한 다음 날인 4월 10일의 일이었다. 그는 전북 완주군 삼례읍 출신으로 일본 주오(中央) 대학을 졸업했으며, 광복 후 한독당 노농부장으로 있다가 제주지사로 기용·임명된 것이었다.

유해진의 재임 기간은 1년 2개월로 1948년 5월 27일에 해임되었다. 5월 10일에 실시된 제헌국회의원 총선거에서 북제주군 갑·을구가 선거 무효 결과를 가져와서 전격 해임된 것이었다. 당시의 제주도는 4·3 사건으로 정상적인 선거가 실시될 상황이 아니었다. 그 결과 북제주군 갑구의 경우는 전체 73개 투표구에서 투표가 실시되지 못한 투표구가 42개(56%), 을구의 경우는 총 투표구 61개 중 29개(46%) 투표구에서 투표가 실시되지 못하는 상황이 벌어졌다. 그리하여 5월 18일, 중앙선거관리위원회는 딘 군정장관에게 북제주군 갑·을구에서의 선거 무효 및 재선거를 건의했다. 그에 의해 딘 군정장관은 5월 26일 자로 당시의 국회의원선거법 제44조가 규정하는 바에 따라 북제주군 갑·을구 5·10 선거의 무효를 선언하고 다음 날로 유해진 지사를 해임했던 것이다.

1948년 5월 28일 자로 후임 제주지사가 발령되었다. 산업국장으로 재직하고 있던 임관호(49세)가 임명되었다. 그러나 임관호가 도지사로 발령될 1948년 5월 말~6월 초 당시의 제주는 사실상 무정부 상태나 다름없었다. 낮에는 국방경비대가 다스리고 있었고 밤에는 좌익 게릴라가 장악해 도정이 거의 마비 상태에 있었던 것이다. 도정이 제 궤도에 오른 것은 대한민국 정부가 수립되고도 여러 달이 지난 1949년 1월 말~2월 초가 되어서였다.

경북지사 최희송이 전격 경질되고 후임에 장인환(張仁煥)이 임명된 것

1948년 5월 31일에 개원한 제헌국회.
자료: 『한국근현대사강의』 327쪽에서 재인용.

은 제헌국회의원 선거가 끝난 지 보름도 더 지난 1948년 5월 27일이었다. 미군정의 도지사 인사 중에서 이 인사발령만은 도저히 이해할 수 없는 이상야릇한 인사였다.

무엇보다 바꿔야 할 시기가 아니었다. 제헌국회의 개원이 박두하고 있었다. 새 정부가 발족하면 중앙 각 부처 장관은 물론 각 도의 도지사도 모두 경질될 것은 당연한 일이었다. 그런데 왜 그런 애매한 시절에 굳이 도지사를 바꾸어야 했던 것인가?

이 지사 경질에 관해서는 그 이유가 밝혀지지 않고 있다. 내가 백방으로 찾아보았지만 지사를 굳이 바꾸어야 할 결정적인 이유라는 것은 찾을 수가 없었다. 최희송 지사에게 도지사직을 유지할 수 없는 결정적인 결함이 있었던 것 같지가 않다. 만약에 그런 결함이 있었다면 그가 훗날 (1959년 9월 19일) 고향도 아닌 대구시 을구에서 제4대 국회의원 보궐선거에 입후보해 당선될 수도 없었을 것이며, 1960년에 실시된 초대 참의원 선거에 입후보해 경상북도 내 제4위에 당선되는 영광 같은 것도 없었을 것이다.

최희송의 후임으로 경북지사가 된 장인환의 인적 사항에 관해서는 대구까지 내려가서 조사해도 자세한 것을 알 수가 없었다. 겨우 그가 대구 시내 저명한 유지였다는 것, 도지사가 되기 전 그리고 도지사직에서 물러난 뒤에도 대구일보사 사장의 자리에 있었다는 점을 알았을 뿐, 정확한 나이도 출신 학교 같은 것도 조사할 수가 없었다.

이 나라의 진짜 주인은 누구인가

미군정 후기를 다루면서 절실하게 느낀 것이 있다. 그것은 그때도 미군정청은 있었고 미국인 부·처장들과 각 도 장관들이 재직하고 있었음은 분명한데, 사실상은 행정의 일선에서 거의 손을 뗀 것이 아닌가 하는 점이다. 내가 그렇게 생각한 것은 안재홍 민정장관이 일으킨 인사파동 당시 미국인 인사행정처장 및 각 도 군정장관의 입장이 전혀 보도되고 있지 않을 뿐 아니라 그들이 어떤 태도를 취한 것인지를 전혀 알 수 없기 때문이다. 미국인 인사행정처장의 입장에서 자신의 조선인 파트너가 누구인지, 또 각 도 군정장관의 입장에서 자신의 파트너가 누구인지에 대해 깊은 관심을 가지는 것은 당연한 일인데, 그에 관한 반응이 전혀 없었던 것은 무슨 이유에서인가?

그렇다면 미군정 후기에 이르러서 미군들은 사실상 행정의 일선에서 완전히 물러나고 조선인들에게 모든 행정 운영이 위임되었는가? 그러나 그렇게 단정할 수 없는 인사도 있었다. 예컨대 1947년 5월 2일 자로 대구 부윤에 임명된 한보용(韓普容)의 경우가 그렇다. 그의 이력서에 의하면, 한보용은 1900년 함경남도 정평 출생으로 1923년 보성전문학교 법과를 졸업 후 1925년 일본 메이지 대학 정치과를 수료했다. 1926년 도미 후 엠포리아(Emporia) 대학 상과를 졸업하고 뉴욕 대학 대학원에서 사회학을 전공했다. 1932년에 귀국해 6년간 조선일보사 정치부장, 1939년부터 중국 톈진(天津)에서 사업을 하다 1946년 다시 한국에 돌아와 ≪민주일보≫ 주필, 한민당 창당 발기인을 지냈다.

한보용의 이력서를 보면서 매우 의아하게 여겨지는 점이 있다. 그 인사 임명의 실질적 집행자가 미국인 측이 아니었다면, 또는 적어도 미국인 측의 강한 개입이 없었다면, 대구처럼 보수적·배타적 기질의 도시에서 평안남도 출신의 최희송을 도지사로, 함경남도 출신의 한보용을 부윤으로 발령하는 인사를 소리 없이 받아들였을 것인가?

미군정이 끝난 지 겨우 55년밖에 되지 않았는데 그 55년 전의 일을, 그것도 권력의 중추에 미국인들이 얼마나 있었고 어느 정도 개입했는지를 분명히 알 수 없는 처지에 있으니, 역사라는 것은 실로 애매하고도 어려운 것임을 실감한다.

하지만 미군정 후기, 즉 1947년 2월에 안재홍을 민정장관으로 임명한 뒤부터는 사실상 각 도 군정장관은 지방행정에서는 손을 떼고 군정체제에서 벗어날 준비를 하고 있었다. 내가 그렇게 판단하는 이유는 안재홍에 의한 각 도 조선인 지사의 일방적 경질이 있었음에도 불구하고 각 도 미 군정장관들이 거의 반응을 보이지 않고 있기 때문이다.

참고문헌

강용삼·이경수. 1984. 『대하실록 제주백년』. 태광문화사.
게이틀리, 이언(Iain Gately). 2003. 『담배와 문명』. 정성묵·이종찬 옮김. 몸과 마음.
경성일보사. 1943. 『조선인명록』. 경성일보사.
경성전기주식회사. 1957. 『경성전기주식회사육십년연혁사』. 경성전기주식회사.
공보처 통계국. 1953. 『6·25사변종합피해조사표』. 공보처 통계국.
광주시사편찬위원회. 1982. 『광주시사 제1·2·3권 합본』. 광주시.
국회도서관. 1972. 『한말근대법령자료집 제2권』. 국회도서관.
권영민. 1990. 『한국근대문인대사전』. 아세아문화사.
권태한 외. 1997. 『한국출산력변천의 이해』. 일신사.
기독교대한감리회 역사위원회 엮음. 2002. 『한국 감리교 인물사전』. 기독교대한감리회.
김석학·임종명. 1975. 『광복삼십년 제1권』. 전남일보사.
김일영. 2003. 「자유부인에 나타난 풍속」. 한국현대문학회 2003년도 동계학술발표대회 자료집.
김종원. 2004. 『한국영화감독사전』. 국학자료원.
김진배. 1983. 『가인 김병로』. 가인기념회.
김형모. 1977. 『조선지배층연구』. 일조각.
김혜원. 2007. 「우리나라의 저출산 대응정책 방향에 관한 연구」. 상명대학교 정치경영대학원 석사학위 논문.
노지승. 2009. 「자유부인을 통해 본 1950년대 문화수용과 젠더 그리고 계층」. ≪한국현대문학연구≫, 제27집.
대한민국공훈사발간위원회. 1987. 『대한민국역대삼부요인총감』. 광복출판사.
대한민국 외무부. 1979. 『한국외교 30년』. 대한민국 외무부.
대한민국 정부. 2006. 『저출산고령사회 기본계획: 2006-2010』. 대한민국 정부.
동아신보사. 1961. 『한국신사록』. 동아신보사.
동아일보사편집부. 2009. 『동아연감』. 동아일보사.

문정창. 1967. 『군국일본조선강점삼십육년사 상·중·하』. 백문당.

박규상 외. 1980. 『인구론』. 박영사.

박문옥. 1975. 『신한국정부론』. 신천사.

방문주. 2010. 「한국의 저출산 원인과 출산정책의 방향성 연구」. 이화여자대학교 정책과학대학원 석사학위 논문.

보건복지부 기획조정실. 2013. 『건강한 국민, 행복한 대한민국』. 보건복지부 기획조정실.

서울시정개발연구원 서울21세기연구센터. 1993. 『21세기 세계 속의 서울, 한국 속의 서울』. 서울시정개발연구원 서울21세기연구센터.

서울신문사. 1960. 『서울연감』. 서울신문사.

____. 1979. 『주한미군 30년』. 호림출판사.

서울신문사사편찬위원회. 1995. 『서울신문 50년사』. 서울신문사.

서울여자대학교 사회사업학과동창회·사회학과동창회. 1991. 『한국의 인구변동과 사회발전 제1·2권』. 서울여자대학교 사회사업학과동창회·사회학과동창회.

서울특별시. 2005. 『서울인구사』. 서울특별시.

____. 1979. 『서울 600년사 제3권』. 서울특별시.

____. 1979. 『서울 600년사 제4권』. 서울특별시.

____. 1979. 『서울 600년사 제5권』. 서울특별시.

손세일. 1976. 『한국논쟁사 제2권』. 청람문화사.

손정목. 1977. 『조선시대도시사회연구』. 일지사.

____. 1982. 『한국개항기도시사회경제사연구』. 일지사.

____. 1988. 『한국현대도시의 발자취』. 일지사.

____. 1992. 『한국지방제도·자치사연구 상·하』. 일지사.

____. 1996. 『일제강점기도시사회상연구』. 일지사.

____. 2003. 「미군정기 중앙정부가 형성되는 과정」. ≪향토서울≫, 제63호.

____. 2003. 『서울 도시계획 이야기 제1권』. 한울.

____. 2003. 『서울 도시계획 이야기 제2권』. 한울.

____. 2003. 『서울 도시계획 이야기 제3권』. 한울.

____. 2003. 『서울 도시계획 이야기 제4권』. 한울.

____. 2003. 『서울 도시계획 이야기 제5권』. 한울.

____. 2004. 「미군정기 지방정부가 형성되는 과정」. ≪도시역사문화≫, 제2호, 103~130쪽.

____. 2005. 『한국 도시 60년의 이야기 제1권』. 한울.

____. 2005. 『한국 도시 60년의 이야기 제2권』. 한울.

송건호 외. 1979. 『해방전후사의 인식』. 한길사.
송남헌. 1997. 『해방 3년사』. 까치글방.
여강출판사. 1984. 『남조선과도입법의원속기록 제1·2·3·4·5권 합본』. 여강출판사.
연세대학교백년사편찬위원회. 1985. 『연세대학교백년사 제1권』. 연세대학교출판부.
원주문화사. 1991. 『미군정청관보 제1권』. 원주문화사.
_____. 1991. 『미군정청관보 제2권』. 원주문화사.
_____. 1991. 『미군정청관보 제3권』. 원주문화사.
_____. 1991. 『미군정청관보 제4권』. 원주문화사.
월간조선 엮음. 1993. 『한국현대사 119대 사건』. 월간조선.
유용철·정정희. 1985. 『대한민국 역대삼부요인총감』. 내외신서.
이기서. 1988. 『교육의 길 신앙의 길』. 태광문화사.
이기수. 1968. 『수도 행정의 발전론적 고찰』. 법문사.
이기하. 1961. 『한국정당발달사』. 의회정치사.
이태영. 2015. 『20세기 아리랑』. 한울
이현승·김현진. 2003. 『늙어가는 대한민국』. 삼성경제연구소.
임종국. 1982. 『일제 침략과 친일파』. 청사.
_____. 1987. 『친일논설선집』. 실천문학사.
_____. 1991. 『실록 친일파. 반민족연구소 엮음』. 돌베개.
정비석. 1985. 『자유부인』. 고려원.
정시련. 2003. 『담배 500년의 이야기』. 영남대학교출판부.
정일형. 1991. 『오직 한 길로』. 을지서적.
제민일보4·3취재반. 1994. 『4·3은 말한다 제1권』. 전예원.
_____. 1994. 『4·3은 말한다 제2권』. 전예원.
_____. 1995. 『4·3은 말한다 제3권』. 전예원.
_____. 1997. 『4·3은 말한다 제4권』. 전예원.
_____. 1998. 『4·3은 말한다 제5권』. 전예원.
제주도. 1997. 『제주실록』. 제주도.
조병옥. 1959. 『나의 회고록』. 민교사.
조선문우회. 1987. 『한국근현대사인명록』. 여강출판사.
조선신사록간행회. 1931. 『조선신사록』. 조선신사록간행회.
조선와사전기주식회사. 1938. 『조선와사전기주식회사발달사』. 조선와사전기주식회사.
조혜종. 2006. 『새 인구론』. 푸른길.

중앙선거관리위원회. 1968. 『대한민국선거사』. 중앙선거관리위원회.
_____. 1981. 『대한민국정당사 제2집』. 중앙선거관리위원회.
철도청 공보담당관실. 1992. 『철도주요연표』. 철도청 공보담당관실.
체신부. 1971. 『대한민국 체신연혁』. 체신부.
친일인명사전편찬위원회. 2009. 『친일인명사전』. 민족문제연구소.
통계청. 1997. 『한국의 인구구조의 변화와 사회정책의 과제』. 통계청.
_____. 2002. 『한국의 인구 및 주택』. 통계청.
트루먼, 해리(Harry Truman). 1972. 『트루먼회고록』. 심상필 옮김. 한림출판사.
한국군사혁명사편찬위원회. 1963. 『한국군사혁명사 제1·2집』. 한국군사혁명사편찬위원회.
_____. 2001. 『한국혁명재판기록사 총서 제1권』. 국학자료원.
한국근현대사학회. 2013. 『한국근현대사강의』. 한울
한국법제연구회. 1971. 『미군정법령총람(국문판)』. 한국법제연구소.
한국보건사회연구원. 1991. 『인구정책 30년』. 한국보건사회연구원.
한국사료연구소. 1980. 『한국현대정치사』. 성문각.
한국신문연구소. 1975. 『한국신문 100년』. 대한공론사.
한국인명대사전편찬실. 1967. 『한국인명대사전』. 신구문화사.
한국전력공사. 2001. 『한국전력 40년사』. 한국전력공사.
한국전력주식회사. 1981. 『한국전력 20년사』. 고려서적.
합동통신사. 1969. 『현대한국인명사전』. 합동통신사.

≪동아일보≫. 1924.6.14. "京城電車得意秋".
_____. 1965.6.10. "낭만시대".
≪서울신문≫. 1946.9.15.
≪자유신문≫. 1945.12.2.
≪조선일보≫. 1984.8.8. 7면.
_____. 1984.8.14. 3면.
_____. 1984.8.16. 7면.
≪한겨레신문≫. 2002.9.30. "노무현 '행정수도·청와대 충청 이전'".
한국전력공사 사보 ≪KEPCO≫

『경국대전』.
『서울특별시시세일람』, 1948·1950·1952~1956·1958·1959년분.

『서울특별시통계연보』, 1961~2010년분.
『자료대한민국사』, 1970~1976년분.
『조선왕조실록』.

大藏省 管理局. 1985.『日本人の海外活動に關する歷史的調査總目錄 第2·3冊. 高麗書林.
文藝春秋. 2010. ≪文藝春秋≫, 第88券 第12號. 文藝春秋.
森田芳夫. 1964.『朝鮮終戰の 記錄』. 巖南産書店.
中山伊知郎. 1962.『現代統計學大辭典』. 東洋經濟新報社.

지은이   손정목

1928년 경북 경주에서 태어나 영남대학(당시 대구대학) 법과 전문부를 졸업했다. 고려대 법학과에 편입하자마자 6·25 전쟁이 발발해 학업을 포기하고 서울을 탈출, 49일 만에 경주에 도착했다. 1951년 제2회 고등고시 행정과에 합격해 공직 생활을 시작했다. 1957년 예천군에 최연소 군수로 취임했으나 3·15 부정선거에 휘말려 3년간 실직하고 1963년에 행정서기관으로 복직했다. 1966년 잡지 ≪도시문제≫ 창간에 참여해 1988년까지 23년간 편집위원을 맡았다. 1970년부터 1977년까지 서울특별시에서 기획관리관, 도시계획국장, 내무국장 등을 역임했다. 1977년 서울시립대학(당시 서울산업대학) 부교수로 부임해 교수·학부장·대학원장 등을 거쳐 1994년 정년 퇴임했다. 중앙도시계획위원회 위원, 서울시 시사편찬위원회 위원장 등을 역임했다.

손정목이 쓴 한국 근대화 100년
풍속의 형성, 도시의 탄생, 정치의 작동

손정목 ⓒ 2015

지은이 손정목
펴낸이 김종수 | 펴낸곳 한울엠플러스(주)

초판 1쇄 발행 2015년 10월 5일 | 초판 3쇄 발행 2022년 1월 25일

주소 10881 경기도 파주시 광인사길 153 한울시소빌딩 3층 | 전화 031-955-0655 | 팩스 031-955-0656
홈페이지 www.hanulmplus.kr | 등록번호 제406-2015-000143호

Printed in Korea.
ISBN 978-89-460-8155-0 03910

* 책값은 겉표지에 표시되어 있습니다